开发孩子智慧的
500个
思维游戏

常 桦 ◎ 主编

吉林科学技术出版社
JiLin Science & Technology Publishing House

> 图书在版编目（CIP）数据
>
> 开发孩子智慧的500个思维游戏 / 常桦编著. -- 长春：吉林科学技术出版社，2016.1
> ISBN 978-7-5384-9999-5
>
> Ⅰ. ①开… Ⅱ. ①常… Ⅲ. ①智力游戏—少儿读物 Ⅳ. ①G898.2
>
> 中国版本图书馆CIP数据核字(2015)第285333号

开发孩子智慧
的500个思维游戏

主　　编	常　桦
出版人	李　梁
责任编辑	刘宏伟
封面设计	长春美印图文设计有限公司
技术插图	南关区涂图设计工作室
开　　本	710mm×1000mm　1/16
字　　数	300千字
印　　张	15
印　　数	1—5 000册
版　　次	2016年1月第1版
印　　次	2016年1月第1次印刷
出版发行	吉林出版集团 吉林科学技术出版社
实　　名	吉林科学技术出版社
社　　址	长春市人民大街4646号
邮　　编	130021
发行部电话/传真	0431-85677817　85635177　85651759 　　　　　　　85651628　85600611　85670016
编辑部电话	0431-85670016
邮购部电话	0431-86037579
网　　址	www.jlstp.net
印　　刷	长春百花彩印有限公司
书　　号	ISBN 978-7-5384-9999-5
定　　价	25.00元

如有印装质量问题可寄出版社调换
版权所有　翻印必究　举报电话：0431-85635185

前 言

　　人的潜能犹如一座不断开发的金矿，蕴藏无穷，价值无比。而我们每个人都有一座潜能金矿。适时地进行头脑思维训练，就能让每个人的潜能得到淋漓尽致的发挥。

　　游戏训练是开发大脑潜能非常有用且重要的方式。不同的游戏能玩出人们的多元化智能，激发沉睡在大脑里的无穷潜能。在这个美妙的发现之旅中，你会感到灵感在不断涌现，这些生动有趣的小游戏，正一步步向你展示着其中的思维奥秘；这些思维的魔方，将引领你一步步探索思维的乐趣……其中一些貌似复杂的问题，可能会让你一时疑惑；此时如果你换一种思维方式，你的眼前会豁然开朗。如果你在刚开始做题时遇到了困难，不要气馁，也不要急着去看答案，而是要尽可能地凭着自己的努力来解决问题。阿里巴巴的一句"芝麻开门"，为他带来了数不尽的财宝；只要开动脑筋，只要学会运用多种思维能力，就没有你解决不了的问题。

　　"以最有效的方式开发青少年的潜能，以最轻松的训练开启智慧的法门"，学习的革命就从此开始——翻开此书，没有填鸭式的教程，没有刻板单调的习题训练，你依然能触类旁通，化解学习、生活中的棘手问题；翻开此书，也许你成不了爱因斯坦，但你可以像爱因斯坦那样思考，让思索的光环笼罩你，让你真正成为善用头脑的精英，成为思维的主宰，你的潜能将因此而得到最大限度的开发。

　　本书不同的板块有不同的侧重，所选题目都是由世界知名益智游戏专家精心设计的，力图从最精准的方向帮助读者全面提升创新能力、逻辑推理能力、观察能力、演算能力以及语言理解能力。游戏的题材涉及内容非常广泛，并且设有难度系数。我们可以从比较容易的题目入手，然后循序渐进，向较高难度级数的题目挑战，相信那些题目会像多米诺骨牌一样，被你轻松搞定。

　　就请你在这些经典有趣的思维游戏中，无所顾忌地开发你的大脑潜能、随心所欲地升级你的大脑吧！相信这些游戏，将磨炼出你出众的观察思考力、逻辑推理力；同时提高你的数字自述思维能力，让你不再惧怕数学反应题；还将修正你的语言文字思维能力，让你纵观古今文化，提高文化修养和口才表达能力；此外，你还能从中参透科学常识，从此不再只是一个"书本娃娃"，而是一个熟悉百科知识的小小科学家。当然，你还可以从这些思维游戏中提高你的创意能力和综合分析能力，让你轻轻松松地享受思维的盛宴！

目 录 Contents

第一章 奇思妙想

1. 谁更聪明些……………… 10
2. 什么东西………………… 10
3. 爱迪生救妈妈…………… 10
4. 兔妈妈称药粉…………… 11
5. 如何安全过桥…………… 11
6. 哪一件最重要…………… 11
7. 车轮的疑问……………… 11
8. 将来时…………………… 11
9. 亚当与夏娃的遗憾……… 12
10. 谁割断了进油管………… 12
11. 商人分袜子……………… 12
12. 谁安放的录音机………… 13
13. 吹不翻的纸桥…………… 13
14. 女扮男装的修女………… 14
15. 聪明的过桥人…………… 14
16. 怪异的问题……………… 15
17. 哪里出了问题…………… 15
18. 最小的东西……………… 15
19. 如何取出乒乓球………… 15
20. 巧换粮食………………… 15
21. 巧称体重………………… 15
22. 影星之死………………… 16
23. 梦想成真………………… 16
24. 变凉……………………… 16
25. 重要证据………………… 17
26. 狠心的丈夫……………… 17
27. 不会摔伤的人…………… 17
28. 笼子外的死老鼠………… 18
29. 奇怪的病人……………… 18
30. 毛毛虫的话……………… 18
31. 镜子里的你……………… 18
32. 窗户全朝北……………… 18
33. 三根头发………………… 18
34. 海水……………………… 18
35. 麦克被关在哪个国家…… 19
36. 永不消失的字…………… 19
37. 诚实的人………………… 20
38. 最早的姓………………… 20
39. 金子呢…………………… 20
40. 少一只牛角……………… 20
41. 游泳比赛………………… 20
42. 如果只有一种语言……… 20
43. 胖妞怕什么……………… 20
44. 耐穿的衣服……………… 20
45. 怎样撞车………………… 21
46. 叼走的骨头……………… 21
47. 掉落的小鸟……………… 21
48. 画师与财主……………… 21
49. 不淘金也能发财………… 21
50. 穿越沙漠的狗…………… 21
51. 蜈蚣过臭水沟…………… 22
52. 国王的军舰……………… 22
53. 三人过桥………………… 22
54. 小鸟的麻烦……………… 22
55. 跳水运动员……………… 22
56. 捉拿归案………………… 22
57. 谁可能是罪犯…………… 23
58. 结2个橘子……………… 23
59. 挨枪的歹徒……………… 23
60. 硬币跳舞………………… 23
61. 测量山脉………………… 23
62. 龟兔赛跑………………… 24
63. 谁倒霉…………………… 24
64. 为什么不让座…………… 24
65. 跨不过去的地方………… 24
66. 在路上撒了什么………… 24
67. 奇怪的事………………… 24
68. 两个电话………………… 25
69. 蚂蚁为什么没有死……… 25
70. 伤心的管理员…………… 25
71. 睡美人的担心…………… 25
72. 绳断杯不落……………… 25
73. 上课说话的人…………… 25
74. 还剩什么………………… 25
75. 老婆婆报时的秘密……… 26
76. 高血压的症状…………… 26
77. 父亲与儿子的野鸡……… 26
78. 读书的时间……………… 26
79. 乘电梯的人……………… 26
80. 她的脚印………………… 26
81. 人的性格………………… 27
82. 超速度的头条新闻……… 27
83. 这是什么官……………… 27
84. 熄灭蜡烛………………… 27
85. 特异功能………………… 27
86. 星星的个数……………… 27
87. 奇怪的偷车贼…………… 27
88. 解决方法………………… 28
89. 付钱坐出租车…………… 28
90. 匪夷所思的数…………… 28
91. 延伸阅读………………… 28
92. 还有多少个苹果………… 28

第二章 快乐演算

1. 游戏中的智慧…………… 30
2. 快速求积………………… 30
3. 小花猫与小白猫………… 30
4. 篮子里的蘑菇…………… 30
5. 互送贺年卡……………… 31
6. 强盗分布匹……………… 31
7. 冰和水…………………… 31
8. 有多少对兔子…………… 31
9. 两个计时沙漏…………… 31
10. 徒步横穿沙漠…………… 32
11. 赃款有多少……………… 32
12. 既简单又复杂的趣题…… 32
13. 羊有多少只……………… 32
14. 牛奶有多少……………… 32
15. 分橘子…………………… 33

4

16.爬楼梯 …………… 33	39.鞋印的证明 ………… 38	62.一只烧鸡 …………… 44
17.需要几只鸡 ………… 33	40.考试题 ……………… 38	63.足球赛 ……………… 44
18.消失的钱 …………… 33	41.打对的概率 ………… 39	64.两列火车 …………… 44
19.快速算法 …………… 33	42.还钱的问题 ………… 39	65.警察与小偷 ………… 44
20.煎饼的切法 ………… 33	43.胡夫金字塔有多高 … 39	66.天平称重 …………… 44
21.冠军的艰辛 ………… 34	44.马驮大米 …………… 39	67.破译的概率 ………… 44
22.淘金者 ……………… 34	45.酒鬼喝酒 …………… 39	68.巧翻硬币 …………… 44
23.杯子与碟子 ………… 34	46.几点出发 …………… 40	69.宰相的女儿 ………… 45
24.美术学校的雕塑课 … 34	47.谁坐马车 …………… 40	70.各行了多少千米 …… 45
25.不叫的鸡 …………… 35	48.五中的成绩 ………… 40	71.求救信号 …………… 46
26.死囚犯越狱案 ……… 35	49.饰品的价钱 ………… 40	72.家有多远 …………… 46
27.冷饮花了多少钱 …… 35	50.住房问题 …………… 40	73.假扮阎王 …………… 47
28.穿过隧道的火车 …… 35	51.买家畜 ……………… 41	74.牲口交易 …………… 47
29.火柴搬家 …………… 35	52.鲍勃分苹果 ………… 41	75.救命的指南针 ……… 48
30.几朵兰花 …………… 36	53.紧急援救 …………… 41	76.老管家买牛 ………… 48
31.合理分钱 …………… 36	54.盐水的浓度 ………… 41	77.谁是真正的贼 ……… 49
32.及时回去 …………… 36	55.再次相会 …………… 41	78.买糕点 ……………… 49
33.药水挥发 …………… 36	56.同年同月同日生 …… 41	79.大老粗卖猪 ………… 50
34.两壶取水 …………… 36	57.用多少时间 ………… 42	80.被偷走的海洛因 …… 50
35.量杯的困惑 ………… 37	58.奔忙的狗 …………… 42	81.树的年龄 …………… 50
36.导弹的距离 ………… 37	59.泄密的秘书 ………… 42	82.宠物店的生意 ……… 50
37.嘴笨的夫人 ………… 37	60.迟到的人 …………… 43	
38.吃苹果占便宜 ……… 37	61.一张借条 …………… 43	

第三章 文字游戏

1.不可能的改变 ……… 52	21.重组回文诗 ………… 57	39.三两漆与三两七 …… 62
2.智斗铁公鸡 ………… 52	22.知府妙计除恶霸 …… 57	40.王羲之的三副春联 … 63
3.说出两个理由 ……… 52	23.你会发挥魅力吗 …… 58	41.饶舌的句子 ………… 63
4.桶量游泳池的水 …… 52	24.测测你的人缘 ……… 58	42.动物诗 ……………… 63
5.八窍已通七窍 ……… 53	25.海上奇遇测测你的性	43.走了的人 …………… 63
6.两枚硬币 …………… 53	格缺陷 ……………… 58	44.拿破仑的推断 ……… 64
7.电报暗语 …………… 53	26.欧阳修的年龄 ……… 58	45.佛联对下联 ………… 64
8.修理电话亭 ………… 53	27.巧用标点 …………… 58	46.保不褪色 …………… 65
9.你的异性交友观 …… 54	28.住在哪里 …………… 59	47.奇怪的箱子 ………… 65
10.接头暗语 …………… 54	29.你能把握住机会吗 … 59	48.标点的妙用 ………… 65
11.妙语守秘密 ………… 54	30.诅咒 ………………… 59	49.巧写奏本 …………… 65
12.数字谜 ……………… 54	31.隐去了什么 ………… 59	50.飞行员的姓名 ……… 65
13.成语接龙 …………… 55	32.趣味对联 …………… 59	51.纪晓岚巧连真假句 … 66
14.回音联 ……………… 55	33.从对联的内容，你能知	52.著名挽联的断句 …… 66
15.好听的字母 ………… 55	道歌颂的是谁吗 …… 60	53.神童戏弄财主 ……… 66
16.仁者见仁 …………… 55	34.两个半小时 ………… 60	54.求救对联 …………… 67
17.速记绕口令 ………… 56	35.小和尚解谜 ………… 61	55.成语加减法 ………… 67
18.智赚玉麒麟 ………… 56	36.点戏 ………………… 61	56.戴最大号帽子的人 … 67
19.你给人的第一印象 … 56	37.为画题诗 …………… 62	57.秀才出联讽刺富家子 … 67
20.县官智断遗产案 …… 57	38.坚固的鸡蛋 ………… 62	58.王勃的哪个字值千金 … 68

5

59. 把谚语补充完整 …… 68
60. 读错了哪个字 ……… 68
61. 燃烧的汽车 ………… 69

62. 三件礼物 …………… 69
63. 书法家巧补哪四个
　　漏字 ……………… 70

64. 究竟是"倒楣"还是
　　"倒霉" ……………… 70
65. 讼师改字为哪般 …… 70

第四章 疑案推理

1. 逃犯的方向………… 72
2. 幸运石谋杀案……… 72
3. 分头与大背头……… 72
4. 罗曼遇害真相……… 73
5. 谁是真凶…………… 73
6. 一个人影…………… 74
7. 绘画的女子………… 74
8. 犯罪现场…………… 74
9. 悬赏启事…………… 75
10. "盲人"算命………… 75
11. 谁偷了画册………… 76
12. 掉包………………… 76
13. 真假之辨…………… 76

14. 张开花瓣的郁金香 … 77
15. 弹壳的位置 ………… 77
16. 离奇的杀人案 ……… 78
17. 自投罗网 …………… 79
18. 雪夜查案 …………… 79
19. 被窃的珍品 ………… 80
20. 溺水事件 …………… 80
21. 巧抓扒手 …………… 81
22. 匾联缺字，你能补出所
　　缺的字吗 …………… 81
23. 强盗和吊车 ………… 81
24. 谁是匪首 …………… 82
25. 失火的原因 ………… 82

26. 手枪哪里去了 ……… 83
27. 死人河 ……………… 84
28. 雪茄 ………………… 84
29. 破绽在哪里 ………… 85
30. 小木屋藏尸案 ……… 85
31. 诈骗犯之死 ………… 85
32. 螳螂捕蝉，黄雀在后 … 86
33. 找出破绽 …………… 86
34. 装哑取证 …………… 87
35. 招兵抗倭 …………… 87
36. 失而复得的官印 …… 89
37. 贪财的瞎子 ………… 89
38. 上校的秘密 ………… 90

第五章 开心谜语

1. 美味零食…………… 92
2. 心中明似镜………… 92
3. 串门………………… 92
4. 苏东坡错怪苏小妹… 92
5. 王安石选书童……… 93
6. 字谜………………… 93
7. 意外解题…………… 93
8. 聪明的木匠………… 93
9. 染血的航海图……… 94
10. 搞笑谜语一………… 94
11. 李清照以谜难赵明诚 94
12. 失算的财主夫人…… 95
13. 秃头秀才与村妇…… 95
14. 搞笑谜语二………… 95
15. 巧对成巧谜………… 96

16. 曹操制谜考二子 …… 96
17. 徐九经的为官诗 …… 96
18. 李白吃醋 …………… 97
19. 巧撑秦桧 …………… 97
20. 搞笑谜语三 ………… 97
21. 摇钱树 ……………… 97
22. 汪洙拜师 …………… 98
23. 书生猜谜 …………… 98
24. 夫妻俩买的东西 …… 99
25. 三谜同底 …………… 99
26. 李秀才的谜语 ……… 99
27. 狼狈的秀才 ………… 99
28. 医生为何能获匾 ……100
29. 搞笑谜语四 …………100
30. 王冕画画 ……………100
31. 搞笑谜语五 …………100
32. 搞笑谜语六 …………100
33. 丞相的谜语 …………101
34. 你见过聪明的杏花村姑
　　娘吗 …………………101
35. 药方 …………………101
36. 关于时间的谜语 ……101
37. 画师 …………………102

38. 一箭双雕 ……………102
39. 搞笑谜语七 …………102
40. 丫鬟考秀才 …………103
41. 一首词谜 ……………103
42. 三个举人 ……………103
43. 谜语大聚会 …………104
44. 巧骂财主 ……………104
45. 碑文之谜 ……………105
46. 猜一猜 ………………105
47. 猜一猜地名 …………105
48. 字谜 …………………105
49. 猜成语 ………………105
50. 你能根据提示写出提炼
　　后的成语吗 …………106
51. 搞笑谜语八 …………107
52. 搞笑谜语九 …………107
53. 画室的鞋印 …………107
54. 搞笑谜语十 …………108
55. 独眼的牲口 …………108
56. 谁杀了叔叔 …………109
57. 搞笑谜语十一 ………110
58. 搞笑谜语十二 ………110
59. 一个令人费解的弹孔 110

第六章 逻辑迷题

1. 骇人听闻的风俗………112
2. 四只兔子的名次………112
3. 篝火边的舞蹈…………113
4. 共有几名男生…………113
5. 钻石是什么颜色………113
6. 三种颜色的小兔………114
7. 田径赛的名次…………114
8. 身后的红旗……………114
9. 一家人…………………114
10. 案卷上的事实…………115
11. 搞笑谜语十三…………115
12. 搞笑谜语十四…………115
13. 猜成语…………………115
14. 困境下求生……………115
15. 三只八哥………………116
16. 找花店…………………116
17. 小猫搬鱼………………116
18. 都有什么玩具…………116
19. 休闲的小镇……………117
20. 意义最相符的话………117
21. 果酒的买主……………117
22. 宾馆凶案………………118
23. 猜职业…………………118
24. 上山与下山……………118
25. 兄弟俩买书……………118
26. 推断姐妹………………118
27. 释放谁…………………119
28. 左脚同步………………119
29. 虎毒不食子……………119
30. 三位男士………………119
31. 不可改变的事实………119
32. 谁来给他刮脸…………120
33. 草原牧民………………120
34. 两个巧匠和他们的儿子…………………120
35. 连续犯…………………120
36. 驸马爷劝国王…………121
37. 参加舞会………………121
38. 谁的房间居中…………122
39. 报销单据………………122
40. 判断专业………………122
41. 谁说对了………………122
42. 高塔公司………………123
43. 说谎的日子……………123
44. 分水……………………123
45. 动物排名………………124
46. 狐狸玩牌………………124
47. 机器人…………………124
48. 学者的条件……………124
49. 正反三个论断…………125
50. 撒谎村来的打工妹……125
51. 各个击破………………125
52. 判断身份………………126
53. 煤矿事故………………126
54. 什么关系………………126
55. 谁被释放了……………127
56. 猜明星的年龄…………127
57. 音乐会…………………127
58. 一美元纸币……………128
59. 血缘关系………………128
60. 吃西瓜比赛……………129
61. 单身公寓里的恋爱关系…………………129
62. 圣诞聚会………………129
63. 压岁钱…………………129
64. 关于核电站的争论……130
65. 花瓣游戏………………130
66. 航空公司………………130
67. 青少年司机……………131
68. 川菜和粤菜……………131
69. 偏头痛…………………132
70. 今天星期几……………132
71. 喷气飞机………………132
72. 石头……………………133
73. 兄弟姐妹………………133
74. 各收藏了几幅名画……133
75. 玛瑙戒指………………134
76. 体育爱好………………134
77. 选举……………………134
78. 复式别墅………………134

第七章 智慧博弈

1. 一年生多少人…………136
2. 绝妙的判决……………136
3. 数学家的幽默…………136
4. 数字也幽默……………137
5. 愚蠢的贵妇……………137
6. 聪明的小猴……………137
7. 高明的赌术……………138
8. 聪明的鹦鹉……………138
9. 巧取九龙杯……………139
10. 一言止逃………………139
11. 演讲……………………140
12. 聪明的小乔治…………140
13. 回文绝对………………141
14. 兔子和小偷……………141
15. 机智的将军……………142
16. 画家解牡丹……………142
17. 难解之谜………………142
18. 机智佛印………………142
19. 真实的谎言……………143
20. 智解弥勒佛……………143
21. 机智的维特……………143
22. 谁更贪吃………………144
23. 聪明的选择……………144
24. 逐渐减少的灶…………144
25. 弹不了的乐曲…………145
26. 驯马高手………………145
27. 术士的秘方……………145
28. 延伸阅读………………145
29. 机智的神童……………146
30. 唐伯虎学画……………146
31. 强悍的老板……………147
32. 莫扎特的话……………147
33. 农夫与秀才……………147
34. 怕馒头的穷书生………147
35. 聪明的阿凡提…………148
36. 智捉盗马贼……………148
37. 阿凡提买酒……………148
38. "及第"还是"及地"……………………149
39. 体贴又聪明的人………149
40. 我到哪里去了…………149
41. 大仲马的帽子…………149

7

42. 有木材的皮箱 ……… 150
43. 不识字的狗 ……… 151
44. 雨害怕抽税 ……… 151
45. "韭黄"如何"卖" … 151
46. 怎样才能把丢掉的"脸"找回来 ……… 152
47. 为何不宜动土 ……… 152
48. 你会对句吗 ……… 152
49. 纪晓岚智斗和珅 ……… 153
50. 共计100分,究竟是多少 ……… 153
51. 韩信的谋士 ……… 153
52. 诱骗有方 ……… 154
53. 你会反讥吗 ……… 154
54. 所出为何相同 ……… 154
55. 靴子多少钱 ……… 154
56. 你能分辨"狼"和"狗"吗 ……… 155
57. 押来蝗虫 ……… 155
58. 18元8角8分 ……… 155
59. 竹短书长 ……… 156
60. 阿凡提至理名言 ……… 156
61. 来生变父 ……… 157
62. "马路"就是马克思走的路 ……… 157
63. 用哪条腿签字的 … 157
64. 谁的字最好 ……… 157
65. 奥斯卡的幽默 ……… 158
66. 用委婉的语气使对方知趣 ……… 158
67. 修女很富 ……… 158
68. 延伸阅读 ……… 158

第八章 快速判断

1. 小白兔买裙子 ……… 160
2. 看见每个人的脸 ……… 160
3. 慈善家的谎言 ……… 160
4. 聪明的小象 ……… 160
5. 收音机的报道 ……… 161
6. 读书计划 ……… 161
7. 测潮水 ……… 161
8. 明显的谎言 ……… 161
9. 寿比南山松不老 ……… 162
10. 谁搞错了 ……… 162
11. 哪个能够更快冷却 … 162
12. 快速反应 ……… 162
13. 哪桶水能喝 ……… 162
14. 罕见的动物 ……… 162
15. 能实现吗 ……… 163
16. 江水上涨 ……… 163
17. 找出次品 ……… 163
18. 修理后的列车 ……… 163
19. 触电 ……… 163
20. 商店打烊 ……… 164
21. 最大的影子 ……… 164
22. 左边的左边 ……… 164
23. 酒精的问题 ……… 164
24. 漆黑的公路 ……… 165
25. 安静的士兵 ……… 165
26. 转述广告 ……… 165
27. 蜻蜓点水 ……… 165
28. 相对反义词 ……… 165
29. 猜牌 ……… 165
30. 生命之火 ……… 166
31. 用力划船 ……… 166
32. 奇异水果 ……… 166
33. 一半路途 ……… 166
34. 寄钥匙 ……… 166
35. 为何紧闭车窗 ……… 166
36. 中奖概率 ……… 167
37. 语言逻辑 ……… 167
38. 何出此言 ……… 167
39. 阿凡提的问题 ……… 167
40. 交通事故 ……… 167
41. 闻名的建筑 ……… 168
42. 哪种方法最好 ……… 168
43. 不会再慢的时钟 ……… 168
44. 信鸽 ……… 168
45. 怪事 ……… 168
46. 牙齿的颜色 ……… 169
47. 不劳动者不得食 ……… 169
48. 神通广大 ……… 169
49. 目的 ……… 169
50. 讨水 ……… 169
51. 倒霉的男人 ……… 169
52. 正面与反面 ……… 170
53. 不生跳蚤的狗 ……… 170
54. 这是什么病 ……… 170
55. 神奇的地方 ……… 170
56. 广告 ……… 170
57. 是否放风筝 ……… 171
58. 爬楼梯 ……… 171
59. 姐妹兄弟 ……… 171
60. 孔变大还是变小 ……… 171
61. 说谎的孩子 ……… 171
62. 严重的错误 ……… 171
63. 一分钟答题 ……… 172
64. 顺序推理 ……… 172
65. 提示猜想题 ……… 172
66. 有一种书 ……… 173
67. 鬼迷路 ……… 173
68. 多长时间吃完 ……… 173
69. 聪明的局长 ……… 173
70. 老虎的难题 ……… 173
71. 小顽童的把戏 ……… 174
72. 搞笑谜语十五 ……… 174
73. 前胸与后背 ……… 174
74. 起火的玻璃房 ……… 175
75. 首相的化妆舞会 ……… 176
76. 姓名标志牌 ……… 176
77. 出国旅行 ……… 176
78. 盖字识盗 ……… 177
79. 错在哪里 ……… 178
80. 审问石头 ……… 178
81. 雨后的彩虹 ……… 179
82. 作案时间 ……… 179
83. 能说话的尸体 ……… 180
84. 移花接木 ……… 180

答案 …… 181

第一章

奇思妙想

　　许多时候，当我们埋头苦苦思索但一无所获，当我们穷尽精力却无功而返，我们就要停下来开始反省——是不是走错路了？穷则思，思则变，变则通，试着用另一种非常规的方法去看问题，也许你会突然发现，路就在脚下，只不过再转个弯就到了，而你却花费巨大的代价在路的另一旁反复绕着圈子！

　　我们的口号：不走寻常路！

1 谁更聪明些

游戏难度 ✿✿✿✿✿
最佳完成时间 3分钟

鸭妈妈有三个女儿，小白、小黑和小花。她总想着要比一比她们谁更聪明。

一天，她把小白、小黑、小花带到河边上，指着停在那儿的红、黄、蓝、绿色的四只机动小船说："红、黄、蓝、绿色的四只船开到对岸所需要的时间分别是3分钟、2分钟、7分钟和9分钟。现在我想让你们都试试，把这四只船全开到对岸去，每次开一只船可以拖着另一只船，谁用的时间最少，谁就赢得最后的胜利。"

小白第一个开船，她先开红、黄色的两只船过去，用去了3分钟；乘红船返回，又是一个3分钟；再开红、蓝两船过去，用去7分钟；又乘红船返回，用去3分钟；最后开红、绿两船过去，用去9分钟。这样一共用去了25分钟。

轮到小黑了。她先开红、黄色的两只船过去，乘黄船返回，再开黄、蓝两船过去，又乘黄船返回，最后开黄、绿两船到对岸，共用去23分钟。

鸭妈妈笑了笑说："还有更省时间的开法。"

小花最后开船，由于她动脑筋，最后只用了20分钟。

◆你知道小花是如何动脑筋的吗？

2 什么东西

游戏难度 ✿✿✿✿✿
最佳完成时间 3分钟

精神病医院里，有两个人在交谈："我的小说怎么样？""不错，就是出场人数太多。"此时护士冲他们嚷道："嘿，你们俩快把那东西放回去。"

◆请问那是什么东西呢？

3 爱迪生救妈妈

游戏难度 ✿✿✿✿✿
最佳完成时间 3分钟

有一天夜里，爱迪生的妈妈突然生病了，疼得在床上翻来覆去，满头大汗。爱迪生年纪虽小，但他知道病是不能耽误的，于是赶紧去找医生。

医生闻听后，急忙背起药箱出门。这时爱迪生的妈妈已痛得滚到了地上，呻吟不止。医生诊断后，决定立刻动手术，不然就会有生命危险。那时还没有电灯，爱迪生急忙把家里的煤油灯都找来，放在桌子上点亮了，但医生一看，摇摇头说，光线太暗了，动手术看不清楚。

怎么办呢？爱迪生想了想，看了一下梳妆台，突然他想到了一个办法，光线顿时亮了。医生马上做了手术，爱迪生的妈妈终于得救了。

医生夸奖爱迪生是个聪明的孩子，长大后定会有一番作为。

◆请问，爱迪生想的是什么办法呢？

6 哪一件最重要

游 戏 难 度 ✿✿✿✿✿
最佳完成时间 3分钟

在一次航海中，轮船因为不幸触礁而沉没了，船上的乘客与船员活下来的没有几个。布伦特幸运地抓住了一块船板，但是他已经在海上漂流了好几天了，根本看不到一点陆地的影子。

现在，在船板上还有几样东西：火柴、塑料布、镜子、食物、水和指南针。几天的漂流，已经使布伦特筋疲力尽，带不动那么多东西了。所以，他决定扔掉一些东西。

◆请你替布伦特想一想，如果只保留一件物品，哪一件使他最终获救的希望最大？

4 兔妈妈称药粉

游 戏 难 度 ✿✿✿✿✿
最佳完成时间 3分钟

小兔生病了。兔妈妈到医生那里去抓药，医生给了兔妈妈一包药粉。

"这一包药粉是70克，你每天给小兔吃5克。这包药粉吃完了，小兔的病就好了。记住，每天吃5克，不能多也不能少。"医生送兔妈妈出门时，再三叮嘱道。

兔妈妈家里只有一个20克的砝码，其余的都被偷走了，这该怎么办呢？用20克的砝码，怎么称出5克药粉呢？

兔妈妈想了想，想出了一个好办法。

◆请你猜一猜，兔妈妈想出了什么好办法？

7 车轮的疑问

游 戏 难 度 ✿✿✿✿✿
最佳完成时间 3分钟

一天，小松鼠发现小白兔在聚精会神地琢磨什么，于是问它在这里用心想什么。

小白兔说："我一直在想车轮为什么要做成圆的，可是总找不到答案。"

小松鼠一听就笑了："车轮本来就应该是圆的嘛，难道你见过方的、三角形的可以滚动的轮子吗？"

小白兔摇了摇头说："你的话当然不错。可是，只是凭我们的感觉和经验来说，并没有从圆的性质来找出根本原因呀。"

◆你能从圆的性质来解答小白兔的疑问吗？

5 如何安全过桥

游 戏 难 度 ✿✿✿✿✿
最佳完成时间 3分钟

有一座小桥，载重不能超过三吨。来了一辆小汽车，满载了四吨的铁链，再加上汽车本身的重量，已经大大超过三吨的限定了。

◆现在请问，应该怎样才能安全通过呢？

8 将来时

游 戏 难 度 ✿✿✿✿✿
最佳完成时间 3分钟

老师叫小王把"我哥哥去学校"这句话改为将来时，结果闹了大笑话。

◆你猜小王是怎样改的？

9 亚当与夏娃的遗憾

游戏难度 ✿✿✿✿✿
最佳完成时间 3分钟

◆亚当和夏娃结婚后最大的遗憾是什么？

10 谁割断了进油管

游戏难度 ✿✿✿✿✿
最佳完成时间 3分钟

一天早晨，斯凯岛上参加"海盗之行"的9名游客登上了"幸运"号机帆船。9名游客，5男4女。4位女客都已50开外。在5位男客中，亨利26岁，是伦敦一家药店的老板；49岁的摩尔是开杂货铺的，业余摄影爱好者，左腿微跛；考克斯莱是一位出租车司机，50岁；匹克尔和莱斯特都已是63岁的老头，早已退休。他们此行的目的是效仿海盗，乘机帆船，顺海盗的踪迹，穿梭于赫布里奇群岛之间，最后到达摩勒岛100年前海盗的巢穴。

下午，船靠岸了。9名游客登上了一条被人踩出来的小路，两旁是灌木丛，长有齐人高的杂草。"看呀，亨利先生，真想不到在这荒岛上竟然还长这种植物。"女旅客海蒂拔起一棵像杂草样的植物给亨利看。

"这是什么植物？"亨利问。"你不认识它？"亨利摇摇头。"这是款冬，一种药草，可做药。"海蒂介绍道。

步行了约700米，一座颓败的古堡赫然耸立在游客面前。"这就是海盗曾住过的土堡，你们有15分钟时间在里面拍照留念。"船长吉力尔介绍完后便让游客走进古堡，自己却和4位工作人员来到旁边一幢木屋里，坐在桌前喝酒。

17:02，船长和伙伴们刚想离开，突然见屋外有个人影一闪，待他们跑出屋去，已不见踪影。回到古堡后，时间是17:10。此时，9名游客已准时集合在一起等他们了。

随后他们回到"幸运"号上，等待着开船返航，却发现发动机进油管被人割断了。船长明白，一定有人搞鬼，而此人就在9名游客当中。

◆那这人是谁呢？

11 商人分袜子

游戏难度 ✿✿✿✿✿
最佳完成时间 3分钟

甲乙两人在集市上合伙买了一箱袜子，其中白袜子50双，黑袜子50双，在把袜子抬回家的途中，突然雷雨交加，他们只好在凉亭里躲雨。

不久，天渐渐暗了下来，四周没有灯，也没有火，漆黑一团，两人又冷又饿，都不想在凉亭里过夜。这时雨也渐渐停止了，他们决定各自赶回自己的村子去。可总得把袜子分一分呀，两个人十分为难，因为谁也看不清袜子的颜色。用手摸吧，袜子大小一样，质地一样，分不出来。正在十分为难的时候，忽然甲想出了一个办法，果然把袜子分得清清楚楚，他拿走了黑袜子25双，白袜子25双，一点不错。

◆你知道他们是怎么分的吗？

12 谁安放的录音机

游戏难度 ✦✦✦❀❀
最佳完成时间 3分钟

希耳公司研究开发出一套新软件,将要应用在空军的战斗机上。这是国家一级保密的项目,国外的情报机关不惜重金,要收买公司的人员,窃取软件的情报。这天下午13:00,在公司的会议室里,举行了新软件的论证会。

会议是在绝对保密的情况下召开的,会议开到一半,有个工程师不小心把笔掉到地上了,他俯下身子去拾,却发现桌子底下有个奇怪的小盒子,拿起来一看,竟然是用来窃听的微型录音机!

总工程师马上宣布会议暂停,并向警方报了案。摩恩探长迅速赶到现场,他先检查了录音机,录音带上开始没有声音,2分钟以后,听到轻微的关门声,又过了10分钟,听到很多人进来的脚步声和说话声。摩恩探长推测,安放录音机的时间,大约是在12:45。根据调查,当时有可能进入会议室的,一共是两个人。探长和经理一起,在经理室分别找他们谈话。

首先进来的是女秘书,她说:"我12:40进会议室,把文件放在桌子上,就马上离开了。"经理看了看她的脚,生气地问:"公司规定上班应该穿平跟鞋,你怎么穿高跟鞋?"女秘书红着脸说:"今天起床晚了,赶着上班,穿错了。"

接着进来的是男清洁工,他说:"我进会议室擦了桌子,就出来了。"探长还没有问话,经理指着他脚上的网球鞋,生气地责问:"你怎么也不按规定穿平跟鞋?"清洁工支支吾吾地说:"我……中午去打网球,忘了换鞋了……"询问完了,摩恩探长告诉经理:"我知道微型录音机是谁放的了。"

◆你认为谁是放录音机的罪犯呢?

13 吹不翻的纸桥

游戏难度 ✦✦✦❀❀
最佳完成时间 3分钟

有时,一个很简单、很平常的事,常常会产生令人出乎意料的结果,使你感到百思不得其解。下面这个游戏,可能就属于这类情况。

取一张长15厘米、宽5厘米的薄纸卡或硬纸片。把它的两头折一下,使这张纸卡或硬纸片成为一座小桥。把这座"小桥"放在桌上,然后,你可以让你的朋友们按照要求来试一试,看谁能把这座小桥吹翻。游戏的要求是:人趴在桌面上,嘴对着桥洞使劲地吹气。

结果会是什么样呢?不论是谁,也不论他使出多大的劲来吹气,也不论桌面有多光滑,小桥总是岿然不动,别说把它吹翻,就是想把它吹走,也是办不到的。而且,你越是使劲吹,小桥似乎在桌上贴得越牢。

如果换一个方向,站在桥墩那边吹呢,你可以不费多大劲就把小桥吹到桌下去。

◆小桥这么轻,为什么从桥洞吹它能稳如泰山呢?

14 女扮男装的修女

游戏难度 ✦✦✦✧✧
最佳完成时间 3分钟

穆摩是一个特大犯罪集团头目的前妻，联邦调查局在审理这起案子时，准备让穆摩出庭作证。为了保证她的安全，他们让穆摩住进了位于纽约曼哈顿闹市区的一个女修道院。探员们认为，没有哪一个不自量力的暴徒敢在女修道院开枪杀人。

穆摩住进修道院的第二周，联邦调查局探员们的自信就受到了巨大的打击。穆摩的头颅被一颗1厘米口径手枪的子弹打穿了。枪声是在当天傍晚修女们做祷告的时候响起来的。玛丽修女宣布了这个噩耗。"穆摩死了。"她说这话的时候，脖子上紧绷绷的硬领子随着她咽唾沫一跳一跳的。

探员们在三楼穆摩的房间找到了她的尸体。"我不知道凶手是如何在不被人发觉的情况下，进来杀了人又逃走的。"修道院院长颤抖着说。

"也许凶手既没有进来过，也没有出去过。"麦克马克探员回答说，然后，他又问院长，"近来有新的修女加入这个修道院吗？"

"是的，新来了三个修女。"院长回答道。

第一个修女玛丽来到院长面前："枪响时我在二楼，"玛丽修女说，"我赶快藏到了一个阴暗的角落里，害怕极了。几秒钟后，我看到朱莉安娜修女从三楼下来。她没有看见我，但我清楚地看到她手里拿着枪。她走过去后，我上楼发现了尸体。"

朱莉安娜修女是从新泽西州转院来到这里的，她承认她当时拿着一枝0.5厘米口径的手枪："当我哥哥听说我要来这个修道院后，他让我带着枪防身，看来哥哥是对的。我听到枪响后，拿着枪下了楼，我什么也没看见。"

厄休拉修女当时正在三楼的洗手间里，她声称枪响后曾听到一个人的声音，一边走一边自言自语。厄休拉是最后一个到晚祷小教堂的修女。

◆听完三个修女的描述，麦克马克探员马上就指着玛丽修女说道："你就是凶手！"麦克马克探员为什么说玛丽就是凶手呢？

15 聪明的过桥人

游戏难度 ✦✦✦✧✧
最佳完成时间 3分钟

大河上有座东西向横跨河面的桥，通过需要5分钟。桥中间有一个亭子，亭子里有一个看守，他每隔3分钟出来一次。看到有人通过，就命令原路返回，不准通过。有一个聪明人想了一个巧妙的办法，终于通过了这座大桥。

◆你能猜出这个聪明人是如何通过这座大桥的呢？

16 怪异的问题

游戏难度 ✿✿✿✿✿
最佳完成时间 3分钟

旅行家萨米·琼在周游世界之后，回到他阔别十年的故乡。有一次，他向人们诉说了这十年中他在世界各地的所见所闻，还向人们提出了两个怪问题：

在非洲的某地，我看到一个人的身体内有两颗心脏，而且都跳动得很正常；在大洋洲的某一个村庄里，所有的人都只有一只右眼。

◆请你判断一下，这有可能吗？

17 哪里出了问题

游戏难度 ✿✿✿✿✿
最佳完成时间 3分钟

有一天，路路感冒了去找内科大夫，精神科医生却从里边拿着药出来了。

◆这究竟是出什么问题了呢？

18 最小的东西

游戏难度 ✿✿✿✿✿
最佳完成时间 3分钟

◆比细菌还小的东西是什么？

19 如何取出乒乓球

游戏难度 ✿✿✿✿✿
最佳完成时间 3分钟

可可与贝贝在打乒乓球的时候，乒乓球掉进一个干燥光滑的水杯里，这时可可想到一个办法：在不接触乒乓球、不碰撞杯子、不用其他任何工具的情况下，就把乒乓球弄了出来。

◆你知道他是怎么做到的吗？

20 巧换粮食

游戏难度 ✿✿✿✿✿
最佳完成时间 3分钟

先往一个袋子里装绿豆，用绳子扎紧袋子中部后，再装进小麦。

◆在没有任何容器，也不能将粮食倒在地上或其他地方的情况下，你能先把绿豆倒入另一个空袋子中吗？

21 巧称体重

游戏难度 ✿✿✿✿✿
最佳完成时间 3分钟

皮皮、琪琪和皮皮的弟弟3人将家里的一些废品，如废报纸、塑料瓶和一些酒瓶用编织袋装着抬到废品站里去卖。卖完后，见废品站里有一磅秤，3人都想称一称自己的体重。可废品站的叔叔说，这台磅秤最少要称50千克，你们3人都只有25到30千克，不能称你们的体重。真的不能称吗？皮皮他们3人很失望，正准备离开时，一位阿姨说，你们可以用磅秤称出各自的体重。

真的可以哟！一直在想办法的皮皮忽然也想到了，只需称3次就可得出各自的体重。称完后，废品站的叔叔阿姨都夸皮皮聪明。皮皮他们3人别提有多高兴了！

◆你知道皮皮是怎样称的吗？

22 影星之死

游戏难度 ✿✿✿✿✿
最佳完成时间 3分钟

参加完电影节后，青年影星麦克尔便来参加好友史密斯和他的太太为他准备的家庭宴会，当他一走进客厅，亲朋好友纷纷过来向他表示祝贺，他们频频举杯，尽管麦克尔每次只喝一点点，但是还是觉得有点头重脚轻了。

已经注意麦克尔多时的史密斯拍了下手，用叉子叉上一个沾了调味汁的大虾走上前去："麦克尔，今晚我们为你准备的家庭宴会还满意吗。来来，别光顾着喝酒，吃一个大虾吧。"他脚步趔趄，一个趔趄，手中晃动着的叉子就把虾上的黑红的调味汁溅了麦克尔一领带，雪白领带立即污迹斑斑。

"哎呀，对不起，真对不起。"

"不，没什么，一条领带算不了什么……"麦克尔毫不介意，取出手帕欲将上面的污迹擦掉。

这时，史密斯夫人走了过来，说："用手帕擦会留下痕迹的，洗手间里有洗洁剂，我去给你洗洗。"

"不用了，夫人，没关系，我自己去洗，夫人还是去应酬其他客人吧。"

因有史密斯在场，麦克尔假装客气一番，然后迅速朝洗手间走去。洗洁剂就在洗手间的架子上放着，他将液体倒在领带上擦拭污迹，擦掉后立即回到宴会席上，边喝着威士忌、边与人谈笑风生。突然，他身子晃了一晃便倒下了，威士忌的杯子也从手中滑到地上摔碎了。

宴会厅里举座哗然。急救车立即赶来，将麦克尔送往医院，但为时已晚。死因诊断为酒精中毒死亡。

◆ 这时，警察来到了医院，调查了详情后，又来到史密斯家里，经过一番查验，认定史密斯是杀人凶手。你知道为什么吗？

23 梦想成真

游戏难度 ✿✿✿✿✿
最佳完成时间 3分钟

亚当一直为自己的容貌苦恼。某夜，魔鬼出现在他面前，并对他说："我突发奇想，想帮你实现一个愿望。"

"那……那……就把我变成世界上最英俊的人吧。""好的，好的，明天早晨就成了。"第二天早晨，亚当醒来后马上照镜子，结果什么变化也没有。"唉，不过是场梦罢了。"但是，他却受到了很多人的青睐。

◆ 那么，到底发生了什么事？

24 变凉

游戏难度 ✿✿✿✿✿
最佳完成时间 3分钟

◆ 人死后为什么变得冰凉？

"是谁呀？"波特吐掉了口香糖，说："是我，波特！"

格林马上开了门，热情地倒了一杯啤酒说："喝一杯凉快凉快。"趁波特仰脖子喝的时候，格林举起啤酒瓶，狠狠地砸在波特头上，波特头一歪，就断了气。到了晚上，格林趁着天黑，把尸体抛进了河里。

第二天，汉斯警长敲开了格林的门，说："我们在河里发现了波特的尸体，有充分的证据，证明波特在死之前到你这里来过。"格林说："不可能，我已经三个月没有见过他了！"汉斯哈哈大笑说："就凭你这句话，就说明你在撒谎！"

◆波特留下了什么证据，证明他曾经来过格林家呢？

25 重要证据

游戏难度 ❋❋❋❋❋
最佳完成时间 3分钟

格林是个好吃懒做的家伙，他原来做送奶工，可是他嫌很早就要起床，不能睡懒觉，就辞职不干了。后来又想开出租车，他向邻居波特借钱，买了一辆汽车，才干了两个月，有一次，他喝得醉醺醺的，驾驶着出租车上了路，只听哐当一声，撞上了电线杆，车子报废了，人也送进了医院。经过医生抢救，总算捡回了一条命。

格林出医院以后，波特来要他还钱，可是格林没有了工作，还欠了医院一大笔医药费，哪里有钱还债呢？波特就警告说："我给你3天时间，到时候再不还钱，我来烧你的房子！"

3天过去了，中午的时候，波特接到格林的电话，让他马上去拿钱。波特可高兴了，在电话里说："你这个家伙，敬酒不吃吃罚酒。一来硬的，就有钱还啦！"吃过午饭，波特得意地嚼着口香糖，来到了格林的家。他按了门铃，里面传出格林的声音：

26 狠心的丈夫

游戏难度 ❋❋❋❋❋
最佳完成时间 3分钟

一天，德鲁伊捧着鲜花来到医院接他的未婚妻。

医院的护士告诉他说："对不起，你的未婚妻正在做手术。""什么手术？"德鲁伊问道。"是心脏手术。"但是德鲁伊却没有因为未婚妻在做手术而感到不安，反而在外边哼起了小曲。

◆旁边的人都说他太冷酷无情了，那么，德鲁伊是不是真的很冷酷呢？

27 不会摔伤的人

游戏难度 ❋❋❋❋❋
最佳完成时间 3分钟

有一个人从20层大楼的窗户往地面跳，虽然地面没有任何铺垫物，可是他落地后却没有摔伤。

◆这是怎么回事？

28 笼子外的死老鼠

游戏难度 ✿✿✿
最佳完成时间 3分钟

张爷爷用捕鼠笼在家抓老鼠，第二天一早发现笼子里关着一只活老鼠，而笼子外面却有两只四脚朝天的死老鼠。
◆为什么？

29 奇怪的病人

游戏难度 ✿✿✿
最佳完成时间 3分钟

医生问病人："感冒了？"病人摇头。"肚子疼？"病人摇头。"神经痛？"病人还是摇头。
◆那么，究竟他是来看什么病的？

30 毛毛虫的话

游戏难度 ✿✿✿
最佳完成时间 3分钟

冬天快来了，毛毛虫终于鼓起勇气对爸爸说了一句话，但爸爸听完当场就晕倒了。
◆毛毛虫说一句什么话？

31 镜子里的你

游戏难度 ✿✿✿
最佳完成时间 3分钟

当你照镜子的时候，你在镜子里看到的是谁？是你自己？当然。但是镜子里的你和别人看到的你是有很大的区别的。你左眼是双眼皮而右眼是单眼皮，而镜子里的你，右眼是双眼皮，而令你感到骄傲的左眼，却成了单眼皮。镜子里的你，把真实的你整个左右反置了。
◆现在你手头有两面镜子，不妨假设它们都是方形的，如何用它们使你看到一个真实的自己呢？

32 窗户全朝北

游戏难度 ✿✿✿
最佳完成时间 3分钟

一位著名的老建筑师想收一名徒弟以传授他毕生的经验，于是他贴出了告示，人们蜂拥而至。在考试的时候，一道题难住了所有的人。那道题是：怎么建造一间房子，可以使房子四面的窗户都朝北。

最后，只有一个没有建筑经验的年轻人答出了这道题，他最后成了老建筑师的学生，并且也成了一位伟大的建筑师。
◆你知道他是怎么回答的吗？

33 三根头发

游戏难度 ✿✿✿
最佳完成时间 3分钟

◆一个人有三根头发，为什么他还要剪掉一根？

34 海水

游戏难度 ✿✿✿
最佳完成时间 3分钟

◆海水为什么是咸的？

35 麦克被关在哪个国家

游戏难度 ✦✦✦✧✧
最佳完成时间 3分钟

某国谍报员麦克到夏威夷度假。他万万没有料到，从他到达夏威夷那刻起，他就被人秘密跟踪了。这天他在下榻的宾馆洗澡，足足泡了20分钟，才拔掉澡盆的塞子，看着盆里的水位下降，在排水口处形成漩涡。漂浮在水面上的两根头发在漩涡里好像钟表的两个指针一样，由左向右旋转着被吸进下水道里。

从浴室里出来，他边用浴巾擦身，边喝着服务员送来的香槟，突然感到一阵头晕，随之就困倦起来。这时他才发觉，香槟酒里被人放了麻醉药。但为时已晚，酒杯掉在地上，他也失去了知觉。不知睡了多长时间，麦克慢慢清醒过来。发觉自己被换上了睡衣躺在床上，床铺和房间的样子也完全变样了。他从床上跳下地找自己的衣服，没找到，只有一件肥大的新睡衣挂在椅背上。这说明他已经被绑架了。

写字台上放着一张纸，上面写着："我们的一个工作人员在贵国被捕，我们需要用你去交换。现正在交涉之中，不久就会得到答复的。望你耐心等待，不准走出房间。吃的、用的房间内一应俱全。"

麦克立刻想了起来。最近，本国情报总部的确秘密逮捕了几个敌方的间谍。其中与自己能对等交换的只有两个人，一个是加拿大的，另一个是新西兰的。那么，自己现在是在加拿大还是在新西兰呢？

房间和浴室一样都没有窗户，温度及湿度是靠空调控制的。他甚至无法分辨白天还是黑夜，真像置身于宇宙飞船的密封室里一样。

饭后，他走进浴室，泡了好长时间，身体都泡得松软了。他拔掉塞子看着水位下降。他看见被擦掉的胸毛有两三根在打着旋儿由右向左逆时针地旋转着被吸进下水道。他突然想到了在夏威夷宾馆里洗澡的情景，情不自禁地嘀咕道："噢，我明白了。"

◆麦克被监禁在什么地方呢？

36 永不消失的字

游戏难度 ✦✦✦✧✧
最佳完成时间 3分钟

舒克家的隔壁在盖房子，他在建筑地以外的地方竖立起一块很厚的木板，算是违章建筑。舒克看到这种情况后非常生气，就用墨汁在纸上写着大大的"违章建筑"四个字，贴在木板上，可是到了第二天，这四个字不见了。于是，舒克又想了一个办法，不管他们再怎么擦，或是用其他办法覆盖，或者挖掉，都没能让字从木板上消失。

◆请问舒克用了什么办法？

37 诚实的人

游戏难度 ✦✦✦
最佳完成时间 3分钟

古时候，某伊斯兰王国的国王张榜求贤，要选一个诚实的人为他收税。应征者很多，初次见面，怎么能知道谁是最诚实的人呢？一个谋士对国王说："陛下，等那些应征者来到宫内，您只要如此这般，就能从中寻觅到最诚实的人。"国王采纳了这个意见。

应征者纷纷来到王宫，谋士要他们一一从一条走廊单独穿过去见国王。

所有应征者都来到国王面前。国王说："来吧，先生们，拉起手来跳个舞。我很想看看你们诸位中，谁的舞姿最美。"

一听到国王的这个要求，许多应征者顿时傻了眼，呆若木鸡，脸色渐渐由白变红，羞愧难堪。这时，只有一个人毫无顾忌地跳起了欢快的舞，显得那么轻松自如。

谋士指着那个正在翩翩起舞的人说："陛下，这就是您要找的诚实的人。"

◆请问谋士用了什么方法？

38 最早的姓

游戏难度 ✦✦✦
最佳完成时间 3分钟

◆中国人最早的姓氏是什么？

39 金子呢

游戏难度 ✦✦✦
最佳完成时间 3分钟

◆铁放到外面要生锈，那金子呢？

40 少一只牛角

游戏难度 ✦✦✦
最佳完成时间 3分钟

◆农夫养了10头牛，为什么只有19只角？

41 游泳比赛

游戏难度 ✦✦✦
最佳完成时间 3分钟

一只狗和一只青蛙比赛游泳，平常都是青蛙游得快。

◆为什么这次比赛却是狗赢了？

42 如果只有一种语言

游戏难度 ✦✦✦
最佳完成时间 3分钟

世界实行语言统一，全世界只有一种语言，只用一种文字。

◆后果会怎样？

43 胖妞怕什么

游戏难度 ✦✦✦
最佳完成时间 3分钟

◆胖妞生病了最怕别人来探病时说什么？

44 耐穿的衣服

游戏难度 ✦✦✦
最佳完成时间 3分钟

◆哪一件衣服最耐穿？

45 怎样撞车
游戏难度 ❀❀❀❁❁
最佳完成时间 3分钟

一位卡车司机撞倒了一个骑摩托车的人，结果是卡车司机受重伤，而骑摩托车的人却没事。
◆这是为什么？

46 叼走的骨头
游戏难度 ❀❀❀❁❁
最佳完成时间 3分钟

有一次，老李买了一只狗和一篮子骨头。他休息时，用一根5米的绳子将狗拴在路边树上，将骨头放在离树8米的地方。但过了一会儿，他发现骨头被狗叼走。
◆你知道这是为什么吗？

47 掉落的小鸟
游戏难度 ❀❀❀❁❁
最佳完成时间 3分钟

一只小鸟飞进了迪斯科舞厅，然后突然掉了下来。
◆请问发生了什么事？

48 画师与财主
游戏难度 ❀❀❀❁❁
最佳完成时间 3分钟

有个财主的寿辰快到了，他便请了一位画师为自己画一幅画像，好在寿宴上炫耀一番。画像画好后，财主想占便宜，借口说画得不像，把价钱压得很低。画师和财主辩了半天的理，财主也不加一文钱。画师想了想，拿着画走了。

但是第二天，财主却主动找到画师，并且出了很高的价钱把画买了下来。
◆请问，画师用什么办法，迫使财主出高价买了他的画呢？

49 不淘金也能发财
游戏难度 ❀❀❀❁❁
最佳完成时间 3分钟

19世纪中叶，一股淘金热在美国加州涌现。许多人都以为发财的时机到了，都纷纷跑去淘金。17岁的亚默尔也跟随着人们一起来到加州。可是，几个月过去了，仍然没有淘到一点金子，连吃饭的钱都快用光了，特别是那里水源奇缺，花钱买来的那点水，有时候还不够解渴的。而且，这个地方十分荒芜，自然条件十分差。在这种艰苦的环境下，亚默尔开始对淘金能发大财产生了怀疑。他想要发财，就不能总是跟在别人后面，要敢于走自己的新路。后来，亚默尔放弃了淘金，但是并没有离开那个地方，他在当地做起了一个生意，赚了很多钱。
◆你知道他做的是什么生意吗？

50 穿越沙漠的狗
游戏难度 ❀❀❀❁❁
最佳完成时间 3分钟

一条狗想穿越撒哈拉沙漠，它备足了干粮和水，但最后还是死在沙漠里。
◆为什么？

51 蜈蚣过臭水沟

游戏难度 ✿✿✿✿✿
最佳完成时间 3分钟

一条蜈蚣过了一个臭水沟后只有两个脚没湿。

◆ 为什么？

52 国王的军舰

游戏难度 ✿✿✿✿✿
最佳完成时间 3分钟

德皇威廉二世设计了一艘军舰，请国际上著名的造船专家对此设计作出鉴定。

过了几周，造船专家送回其设计稿并写了下述意见：

陛下，您设计的这艘军舰威力无比、坚固异常和十分美丽，称得上空前绝后。它的速度之高前所未有，它的武器也将是世上最强的。舰内的设备会使舰长到见习水手等全部乘员感到舒适无比。你这艘辉煌的战舰，看来只有一个缺点，那就是"……"

◆ 你知道造船专家说的缺点是什么吗？

53 三人过桥

游戏难度 ✿✿✿✿✿
最佳完成时间 3分钟

从前有三个人，一个是罗锅，一个是摇头，一个是瘸腿。有一天，他们三个过一座桥，这个桥不让残疾人经过。

◆ 你帮他们想个办法让他们过去。

54 小鸟的麻烦

游戏难度 ✿✿✿✿✿
最佳完成时间 3分钟

◆ 小鸟得什么病最头疼？

55 跳水运动员

游戏难度 ✿✿✿✿✿
最佳完成时间 3分钟

胖胖是个颇有名气的跳水运动员，可是有一天，他站在跳台上，却不敢往下跳。

◆ 这是为什么？

56 捉拿归案

游戏难度 ✿✿✿✿✿
最佳完成时间 3分钟

张某犯有盗窃罪，总怕他的同伙去自首，所以终日不安。他妻子劝他去自首，他非但不肯，反而毒打妻子。他父亲也劝他去自首，他吹胡子瞪眼地大骂父亲，就是不肯去自首。

后来，他为了逃避罪责就写了一封信给他的同伙，妄想同他订立攻守同盟。白天他不敢出去寄信，于是就在晚间出去邮寄。只是，当他寄出信后，第二天就被捉拿归案了，是他的同伙告发了吗？没有。

◆ 你知道是怎么一回事吗？

57 谁可能是罪犯

游戏难度 ✦✦✦
最佳完成时间 3分钟

在一桩杀人案中，X先生因涉嫌犯罪被逮捕。他用的枪为个人所有，并且枪上只有他一个人的指纹。而X先生本人也无法找出犯罪时不在现场的证明，而且他确实有充分的杀人动机。

◆可负责这个案件的侦探坚信X先生绝对不是罪犯，为什么？

58 结2个橘子

游戏难度 ✦✦✦
最佳完成时间 3分钟

有个书生很喜欢炫耀自己的学识，但是他除了懂得理论之外，一点做事情的实际经验都没有。

一天，他看到一个老农在移植果树，便凑上前去说："你这种移植方法是不科学的。"接着便滔滔不绝地讲起理论来，老农根本不想听他这些理论。便自顾做自己的事情。书生见老农对自己说的话表示不屑，便说："照你这种做法，从这棵树上能收获2个橘子，就够让我大吃一惊了。"

老农这才回过头来上下打量了他，然后慢吞吞地说："那样的话，不光是你，我也很惊讶的。"

◆你知道老农为什么这样说吗？

59 挨枪的歹徒

游戏难度 ✦✦✦
最佳完成时间 3分钟

警察面对两名歹徒，但他只剩下一颗子弹，他对歹徒说：谁动就打谁，结果没动的反而挨子弹。

◆为什么？

60 硬币跳舞

游戏难度 ✦✦✦
最佳完成时间 3分钟

拿一只玻璃空瓶，在瓶口边缘上滴几滴水，小心地把一枚硬币盖在瓶口上，并刚好封住，然后双手捂住这只空瓶。不一会儿，瓶口的硬币就一跳一跳，好像是你挤出瓶里的空气，使硬币跳起舞来的一样。

◆那么你知道这是为什么吗？

61 测量山脉

游戏难度 ✦✦✦
最佳完成时间 3分钟

有一个人在一座高山上做测量，突然绳子断了他滑倒了，这时他距离山顶还有100米，等他抓到东西爬起来时，却发现自己已经在山顶了。没有别人的帮助，他也没有爬那100米，而且山顶确实是在他的上面。

◆你知道他为何可以到山顶吗？

62 龟兔赛跑
游戏难度 ✿✿✿✿✿
最佳完成时间 3分钟

◆ 兔子和乌龟比赛，比什么兔子肯定能赢乌龟？

63 谁倒霉
游戏难度 ✿✿✿✿✿
最佳完成时间 3分钟

一个侍者给客人上啤酒，一只苍蝇掉进杯子里面，侍者和客人都看见了。

◆ 请问谁最倒霉？

64 为什么不让座
游戏难度 ✿✿✿✿✿
最佳完成时间 3分钟

在一个以文明礼貌而著称的城市，有一个残疾人上了公交车后，却没有人让座。车上的每个人都是非常有礼貌的，并且他们也都非常反感不给"老弱病残孕"乘客让座的行为。

◆ 可是他们为什么不给这位残疾人让座呢？

65 跨不过去的地方
游戏难度 ✿✿✿✿✿
最佳完成时间 3分钟

纪晓岚小时候就聪颖过人。有一天，他对一个目空一切、头脑简单的莽汉说："你虽厉害，但我取一本书放在地上，你也未必能跨得过去。"莽汉听了大怒，一定要试试看。纪晓岚取出书放好后，那莽汉果然没有跨过去。

◆ 这是怎么回事？

66 在路上撒了什么
游戏难度 ✿✿✿✿✿
最佳完成时间 3分钟

据说清朝时发生了这样一件事，当时捻军起义，清朝大将僧格林沁奉旨剿灭捻军。捻军鲁正、遵王、梁王、宋大帅等头领聚在一起商议，决定用口袋阵歼灭前来围剿的清兵。

鲁王按计行事，引僧格林沁率军紧追。由于当时已近傍晚，清兵较疲劳，追速很慢，照这样的速度数十万清兵很难全部进入口袋阵。

这时，鲁王突然想到了一个可以使清兵快速、全部进入口袋阵的办法。他命令捻军在沿途抛撒一些东西，清兵见了这些东西，一个个拼命加快速度前进，结果很快就进入了捻军的包围圈，被消灭大半。

◆ 你认为捻军在沿途抛撒的是什么东西呢？

67 奇怪的事
游戏难度 ✿✿✿✿✿
最佳完成时间 3分钟

◆ 小王跑步为什么总是一个姿势不变？

68 两个电话

游戏难度 ✦✦✦✧✧
最佳完成时间 3分钟

有一个朋友打电话向保罗问了一个问题。保罗回答说:"哦,我告诉你吧。"

挂了电话后,过了一会儿,又有一个朋友打电话来,问了他一个几乎一样的问题,这次保罗却回答:"笨蛋!这我怎么会知道?"

保罗跟这位朋友不是关系特别不好,也不是在开玩笑。

◆请你想想他到底被这两个朋友问了什么样的问题?

69 蚂蚁为什么没有死

游戏难度 ✦✦✦✧✧
最佳完成时间 3分钟

蚂蚁在地上爬,玲玲一只脚从蚂蚁身上踩过去,蚂蚁却没有死。

◆为什么?

70 伤心的管理员

游戏难度 ✦✦✦✧✧
最佳完成时间 3分钟

◆动物园的大象死了,为什么管理员哭得那么伤心?

71 睡美人的担心

游戏难度 ✦✦✦✧✧
最佳完成时间 3分钟

◆睡美人最怕是什么?

72 绳断杯不落

游戏难度 ✦✦✦✧✧
最佳完成时间 3分钟

把一根2米左右长的绳子的一端,缚在一只杯子柄上,另一端系在天花板的吊钩上,使杯子悬挂起来,要求剪断绳中央,杯子却不会落下。

◆应如何办?

73 上课说话的人

游戏难度 ✦✦✦✧✧
最佳完成时间 3分钟

上物理课的时候,一开始就有人哇啦哇啦地说起话来。

◆这个人是谁呢?

74 还剩什么

游戏难度 ✦✦✦✧✧
最佳完成时间 3分钟

小红口袋里原有10个铜钱,但它们都掉了。

◆请问小红口袋里还剩下什么?

75 老婆婆报时的秘密

游戏难度 ✿✿✿✿✿
最佳完成时间 3分钟

有一个老婆婆，每天坐在门口的瓜棚下做一些碎活。当有过路的行人问她时间时，她总是用双手推一推瓜藤下的一个大葫芦，然后就能报出准确的时间。

◆除了体积比较大之外，这个大葫芦并不特别，为什么老婆婆推了推它就能知道准确的时间呢？

76 高血压的症状

游戏难度 ✿✿✿✿✿
最佳完成时间 3分钟

怀特近来身体不舒服，医生在对他进行身体检查的时候，测量出他的血压是一般健康人的3倍，但是医生并不为这件事感到担心。

◆你知道是为什么吗？

77 父亲与儿子的野鸡

游戏难度 ✿✿✿✿✿
最佳完成时间 3分钟

2个父亲和2个儿子各自猎得一只野鸡，但是，他们一共猎得3只野鸡。

◆为什么？

78 读书的时间

游戏难度 ✿✿✿✿✿
最佳完成时间 3分钟

快要期末考试了，妈妈对小明说："这一个星期，你每天都要读书，而且每次至少要读两个小时。"小明特别讨厌读书，但没有办法反抗妈妈，只好每天咬牙读书，不过他想到了一个办法，结果浑水摸鱼，一星期下来，少读了不少时间的书。

◆请问他这个星期最少读多少小时的书？

79 乘电梯的人

游戏难度 ✿✿✿✿✿
最佳完成时间 3分钟

有一个职员，住在公司宿舍大楼的15层，每天早出晚归地工作。每天早上，他必定搭电梯下楼，但回来的时候，他大多数只搭电梯到12楼，然后再爬楼梯上去。

◆你知道这是为什么吗？

80 她的脚印

游戏难度 ✿✿✿✿✿
最佳完成时间 3分钟

在一个没有月亮的傍晚，张先生在海边的沙滩上看到了一个绝色的美女，她一个人孤独地忧伤地走着，他对那个女孩产生了好奇心，这时那个女孩回头看了一眼，他也跟着那个女孩的眼神看着那个女孩身后的沙滩上，居然没有看到脚印。

◆这是怎么回事呢？

81 人的性格
游戏难度 ✦✦✧✧
最佳完成时间 3分钟

人们总是说，夫妻之间要懂得包容和理解，是因为人和人之间有很多不同的个性的地方。

◆但是，任何一对夫妻，在生活中都有一个绝对的共同点，你知道是什么吗？

82 超速度的头条新闻
游戏难度 ✦✦✦✧
最佳完成时间 3分钟

迈克被陪审团裁定犯了谋杀罪，法官由此宣布了他的死刑判决。审判结束后，法官回到自己的办公室，坐下来喝了一杯咖啡。这时，一份晚报送到，法官发现，头条新闻竟然是："迈克有罪，被判处死刑。"法官觉得很惊讶，为什么刚发生的事件报纸就能这么快报道出来。

◆他们是如何做到的呢？

83 这是什么官
游戏难度 ✦✦✦✧
最佳完成时间 3分钟

小明的爸爸只当了一次官，而且只当了几天。

◆可是因为当了那次官，闹得他每天都要掏腰包，他当的是什么官？

84 熄灭蜡烛
游戏难度 ✦✦✦✧
最佳完成时间 3分钟

点燃着的10支蜡烛，被风吹灭了2支；不一会儿，又被风吹灭了1支。于是主人为了挡风，就把窗子关起来。从此以后一支也没被吹灭。

◆请问，最后还剩下几支？

85 特异功能
游戏难度 ✦✦✧✧
最佳完成时间 3分钟

一天晚上，有个人正在读一本书。此时，突然停电了，房间里漆黑一团。但是这人仍然读得津津有味。

◆这个人有夜视的特异功能？

86 星星的个数
游戏难度 ✦✦✦✧
最佳完成时间 3分钟

在数学课上，老师举起手中的一张薄木板，同学们看见这张薄木板上画了5颗星星。老师把木板放在桌子上，再拿起，这次同学们看到木板上画了6颗星星。

◆那么这张木板上到底有多少颗星星呢？

87 奇怪的偷车贼
游戏难度 ✦✦✦✧
最佳完成时间 3分钟

一天，一个偷车贼在四处无人时看到一辆跑车，但他没有偷。

◆为什么？

88 解决方法

游戏难度 ✦✦✦✧✧
最佳完成时间 3分钟

你能用一种特别的方法算出下面这个算式的答案吗：
◆ (66-1)(66-2)(66-3)(66-4)(66-5)……(66-98)(66-99)=?

89 付钱坐出租车

游戏难度 ✦✦✦✧✧
最佳完成时间 3分钟

王先生在自家门口乘出租车到罗溪市去，在中途的兰溪村遇到了张先生和李先生，于是三人共乘一辆车前往。

待他们在罗溪市购物完毕，又一同乘出租车返回。张先生在兰溪村下车，李先生则和王先生一道回家。

◆如果从王先生家到罗溪市来回一共花了120元，而兰溪村距离其他两地为等距，三个人分别支付自己的乘车费用，那么，他们应各付多少钱？

90 匪夷所思的数

游戏难度 ✦✦✦✧✧
最佳完成时间 3分钟

有这样一个数，它乘以5后加6，得出的和再乘以4后加9，然后再乘以5得出的结果减去165，把最终结果的最后两位数遮住就回到了最初的数。

◆你知道这个数是多少吗？

91 延伸阅读

游戏难度 ✦✦✦✧✧
最佳完成时间 3分钟

在清朝后期，洪秀全起义，建立太平天国，给清政权以重大的打击。后来太平军又东征西讨，在西征时，节节获胜。即使是当时的一支劲旅，曾国藩统率的湘军，在太平军的面前也屡遭失败。

有一次，湘军遭太平军痛歼之后，损失惨重，于是曾国藩召集有关官员，研究如何写战报上奏朝廷，请求清政府给湘军补充粮饷和枪械。后来，一位文书送上了战报，其中有一句是"臣屡战屡败"。曾国藩很不满意，他想这样上报，只能引起朝廷的指责。他沉思了一会儿后，提起笔来改了改，他既没删字也没增字，只是把两个字调换了一下顺序，这时在一旁的官员齐声赞好："大人神笔，改得真妙！"

◆你知道曾国藩是怎样改的吗？

92 还有多少个苹果

游戏难度 ✦✦✦✧✧
最佳完成时间 3分钟

◆苹果树上有二十个熟透的苹果，被风吹落了一半，后又被果农摘了一半，那么树上还有几个苹果？

第二章

快乐演算

谁说演算不快乐？虽然计算时我们要眉头紧锁，双眼紧盯着题目，并咬破手指，可一旦成功算出答案，这些都不算什么，因为成功后的快乐要远远大于成功前的痛苦。演算可以灵活我们的思维，增强我们的脑动力，突破自我的局限，使我们变得逻辑清晰，魅力无穷！

我们的口号：不在演算中快乐，就在快乐中演算！

1 游戏中的智慧

游戏难度 ✿✿✿❀❀
最佳完成时间 3分钟

一天，诸葛亮把将士们召集在一起，对他们说道："你们中间不论谁，从1～1024中任意选出一个整数，记在心里，我提出10个问题，只要求回答'是'或'不是'。10个问题全答完以后，我就会'算'出你心里记的那个数。"

诸葛亮刚说完，一个谋士站起来说，他已经记好了一个数。

诸葛亮问："你这个数大于512"

谋士答道："不是。"

诸葛亮又向这位谋士提了9个问题。谋士都一一作了回答。

诸葛亮最后说："你记的那个数是1。"

◆谋士听了极为惊奇。因为他选的那个数正好是1。你知道为什么吗？

2 快速求积

游戏难度 ✿✿✿❀❀
最佳完成时间 3分钟

125×437×32×25＝（　　）

◆A.43700000　　B.87400000
C.87455000　　D.43755000

3 小花猫与小白猫

游戏难度 ✿✿✿❀❀
最佳完成时间 3分钟

小花猫钓到了鲤鱼、草鱼、鲫鱼三种鱼一共12条，放在小桶里往家走。路上遇到小白猫。小花猫问小白猫："你最爱吃哪种鱼？"小白猫说："那当然是鲤鱼了。"

小花猫说："好，你只要从我的桶里，随便拿出3条鱼来，一定会有你最爱吃的鲤鱼。不过，你可要先告诉我，我钓到了几条鲤鱼？"

这下可难住小白猫了。小花猫钓了几条鲤鱼呢？不过聪明的小白猫，稍稍动了动脑筋，就说出来了。

◆你知道小白猫是怎样想的吗？

4 篮子里的蘑菇

游戏难度 ✿✿✿❀❀
最佳完成时间 3分钟

有甲、乙、丙、丁四个小朋友走进森林采蘑菇。

走出森林之前，四人数了数篮子里的蘑菇，加起来总共有72只。但甲采的蘑菇只有一半能吃，在往回走的路上，他把有毒的蘑菇全都丢了；乙的篮子底坏了，漏下两只，被丙拾起来放在篮子里。这时，他们三个人的蘑菇数正好相等。丁在出森林的路上又采了一些，使篮子里的蘑菇增加了一倍。

走出森林后，他们坐下来，又各自数了数篮子里的蘑菇。这次，大家的数目都相等。

◆请你想想看，他们准备走出森林时，各人篮子里有多少只蘑菇？走出森林后，又有多少蘑菇？

5 互送贺年卡

游戏难度 ❄❄❄
最佳完成时间 3分钟

新年到了，玲玲、聪聪、明明三个人互送贺年片。

先由玲玲送给聪聪和明明，送的张数正好是他俩原有的张数。接着由聪聪送给玲玲和明明，送的正好是他们现在的张数。最后是明明送给玲玲和聪聪，送的也是他俩现有的张数。互送后三人手中的贺年片正好一样多，都是8张。

◆你知道玲玲、聪聪和明明，原来每人各有几张贺年片吗？

6 强盗分布匹

游戏难度 ❄❄❄
最佳完成时间 3分钟

唐朝有一位叫杨损的尚书，很有学问，很会算学。

一次，朝廷要在两个小官吏中选拔出一个委以重任，但因为这两个人的情况不相上下，负责提升工作的官员感到很为难，便去请示杨损。杨损考虑了一会儿，说："一个官员应该具备的一大技能就是会速算。我出一道题考考他们，谁算得快，就提升谁。"

两个小官吏被招来后，杨损出了一题："一个人在林中散步时，无意中听到了几个强盗在商量如何分赃。强盗们说，如果每人分6匹布，则剩余5匹；如果每人分7匹布，则少8匹。请问：共有几个强盗？几匹布？"

一个小吏很快就算出了答案，所以被提升了。那个没有得到提升的小吏也很服气。

◆你知道这个问题的答案吗？

7 冰和水

游戏难度 ❄❄❄
最佳完成时间 3分钟

冰融化成水后，它的体积减小1/12。
◆那么当水再结成冰后，它的体积会增加多少呢？

8 有多少对兔子

游戏难度 ❄❄❄
最佳完成时间 3分钟

下面是意大利数学家伦纳德提出一个有趣的问题：

◆如果每对大兔每月生一对小兔，而每对小兔生长一个月就成为大兔，并且所有的兔子全部存活，假若有人养了初生的一对小兔，一年后共有多少对兔子？

9 两个计时沙漏

游戏难度 ❄❄❄
最佳完成时间 3分钟

有两个计时沙漏，一个计时6分钟，一个计时8分钟。

假设沙漏倒置，落沙速度不变，而且把沙漏颠倒所需要的时间都忽略不计。

◆你能利用这两个沙漏，测出10分钟的时间吗？

10 徒步横穿沙漠

游戏难度 ❁❁❁✿✿
最佳完成时间 3分钟

一位喜欢冒险的旅行家，计划徒步横穿一片沙漠。行动的全程为100千米，他一天步行的距离是20千米。途中，每20千米处就有一个躲避风雨的落脚点。这片沙漠非常荒凉，没有水源或食物，所以他必须作好充分的准备。假如他只能随身携带3天的食物和水，可以把食物和水暂时存在那些落脚点。

◆那么，要想安全地穿越这片沙漠，他最少需要几天的时间？

11 赃款有多少

游戏难度 ❁❁❁✿✿
最佳完成时间 3分钟

警察在抢匪的家里搜出了赃款：一小捆5元的连号钞票，编号从759385到759500。

◆你能算出这捆捆钞票的总额吗？

12 既简单又复杂的趣题

游戏难度 ❁❁❁✿✿
最佳完成时间 3分钟

游戏开始了，请你快速计算：

一辆载着16名乘客的公共汽车驶进车站，这时有4人下车，又上来4人；在下一站上来10人，下去4人；在下一站下去11人，上来6人；在下一站，下去4人，只上来4人；在下一站又下去8人，上来15人。

还有，请你接着计算：公共汽车继续往前开，到了下一站下去6人，上来7人；在下一站下去5人，没有人上来；在下一站只下去1人，又上来8人。

◆请问这辆公共汽车究竟停了多少站？不要重新计算哦！

13 羊有多少只

游戏难度 ❁❁❁✿✿
最佳完成时间 3分钟

甲赶了一群羊在草地上往前走，乙牵了一只肥羊紧跟在甲的后面。乙问甲："你这群羊有100只吗？"甲说："如果再有这么一群，再加半群，又加1/4群，再把你的一只凑进来，才满100只。"

◆请问：甲原来赶的那群羊有多少只？

14 牛奶有多少

游戏难度 ❁❁❁✿✿
最佳完成时间 3分钟

有一个牛奶瓶，其下半部分是圆柱形，高度为整个瓶高的3/4；其上半部分形状不规则，占瓶高的1/4。现在瓶内只剩半瓶牛奶，在不打开瓶盖的情况下，利用一把直尺，怎样测定这些牛奶占整个牛奶瓶的百分比？

◆牛奶瓶的内径在求百分数时可以不计。

15 分橘子

游戏难度 ✿✿✿✿❀
最佳完成时间 3分钟

甲、乙、丙三家约定9天之内各打扫3天楼梯。

由于丙家有事，没能打扫，楼梯就由甲、乙两家打扫，这样甲家打扫了5天，乙家打扫了4天。丙回来以后就以9千克橘子表示感谢。

◆请问：丙该怎样按照甲、乙两家的劳动成果分配这9千克橘子呢？

16 爬楼梯

游戏难度 ✿✿✿❀❀
最佳完成时间 3分钟

◆甲乙两人比赛爬楼梯，甲的速度是乙的两倍，当甲爬到第9层时，乙爬到第几层？

17 需要几只鸡

游戏难度 ✿✿✿❀❀
最佳完成时间 3分钟

◆5只鸡5天一共生5个蛋，50天内需要50个蛋，需要多少只鸡？

18 消失的钱

游戏难度 ✿✿✿✿❀
最佳完成时间 3分钟

3个人住宿时，每人10元钱，将30元钱交给服务员后，再交到会计那里去。会计找回5元钱。服务员中间私吞了2元钱，只还给他们3元钱。

3人分3元钱，每人退回1元钱，合计每人付了9元钱，加在一起共27元钱。再加上服务员私吞的2元钱，一共29元钱。怎么也与付账的钱对不上。

◆是哪里出了问题呢？

19 快速算法

游戏难度 ✿✿✿✿❀
最佳完成时间 3分钟

高斯小时候很喜欢数学，有一次在课堂上，老师出了一道题："1加2、加3、加4……一直加到100，和是多少？"过了一会儿，正当同学们低着头紧张地计算的时候，高斯却脱口而出："结果是5050。"

◆你知道他是怎样快速地算出来的吗？

20 煎饼的切法

游戏难度 ✿✿✿❀❀
最佳完成时间 3分钟

张师傅是一个卖煎饼的。有一次，一位顾客说家里来了很多客人，所以他想请张师傅尽最大努力把一张煎饼切成八块，但只能切三刀。张师傅真的用三刀就满足了顾客的要求。

◆你知道张师傅是怎么切的吗？

21 冠军的艰辛

游戏难度 ✿✿✿✿✿
最佳完成时间 3分钟

中唐杯围棋赛共有32名选手参赛。每场比赛的选手配对由抽签决定。

比赛采取淘汰制：胜者进入下一轮，败者淘汰出局。假设没有任何选手弃权，并且围棋赛事实上没有平局，那么，为了决出冠军，必须进行多少场比赛？

◆本题可以有多种方式找到答案，但有一种出乎意料的简明、快捷的思路，你知道吗？

22 淘金者

游戏难度 ✿✿✿✿✿
最佳完成时间 3分钟

两个淘金者在一起平分他们的成果。一堆金沙堆放在一块平整的石板上，但没有任何称量工具。这时有一个谁也不会觉得吃亏的平分方法，那就是由其中的一个人把金沙分成两堆，而让另一个人先挑选。

◆如果上述平分金沙的淘金者不止两个，而是，比如说五个。是否也存在一种谁也不觉得吃亏的平分方法呢？

23 杯子与碟子

游戏难度 ✿✿✿✿✿
最佳完成时间 3分钟

玛丽在星期六花1.30美元买了一些盆子，那天商店在搞促销，每样商品都便宜2美分。她在星期一按正常价退了货，换购杯子与碟子。因为一只盆子的价钱同一只杯子和一只碟子的价钱之和是相等的，所以她回家时，买进来的物品比原先的多了16件。又因为每只碟子只值3美分，所以她买进的碟子要比杯子多10只。

◆现在要问你了，玛丽在星期六用1.30美元能买进多少只杯子？

24 美术学校的雕塑课

游戏难度 ✿✿✿✿✿
最佳完成时间 3分钟

人的大脑分为左右两半球。据说左半球管抽象思维，它使人的思维更精确，更严谨；而右半球则管形象思维，它能使人的思维富有灵气、想象力和创造性。

解答下面两道题目，多少需要一点大脑两个半球的合作。

（1）在美术学校的一堂雕塑课上，学生们的作业是以黏土为材料制作小动物雕塑。假设制作一个小动物雕塑需要1千克黏土，而每制成5个小动物雕塑，剩下的下料黏土，又够制作一个小动物雕塑。

◆为了制作31个小动物雕塑，至少需要多少千克黏土？

（2）在美术学校的一堂雕塑课上，学生们的作业是以黏土为材料制作小动物雕塑。假设制作一个小动物雕塑需要1千克黏土，而每制成4个小动物雕塑，剩下的下料黏土，又够制作一个小动物雕塑。

◆现有32千克黏土，最多可以制成多少个小动物雕塑？

25 不叫的鸡

游戏难度 ✿✿✿❀❀
最佳完成时间 3分钟

古时候没有钟，有人养了一群鸡，可是天亮时，没有一只鸡给他报晓。
◆这是为什么？

26 死囚犯越狱案

游戏难度 ✿✿✿❀❀
最佳完成时间 3分钟

博尔思岛有一个死囚坐在牢房里策划越狱。

他的牢房是一条笔直长廊最里端的全封闭部分。这条长廊被五道自动拉启的铁门分成五个部分。也就是说，第一道门把他的牢房和长廊的其余部分隔开，最后一道门，即第五道门把长廊和外界隔开。

某个时刻，五道铁门会同时打开，这时，也只有在这时，第五道铁门外会出现警卫，他能把长廊一览无余，以确定死囚是否仍在牢房里。死囚只要离开牢房一步，都将被立即拉出去处死。在确定死囚仍在牢房里后，警卫即离开，直到下一次五道门同时打开时才又重新出现。

此后，五道门以不同的频率自动重复开启和关闭：第一道门每隔1分45秒自动开启和关闭一次；第二道门每隔1分10秒；第三道门每隔2分55秒；第四道门每隔2分20秒；第五道门每隔35秒。

每道门每次开启的时间间隔很短，这使得死囚一次至多只能越过一道门。同时，只要他离开牢房在长廊里的时间超过2分半钟，警报器就会报警，因此，他得设法尽快离开长廊。

结果，这个精于计算的死囚终于还是逃脱了。

◆这个越狱犯是如何逃脱的？他越过第五道门时离警卫的出现还有多少时间？

27 冷饮花了多少钱

游戏难度 ✿✿✿❀❀
最佳完成时间 3分钟

一个人在饭店吃中午饭，再加冷饮，共付6元，饭钱比冷饮多5元。
◆请问：冷饮花了多少钱？

28 穿过隧道的火车

游戏难度 ✿✿✿❀❀
最佳完成时间 3分钟

一列匀速行驶的火车驶过一段隧道。隧道内共有15盏照明壁灯，每个壁灯之间的距离都相等。火车从第一盏壁灯至第十盏壁灯行驶了10分钟。
◆现在问，这列火车从第一盏壁灯至第十五盏壁灯共行驶了多长时间？

29 火柴搬家

游戏难度 ✿✿✿❀❀
最佳完成时间 3分钟

有三堆火柴共48根，现从第一堆里拿出与第二堆根数相同的火柴并入第二堆里；再从第二堆里拿出与第三堆根数相同的火柴并入第三堆里；最后，从第三堆里拿出与这时第一堆根数相同的火柴并入第一堆里。经过这样的变动后，三堆火柴的根数恰好完全相同。
◆问原来每堆火柴各有几根？

30 几朵兰花

游戏难度 ✿✿✿
最佳完成时间 3分钟

肖太太的花园里盛开着30朵花，它们分别是郁金香和兰花，你摘下任何两朵花，都至少有一朵是郁金香。

◆那么，你能判断出花园里共有多少朵兰花吗？

31 合理分钱

游戏难度 ✿✿✿
最佳完成时间 3分钟

一个农场主有很大一片荒地，他的手下有两个工人，甲开垦荒地的速度是乙的两倍，但乙种植的速度是甲的三倍。农场主想把这片土地开垦并种植上农作物，于是他让甲、乙各承包一半的土地。于是，甲从南面开始开垦，乙从北面开始开垦。他们用了10天完成了这项开垦和种植的工作，农场主给了他们一共1000元钱。

◆那么，他们两个人如何分这1000元钱才合理呢？

32 及时回去

游戏难度 ✿✿✿
最佳完成时间 3分钟

有三个士兵请假出去玩，但按规定他们必须在晚上11点赶回去。他们玩得太高兴了，以至于忘记了时间。当发现的时候，已经是10点8分。他们离兵营有10千米的距离，如果跑着回去需要1小时30分，如果骑自行车回去要30分钟。但他们只有一辆自行车，并且自行车只能带一个人，所以必须有一个人要跑。

◆那么，他们能及时赶回去吗？

33 药水挥发

游戏难度 ✿✿✿
最佳完成时间 3分钟

一种挥发性药水，原来有一整瓶，第二天挥发后变为原来的1/2瓶，第三天变为第二天的2/3瓶，第四天变为第三天的3/4瓶。

◆问：第几天时药水还剩下1/30瓶？
　A.5天　　B.12天
　C.30天　　D.100天。

34 两壶取水

游戏难度 ✿✿✿
最佳完成时间 3分钟

假设在世界上有这样一个池塘，它里面可以装下无穷多的水。现在给你两个空水壶，容积分别为5升和6升，请问你如何只用这两个水壶从池塘里取得3升的水。

◆这道题有一些合理的限制，比如：在池塘里灌水的时候，不管壶里是不是已经有水了，壶一定要灌满，同样的，如果要把水从壶里倒进池塘里，一定要都倒光，如果要把水从一个壶里倒进另一个壶里，也要都倒光，除非在倒的过程中另一个壶已经满了。

35 量杯的困惑

游戏难度 ✿✿✿❀❀
最佳完成时间 3分钟

有一个圆柱形的透明的标准量杯，但上面没有任何刻度。已知这个量杯装满的水的重量是100克。

◆如何不使用任何辅助器具，仅用这个量杯量出50克的水？

36 导弹的距离

游戏难度 ✿✿✿❀❀
最佳完成时间 3分钟

两枚导弹相距41620千米，处于同一路线上彼此相向而行。其中一枚以每小时38000千米的速度行驶，另一枚以每小时22000千米的速度行驶。

◆请问：它们在碰撞前的1分钟时相距多远？

37 嘴笨的夫人

游戏难度 ✿✿✿❀❀
最佳完成时间 3分钟

曾有一个嘴笨的夫人，在家举行晚宴。她的丈夫名望很高，因此这天有很多客人前来。

到了晚上8点钟，仍然有一些客人没有到，笨夫人就自言自语道："该来的怎么还不来？"这句话让先到的客人听到了，有些人心想："这么说，我们是不该到的了？"于是，有三分之一的客人走了。

笨夫人看到客人走了，忙说："唉，不该走的怎么走了？"

剩下的客人听了，心里很不舒服，于是，剩下的客人又有三分之一也走了。

笨夫人见事情这样后，就慌了，连忙说："我说的不是他们啊！"

最后剩下的这部分听了，心想，那么说，她说的是我们了。于是，客人都要走，这时，笨夫人的丈夫回来了，赶紧挽留客人，总算把这部分客人留住，他一看，只剩下20个人了。

◆读者朋友，请你想一想，一开始共到了多少客人？

38 吃苹果占便宜

游戏难度 ✿✿✿❀❀
最佳完成时间 3分钟

甲、乙、丙三人要分吃家里的四个苹果，每人一个还剩一个。甲说："咱们不要把苹果切开，用两枚硬币抛到空中，落在地面后如果两个都是正面就让乙吃；两个都是反面就让丙吃；一个是正面，一个是反面，就让我吃。你们看怎么样？"乙、丙两人听后说："这样分不公平，你又想占便宜了。"

◆请问，甲能占到便宜吗？

39 鞋印的证明

游戏难度 ✦✦✦
最佳完成时间 3分钟

伦敦郊外有一所专门关押死刑犯的监狱，那里守卫严密，被押到那里的犯人一般都是最凶的歹徒。

这天，波洛来到监狱看望当监狱长的好朋友加森，当他经过阴森狭长的走廊时，忽然听到有人大声叫唤："放我出去，我是无辜的，我没有杀人！"

顺着声音，波洛发现一个相貌清秀的金发青年眼睛布满血丝，声音嘶哑，正拼命捶打着牢门。

"这是怎么回事？"波洛问道。

"吉恩，杀人犯。"加森简单地回答，"他杀了两名在森林公园里巡逻的警察，结果被捉住了，这样严重的罪行，当然被判了死刑。"

波洛说道："可是他说他是无辜的，看上去他也不像杀人犯。"

加森笑了起来："我的大侦探，到这里的人有一半说自己是无辜的，有四分之一的人看上去不像小说里的标准坏蛋。"

波洛还是觉得有点不对，因为到了死刑监狱还坚持声称自己是清白的，其中一定有问题。他提出应该仔细核对一下吉恩的卷宗，加森拗不过，只好把吉恩的卷宗拿来。

根据卷宗的记载，3个月前森林公园里发生了一起惨案，在一个雨夜，两名巡警被人袭击。他们的尸体在第二天才被发现，当时已经天晴了。大雨清除了凶手留下的所有证据，警方在现场只找到一个陷在泥土里的鞋印。

警方立刻搜查了整个森林公园，在1平方千米以内，只有吉恩一个人声称自己是被大雨困住了。警方马上把吉恩的鞋子和取得的鞋印石膏模型作对比，发现完全吻合。

虽然这种款式的鞋子有很多人穿，但是大小完全相同、又同时出现在犯罪现场的可能性非常小。因此，吉恩被逮捕，而法院判他死刑，再过一星期就要执行了。

加森看完以后说道："事情很清楚，现场只有他一个人，鞋印又完全吻合，他也没有不在场证据，这个案件没有什么疑问。"

波洛气愤地站起来说道："恰恰相反，这些糊涂警察！难道他们没有一点科学常识吗？他们的关键证据——鞋印，其实只能证明吉恩是清白的！"

◆你是否也为波洛的结论感到惊讶？为什么鞋印其实能够证明吉恩的清白呢？

40 考试题

游戏难度 ✦✦✦
最佳完成时间 3分钟

一堂考试有100道选择题，评分规则是做对一题得1分，做错或不做扣0.5分，某人得91分，他做错或没做的题有几道？

◆A.4　　B.5　　C.6　　D.7

41 打对的概率

游戏难度 ✦✦✦✧✧
最佳完成时间 3分钟

小飞没有钱了,他想往家里打电话要钱,但是发现电话本丢了,他居然没有记住家里的电话号码!他思索了以后,只是想起来,家中的电话号码是7位的,前三位是742,后面的四位数字是1、3、4、5,但是他不知道后四位的数字的排列顺序是什么。

◆如果他想试一下由这7个数字组成的号码,正好打到家的可能性有多少?

42 还钱的问题

游戏难度 ✦✦✦✧✧
最佳完成时间 3分钟

甲、乙、丙、丁四个学生都没有多少钱,所以他们经常互相借钱,这次他们借钱的数目是这样的:甲向乙借了10元;乙向丙借了20元;丙向丁借了30元;丁又向甲借了40元。这天发了补助,四个人都有了钱,所以决定把欠钱都还上。

◆请问,最少只要动用多少钱就可以将所有欠款一次付清?

43 胡夫金字塔有多高

游戏难度 ✦✦✦✧✧
最佳完成时间 3分钟

埃及金字塔是世界七大奇迹之一,其中最高的是胡夫金字塔,她的神秘和壮观倾倒了无数人。它的底边长230.6米,由230万块重达2.5吨的巨石堆砌而成。金字塔塔身是斜的,即使有人爬到塔顶上去,也无法测量其高度。

◆后来有一个数学家解决了这个难题。你知道他是怎么做的吗?

44 马驮大米

游戏难度 ✦✦✦✧✧
最佳完成时间 3分钟

某地有100匹马和100袋大米,马分为大型马、中型马和小型马。其中一匹大型马每次能驮3袋大米,中型马可以驮2袋大米,而小型马2匹可以驮1袋大米。

◆请问,在刚好必须用完这100匹马的前提下,需要多少匹大型马、中型马与小型马?

45 酒鬼喝酒

游戏难度 ✦✦✦✧✧
最佳完成时间 3分钟

有一个酒鬼非常喜欢喝酒。最近,酒鬼家附近的一家超市的啤酒搞促销活动,5个空瓶就能换一瓶啤酒。这个机会,让酒鬼乐不思蜀,每天就抱着瓶子往嘴里灌酒。一个星期过去后,酒鬼一共喝了161瓶啤酒,这些酒中,有一些是用空啤酒瓶换的。

◆那么,你知道酒鬼一共买了多少瓶啤酒吗?

46 几点出发

游戏难度 ✿✿✿✾✾
最佳完成时间 3分钟

弗莱蒂一家应邀去朋友家做客。他家距离朋友家140千米的路程。如果打算前40分钟以时速90千米前进，其余路程以时速60千米前进。

◆那么，如果宴会是在晚上7点半开始，再给预定的行车时间增加20%的宽限，弗莱蒂一家若要准时到达，应该几点就出发？

47 谁坐马车

游戏难度 ✿✿✿✾✾
最佳完成时间 3分钟

有一个乡绅和一个财主同时从乡下出发进城去，一个坐汽车，一个坐马车。走了一段路程后，乡绅发现，如果他走过的路再增加3倍的话；他剩下的路程就要减少一半；而财主发现，如果他走过的路程减少一半的话，他剩下的路程就要增加3倍。

◆聪明的读者，你能猜出来谁是坐马车的吗？

48 五中的成绩

游戏难度 ✿✿✿✾✾
最佳完成时间 3分钟

某县的五所中学进行篮球比赛。

每所中学互赛一场进行循环赛，比赛的结果如下：

一中：2胜2败

二中：0胜4败

三中：1胜3败

四中：4胜0败

◆请问：五中的成绩如何？

49 饰品的价钱

游戏难度 ✿✿✿✾✾
最佳完成时间 3分钟

欧皮皮陪马琪琪去一家商店买东西。马琪琪挑选了四件小饰品，欧皮皮心里算了一下，总共4.725元，其中有一件只有1元钱。马琪琪准备付钱时，欧皮皮发现店主用计算器算价时按的不是加法键，而是乘法键！他正准备提醒店主时，奇怪地发现，计算器算出的数字也是4.725元。店主没按错数字。

◆那么，你知道这4件小饰品的单价各是多少吗？

50 住房问题

游戏难度 ✿✿✿✾✾
最佳完成时间 3分钟

妈妈买了15只小兔子，小欣高兴地给小兔子准备了5间舒适的小房子。可是问题也来了，妈妈让她想办法把15只小兔子分配到5间小房子里，而且5间小房子的兔子不能相同。应该怎么样分呢？小欣想了很久也没有想出来。

◆为了让小兔子早点住进新房子，请你告诉小欣正确的分法？

51 买家畜

游戏难度 ✿✿✿❀❀
最佳完成时间 3分钟

有一个农夫，花100元买了100头家畜。牛1头10元，羊1只3元，猪1头5角。

◆请问这位农夫牛、羊、猪各买了多少？

52 鲍勃分苹果

游戏难度 ✿✿✿❀❀
最佳完成时间 3分钟

亨利送了24个苹果给孤儿院。院长按他们3年前的岁数把苹果分给孤儿院的库克、凯特和鲍勃3个孩子，正好分完了所有的苹果。其中库克最大，鲍勃最小。

最小的孩子鲍勃最伶俐，他提出这样分不公平："我只留一半，另一半送他们两个平分，然后凯特也拿出一半让我和库克平分，最后库克也拿出一半让我和凯特平分。"院长同意了，结果3人的苹果就一样多了。

◆算一算他们3人之前各有几个苹果？现在年龄分别是多少岁？

53 紧急援救

游戏难度 ✿✿✿❀❀
最佳完成时间 3分钟

一场风暴过后，海面上的一只游船遇难了。一艘紧急救援船立即从港口出发，前往出事地点。出事地点距离港口840千米，救援船的速度是每小时20千米。船的甲板上停着一架小型飞机。在离目的地还有若干千米时飞机起飞，以每小时220千米的速度向出事地点飞去。

◆如果从船离开港口算起，到飞机到达目的地，飞行员在路上用了22小时，那么飞机在空中飞行了多长时间？

54 盐水的浓度

游戏难度 ✿✿✿❀❀
最佳完成时间 3分钟

从装满100克、浓度为80%的盐水杯中倒出40克盐水，再倒入清水将杯盛满，这样反复三次。

◆杯中盐水的浓度是多少？

55 再次相会

游戏难度 ✿✿❀❀❀
最佳完成时间 3分钟

有一个财主有三个女儿都已出嫁。大女儿五天回一次娘家，二女儿四天回一次娘家，小女儿三天回一次娘家。

◆三个女儿从娘家同一天走后，至少再隔多少天三人再次相会？

56 同年同月同日生

游戏难度 ✿✿✿❀❀
最佳完成时间 3分钟

假设某单位有3个分公司，每个分公司有10个部门，每个部门有52个人。

◆如果这些人中的90%都是1978年-1980年出生的，那么他们中有多少人是同年同月同日生的呢？

57 用多少时间

游戏难度 ✦✦✦✧✧
最佳完成时间 3分钟

如果挖1米长、1米宽、1米深的池子需要12个人工作2小时。

◆那么6个人挖一个长、宽、深是它两倍的池子需要多少时间？

58 奔忙的狗

游戏难度 ✦✦✦✧✧
最佳完成时间 3分钟

一对父子带着小狗贝贝从公园往回走，孩子在父亲的前面99米处，孩子以每分钟2米的速度在前面走，父亲以每分钟5米的速度往前走，小狗贝贝看到小主人在前面，就以每分钟20米的速度跑过去，到了小主人那儿，它又扭转头，向孩子的父亲那里跑去。就这样，这条狗在父子间跑来跑去，直到父亲追上孩子为止。

◆请问这条狗跑了多远？

59 泄密的秘书

游戏难度 ✦✦✦✧✧
最佳完成时间 3分钟

昂奈先生在K公司工作，担任总经理的秘书。由于他工作出色，总经理非常赏识他。他的理想，就是有朝一日，也能坐上总经理的宝座。K公司有个竞争对手，就是H公司。最近，K公司试制了一种新产品，它的资料是绝密的，万一被H公司得到，就能把K公司斗垮。总经理把写新产品报告的任务，交给了昂奈先生。

可就在这关键的时刻，昂奈先生出现了意外，那天他上班的时候，大楼的电梯坏了，为了抓紧时间，他从1楼往8楼跑，跑到6楼的时候，踩上了一块香蕉皮，脚下一滑，把右脚跌骨折了。幸好清洁工鲍比跑来，把他背下楼，送到了医院。医院给他的右脚绑了石膏，他不能上班了，但是他向总经理提出，在家里继续赶写报告，请鲍比帮他料理家务。

这天下午，他趴在桌子上，埋头写报告，第二天，就要交报告了。吃晚饭的时候，鲍比给他端来饭菜，放在离开他3米远的茶几上。资料的文字很小，离开那么远，鲍比是看不清楚的，到了半夜，昂奈先生感到很困，鲍比端来一杯葡萄酒，体贴地说："昂奈先生，您喝一杯酒，提提神吧。"昂奈先生一口喝了，顿时感到精神十足。他把酒杯放在桌子上，继续写报告，一直到第二天凌晨，报告终于写好了！

过了不久，K公司的新产品上市的前一天，H公司竟然抢先推出了这种新产品！经过调查，原来是昂奈先生泄的密。他丢了工作，"总经理之梦"也彻底破灭了。

◆昂奈先生在家里写报告的时候泄密了，可是，他是怎么泄密的呢？

60 迟到的人

游戏难度 ✿✿✿✿✿
最佳完成时间 3分钟

甲去离家1600米的公园同女朋友约会，约会时间是下午1：20。

甲正好1：00出门，以每分钟80米的速度向公园前进。但是1：05的时候，乙发现甲忘记带钱包了，于是乙以每分钟100米的速度追了出去。另一方面，甲在1：10时也发现忘带东西，然后不慌不忙地还是以每分钟80米的速度折返。

终于两人碰面了。甲从乙那拿到了钱包，再向公园前进，仍然以每分钟80米的速前进。

◆那么，甲会迟到几分几秒呢？（两人交接钱包的时间忽略不计。）

61 一张借条

游戏难度 ✿✿✿✿✿
最佳完成时间 3分钟

一天，"铁判官"柳清审理完一桩偷窃案刚要退堂，一个商人前来告状。

柳清仔细打量来人，见是个白面黑须、衣冠整齐的中年人，便问："你有何事？"

"回禀大老爷，小人孙贵，在城南关开布店。去年，开木匠铺的邻居张乾因手头拮据，曾到本店借钱，说好半年还清。可我今天找他讨取，不想张乾拒不承认，望大老爷明断，替小人追回银两。"

"你借给他多少银两？"

"300两银子。"

"借据可带来？"

"在这儿。"孙贵从怀里掏出一纸呈上。

柳清接过一看，见借据写得明明白白，而且还有两个中间人的签名。柳清抬头问："中间人金平和龙六成可在？"

"我把他们请来了，现在门外。"

柳清唤过差人："传证人和木匠铺的张乾到案。"

不一会儿，三个人都被带到堂上。

柳清问："张乾，你向孙贵借钱，可有此事？"

张乾说："绝无此事！"

"这张借据上的签名可是你所写？"柳清朝他举起那张借据。

张乾道："根本就无借贷之事，我哪会签名？"

"来人，纸笔伺候，命你写上自己的姓名。"柳清说。

张乾写好自己的名字呈上。柳清将借据拿起一对，两个签名分毫不差。柳清很诧异，心想：莫非借据是真的？他这么痛快写字签名，岂不等于在证实自己犯罪吗？

忽然，柳清心里一愣，想出了一个办法，立刻就破了案。

◆请问，他想出了什么办法呢？

62 一只烧鸡

游戏难度 ✿✿✿✿✿
最佳完成时间 3分钟

小明在烧鸡店里工作，这天有两个顾客来买最后一只烧鸡，这只烧鸡有1千克。

甲顾客用29元6角买了鸡身，乙顾客用8元2角买了鸡腿。而鸡腿每千克比鸡身要贵4元钱。

◆那么，鸡身和鸡腿各重多少？

63 足球赛

游戏难度 ✿✿✿✿✿
最佳完成时间 3分钟

某年的足球赛，共有97支球队参加，大会一如既往，采用单败淘汰赛的方式，以决定冠军队伍。

◆必须进行几场赛事才能产生冠军呢？

64 两列火车

游戏难度 ✿✿✿✿✿
最佳完成时间 3分钟

一列客车以每小时73.8千米的速度自西向东行驶，一列货车以每小时57.6千米的速度自东向西迎面驶来。

◆已知客车长362米，货车长295米，问这两列火车从车头相遇到车尾离开共需要多长时间？

65 警察与小偷

游戏难度 ✿✿✿✿✿
最佳完成时间 3分钟

警察在公共汽车上发现一个小偷向相反方向步行，10秒钟后他下车去追小偷，如果他的速度比小偷快一倍，比汽车慢4/5。

◆则警察追上小偷需要多长时间？

66 天平称重

游戏难度 ✿✿✿✿✿
最佳完成时间 3分钟

现有1克、2克、4克、8克、16克的砝码各一个。

◆称重时，砝码只能放在天平的一端，用这5个砝码组合可以称出几种不同的重量？

67 破译的概率

游戏难度 ✿✿✿✿✿
最佳完成时间 3分钟

三人独立地去破译一个密码箱的密码，他们各自译出密码的概率分别为：1/5、1/4、1/3。

◆问：这个密码箱被破译的概率是多少？

68 巧翻硬币

游戏难度 ✿✿✿✿✿
最佳完成时间 3分钟

有23枚硬币在桌上，10枚正面朝上。假设别人蒙住你的眼睛，而你的手又摸不出硬币的反正面。

◆让你用最好的方法把这些硬币分成两堆，每堆正面朝上的硬币个数相同。

69 宰相的女儿

游戏难度 ★★★☆☆
最佳完成时间 3分钟

印度曾经有个城邦国王叫沙特瓦西拉。他有一个儿子，叫杜尔达马那。某一年的一天，他约了三个朋友一起去外地谋生。

这三个青年分别是婆罗门的儿子、木匠的儿子和商人的儿子。

他们四个人来到了海边，正好赶上海上起了大风浪，四个人眼见有一只渔船正在风浪中起起伏伏，很是危险，便下海救起了这只渔船。为了答谢他们，渔船的主人便送给他们每人一颗珍珠。

四个人得到可爱的珍珠，十分高兴。便放心地交给商人的儿子保管，然后一起回家。

商人的儿子走着走着，突然起了歹念，偷偷地把四颗珍珠缝在了大腿上。

第二天大家在路上走时，商人的儿子有意落在后面。过了好多时他突然叫道："强盗！"前面三个朋友立即往回跑，问："什么事？"商人的儿子说："我落在后面多时。刚才我到路边小便时，两个强盗抢走了四颗珍珠！"三个朋友不相信，说："你这个骗子，一定是玩了花样！"他们一路上争论不休，终于到了爱拉瓦古城。

爱拉瓦古城国王叫尼古拉沙，宰相叫布西沙拉。布西沙拉是著名侦探，任何疑难案件，只要诉讼双方说出事情经过，他就能找到公正的解决办法。

三个受骗的旅伴就向布西沙拉宰相告状。布西沙拉沉思良久，他下令士兵搜查这四个人，结果一无所获。宰相第一次碰到这么棘手的案子。他束手无策，吩咐把四个人安置好后就回家了。

宰相有个小女儿，叫贾雅什丽。她看到父亲心事重重，就问出了什么事。父亲就告诉了她。小女儿听了，说："父亲，不要难过。我有办法解决。你明天审问他们时，叫他们每人走进一个房间。以后的事由我来解决。"

父亲半信半疑，说："女儿，连我也难以解决的事，你能解决？"女儿说："父亲，别那么说。各人有各人的特长。有的事我知道，你不一定知道。有几个头脑就有几种办法。有几只杯子就有几杯酒。有几口嘴就有几种声音。有几户人家就有几个妻子。谁手里有灯光谁就能驱走黑暗。父亲，你不必担心，你把这几个外国人交给我，我一定探出他们的内心秘密。帮你破这个案！"果然，如贾雅什丽所说，很快贾雅什丽就破了案。

◆贾雅什丽是如何破案的呢？

70 各行了多少千米

游戏难度 ★★★☆☆
最佳完成时间 3分钟

皮特的车行了10000千米，为了使包括备用轮胎在内的5个轮胎的磨损程度相同，他轮流使用这5个轮胎。

◆那么你知道每个轮胎行了多少千米吗？

71 求救信号

游戏难度 ✿✿✿✿✿
最佳完成时间 3分钟

荷兰阿姆斯特丹的海滨，阳光明媚，景色宜人，一架游览的小型飞机正在海滨上空飞行着。机上一共有4个游客，都是专门来阿姆斯特丹游玩的。飞机沿着靠近海岸的一边慢慢地飞翔着，突然那个一上飞机就不怎么对风景很感兴趣的穿白色西装的乘客，拿出一把枪打碎了飞机上的通信系统。然后用枪指着飞行员的脑袋命令道："赶快把飞机飞到一个小岛去！"

吓坏了的飞行员名叫吉米，知道飞机上遇到了劫匪，心中一阵慌乱，手脚不禁也有些不听使唤了，立刻，飞机在空中打着摆子摇晃起来。

"蠢货，我不会杀你。只要你按我的指示，降落在那个小岛就是了。快让飞机正常飞行。快点，我可不想让我的子弹因为生气打穿你的脑袋。"白西装乘客用枪敲着飞行员吉米的脑袋说。

"好……好的，只要你不杀我，只要你不杀我。"飞行员吉米结巴地说道。

很快飞机就正常飞行了，眼看着就要着陆了，白西装乘客高兴地对吉米说："朋友，你真是好样的，我不杀你，待会在你的腿上留点纪念就可以了。你看，我的朋友来接我了。我可不想在我的朋友面前展现野蛮的一面。"

果然，小岛附近的海面上，露出一个像鲸鱼似的黑影，划开一条白色的波纹，浮上来一艘潜水艇。小岛上站着荷枪实弹的海军陆战队士兵。

"哈哈，蠢货，放下你的枪吧。睁大你的狗眼，看看是谁的朋友来

了。"飞行员吉米怪笑着说。

"噢。上帝。我明白你小子是怎么干的了。原来你刚才是故意装害怕的。"白西装乘客绝望地叫道。一着陆他就被抓了。

◆飞行员吉米是如何求救的呢？

72 家有多远

游戏难度 ✿✿✿✿✿
最佳完成时间 3分钟

小白兔跟妈妈一起到森林里去采蘑菇。大森林好远呀！走一会儿，小白兔走不动了，就央求妈妈："歇一会儿吧，咱们走多远了？"妈妈说：

"好吧，就休息一下。从咱家到森林，路上要经过一条小河。咱家到这儿正好是从这儿到小河的1/3。"休息了一会儿，她们又走了6千米。小白兔又不耐烦了，便问妈妈："再歇会儿吧。还有多远呀？咱们不是已过了小河吗？"妈妈说："快了，快了。从这儿到大森林，正好是从这儿到小河的1/3。"

◆小白兔的家离大森林究竟有多远呢？

73 假扮阎王

游戏难度 ✿✿✿✿✿
最佳完成时间 3分钟

有一个名叫郝广友的普通农民，在端午节的当天，带着妻子和女儿来到县城观看赛龙船。因为高兴，郝广友就在镇上喝了点酒，回家后酒劲大发，不禁酣睡不醒。

到了晚上，他的妻子突然号啕大哭，邻居们闻声赶来，只见郝广友鼓出两只大眼，已死于非命。大家便连夜禀报给县令狄仁杰。

狄仁杰断案是出了名的。他接到这个案件后，便带着衙役来到郝广友的家，他先是查看了郝广友的尸体，发现死者既无伤痕也无中毒迹象，便又开始细心地查验死者的住房，查着查着，突然他发现死者家的地窖内有一个秘密通道，连接着邻居孙坤的家。狄仁杰觉得有点蹊跷，便把孙坤传了过来进行盘问。孙坤一见狄仁杰立刻慌了神，马上就招供说自己与郝广友妻子有私情，私密通道就是自己挖的。

狄仁杰见孙坤说出了实情，马上就开始审问郝妻，并将孙坤已承认与郝妻有私情的事实告诉了郝妻，希望郝妻不要执迷不悟。

可是，郝妻不但不听狄仁杰的规劝，反而一口咬定那通道是他家原来购置房产时就有的，并在狄仁杰面前大骂孙坤因调戏她不成，竟然害死了她丈夫郝广友。

狄仁杰眼见郝妻拒不承认。自己又没有真凭实据来认定郝妻是凶手，便耐心地问郝妻："你丈夫白天还好好的呢；为何晚间便突然死去了呢？"

郝妻回答道："这种事是命里注定的，俗话说，阎王要你三更死，你便活不到五更。"

狄仁杰在郝妻回答自己的问题时，便察言观色，心中初步认定郝妻一定与死者的死有关系。突然他在脑海中想出了一个计策。于是，他让衙役先将郝妻押在狱中，在半夜三更之时，便将郝妻定了罪，破了这个案子。

◆狄仁杰是如何让郝妻认罪的呢？

74 牲口交易

游戏难度 ✿✿✿✿✿
最佳完成时间 3分钟

在还不习惯使用货币的地方，大家是用以物易物的方法来解决双方的需要的。集市上，3个人带着自己的牲口准备交换。甲对乙说："我用6头猪换你1匹马，那么你的牲口数量将是我所有牲口数量的2倍。"

丙对甲说："我用14只羊换你1匹马，那么你的牲口数量将是我的3倍。"

最后乙对丙说："如果我用4头牛换你的1匹马，那么你的牲口数量将是我的6倍。"

◆问题是甲、乙、丙3个人各有多少牲口？

75 救命的指南针

游戏难度 ✿✿✿✿✿
最佳完成时间 3分钟

特工霍金成功窃取了贩毒集团的情报，可是在逃跑的时候被一颗不起眼的子弹打中了，蜂拥而来的毒贩牢牢地抓住了他。

现在的他被关在阴暗潮湿的地牢里，中弹的左臂疼痛欲裂。难道，他就要死在这里吗？要知道，明天天亮的时候，贩毒集团的老板就会回来，他屡次栽在霍金手里，这次他一定会亲手杀死霍金的。

这时，看守地牢的小胡子男人说："霍金，我不能帮你逃走，但是你可以自己逃。

出去以后，往北8千米就是市镇，那里有警察局。"说完，他从窗外扔进来一根钢锯。"为什么帮我？"霍金又惊又喜。

小胡子叹了口气说道："我本来是个安分的渔夫，被他们用枪指着头拉来贩毒。我故意拖拖拉拉，他们就让我来守地牢。算了，不多说了，你动作要快点，我3个小时以后换班。"

小胡子走后，霍金对准地牢铁栏，飞快地锯起来，不一会儿，两根铁栏就被锯断了。他强忍剧痛，弯腰钻出铁栏，沿着地牢后门溜出了贩毒分子营地。一路狂奔，不知道跑了多久，他才气喘吁吁地停了下来。

这时他发现自己在一片茂密的原始森林里，一丝阳光也看不见，那么，哪里才是北面呢，要是找不到北面，他最终还会饿死在森林里。

怎么办？霍金把浑身上下搜了几遍，也找不到一样能够指示方位的东西。口袋里只有一根回形针，一个打火机，一块丝织手巾，这些东西根本帮不上忙。

突然，霍金看到地上有一摊积水，他灵机一动，马上用手上的东西制了一个指南针，找到了方向，逃出了森林。

◆霍金的指南针是怎样做的呢？

76 老管家买牛

游戏难度 ✿✿✿✿✿
最佳完成时间 3分钟

张三是王员外家的老管家，他是一个非常聪明的人。有一次王员外让他去买牛，并告诉他公牛每头值3两银子；母牛每头值5两银子，小牛每3头值1两银子。员外给张三100两银子，让他买100头牛回来，过了几天，张三真的买了100头牛回来。

◆你知道用100两银子买的100头牛里面，有多少头公牛、多少头母牛和多少头小牛吗？

77 谁是真正的贼

游戏难度 ❄❄❄❄❄
最佳完成时间 3分钟

南北朝的时候，符融担任了冀州的刺史。这一天傍晚，符融刚刚批阅完一堆文件，突然门外人声鼎沸，一阵喧哗。

一会儿，几个衙役带进来了一帮人。一位领头的衙役向符融报告到："启禀大人，刚才有个老婆婆在路上被贼抢劫，等贼一跑，这位老婆婆就开始大喊捉贼。有一个过路的人闻声追了过去，把一个人给抓住了。可这个人就是不承认自己是贼，却说追他的过路人是贼。由于天色已晚，老婆婆的眼力又不好，她也分不清谁是好人谁是坏人。现在众人便把这两个人都抓了送到衙门里，请大人定夺。"

听完衙役的介绍，符融看了看大堂里的一帮人，问道：

"谁是过路人呢？"

"我是。"一个穿着蓝色衣褂的人往前站了一步回答道。

"那我来问你，你追的那个人是谁呀？"

"是他。"这个人一指身旁的一个穿着对襟黑色小褂的人说道，"就是他。他就是抢老婆婆的贼。"

符融看了看那个人，问道："是你抢了老婆婆吗？"

"大人，这是冤枉呀，我才是好人呀！"

"这么说，他们指控你是指控错了？"符融将信将疑地又问道。

"就是错了！"

"你说你是好人，他说他是好人。我现在为了检验你们两个谁说的话是真的，所以，我现在命令你们两个立刻从府衙门口一起向凤阳门跑，看你们谁能跑第一。"

两个人不知符融是什么意思，便来到了门口，向凤阳门跑去。

一会儿，两个人在衙役的带领下回到了大堂。一名衙役上前奏道："大人，这位穿对襟黑色小褂的人是后跑到凤阳门的。"

"他就是真正的贼，立刻给我拿下！"符融一拍惊堂木大声喝道。

"大……大……人！我跑得慢，怎么就是贼了？"

◆符融当场说出了一番话，这个人便老老实实地认了罪。你知道为什么吗？

78 买糕点

游戏难度 ❄❄❄❄❄
最佳完成时间 3分钟

老张的儿子和女儿的个数一样多，街上有个著名的糕点店，里面的糕点有三种：一种一元一块；一种一元两块；一种一元三块。老张掏了7元钱，买的糕点正好平分给了他的孩子们，并且没有一块糕点需要掰开分。

◆那么，老张有多少个孩子，他们分别分得了多少块糕点？

79 大老粗卖猪

游戏难度 ✿✿✿✿✿
最佳完成时间 3分钟

从前，有个大老粗，挑着两筐小猪来到集市上叫卖。

不一会儿，来了一个白面书生，他看了看小猪说："我要买你两筐小猪中的一半零半头。"

紧接着，一个老学究说："你要是卖给他了，我就要买他剩下的一半零半头。"

大老粗刚要答话，又过来一个精明的农夫说："你要是卖给他们了，我就买他们买剩下的一半零半头。"

大老粗火了：卖猪哪有卖半头的！他刚要发火，想起早上老婆的交代，要他遇事冷静。他仔细一想，就答应了。结果，两筐小猪刚好卖完。

◆聪明的读者，你知道大老粗一共卖了多少头猪吗？

80 被偷走的海洛因

游戏难度 ✿✿✿✿✿
最佳完成时间 3分钟

一家综合医院里，深夜，罪犯潜入药房，从药品柜里盗走了一大瓶只贴着化学式标签的海洛因。因被保安人员发现，所以罪犯用匕首刺死保安人员后逃走了。

经调查，找出两个嫌疑人，一个是刚来医院不久的实习医生，另一个是前几天才进医院的患者，是个青年农民。后者是在下地干活时遭到老虎袭击负伤住院的。

作案现场的药品柜里摆着许多药瓶子，但罪犯只拿走了装着海洛因的瓶子。

◆试问，罪犯是谁呢？

81 树的年龄

游戏难度 ✿✿✿✿✿
最佳完成时间 3分钟

小敏在7岁的时候，知道种植树木对环境有利，他就开始在自己家前面的山上种橡树。他每隔一年半就种10棵树，一共种了150棵树。

小敏对妻子说："这批树中，种的最早的那10棵树的年龄是最后一批树的8倍。"

◆那么你能算出小敏现在有多少岁了吗？

82 宠物店的生意

游戏难度 ✿✿✿✿✿
最佳完成时间 3分钟

宠物店店主新进了一批小猫和成对的鹦鹉。小猫的个数和鹦鹉的个数正好相等，但每只小猫的进价是20元，每对鹦鹉也是20元。

店主把这些动物出售的标价定为高出进价的10%，一个星期后，卖出了一些动物，而所得的钱款正好和这批动物的总进价相等。这时，还剩下7只动物。

◆那么，剩下的这7只动物分别是什么？

第三章
文字游戏

　　中华文化博大精深，足以让世人侧目。而组成中国文化最重要的东西——方块字，因其无穷宽泛的释意，更让我们体会到了炎黄祖先的惊人智慧。我们要学习的不仅是如何记住这些可爱伟大的字体，更要在适当的时候灵活动用它们，这不是一场无聊的游戏，这是智慧的征途。

　　我们的口号：孔夫子的话，让世界都认真听话！

1　不可能的改变

游戏难度 ✿✿✿❀❀
最佳完成时间 3分钟

◆怎样才能使不可能变成可能呢？

2　智斗铁公鸡

游戏难度 ✿✿✿❀❀
最佳完成时间 3分钟

有位土财主为了儿子能中举升官，便请先生来家教书，但因他太刻薄，应聘者连连告退。有位学问渊博的老学究听了，很是气愤，决意替同行治治这个一毛不拔的"铁公鸡"。

于是，他走进财主的家门，说："老朽不才，茶饭随便。"

财主眉开眼笑地问："先生此话当真？"

老学究说："倘若不信，愿立字为据。"说罢，取过文房四宝，挥笔写道："无鸡鸭也可无鱼肉也可。"并摇头晃脑念了一遍。

财主接过一看，果然是这么写着的，便同老学究一道按了手印。

到了吃饭时，老学究见桌上摆的全是青菜萝卜，勃然大怒，拍桌斥骂道："堂堂缙绅，竟如此不讲信用！"

财主愕然相问："先生怎么出尔反尔？"随即掏出字据，向闻声赶来的乡邻展示。

老学究将字据夺过，用笔点了几下，然后说："走，上衙门打官司去！"

县令看了字据，朝财主猛拍三下惊堂木，呵斥道："白纸黑字，又按了手印，倘要耍赖，先打三十大棍！"说罢将字据扔给了财主。

财主接过字据一看，顿时两眼发黑。

◆你知道老学究是怎样智斗铁公鸡的吗？

3　说出两个理由

游戏难度 ✿✿✿❀❀
最佳完成时间 3分钟

早上妈妈到儿子卧室去催儿子起床。

妈妈："快起床，要不然到学校去就要迟到了！"

儿子："我不想起床，我不想去学校！"

妈妈："为什么不起床，为什么不去学校？你给我说出两个理由！"

儿子："那里的孩子不喜欢我，这是其一；另外，那里的老师也不喜欢我。为什么要起床，为什么要去学校？你也给我说出两个理由。"

◆你能猜出妈妈是如何回答的吗？

4　桶量游泳池的水

游戏难度 ✿✿✿❀❀
最佳完成时间 3分钟

有一天，国王把阿凡提叫到皇宫里，想出点难题考考他。国王问道："你知道王宫前面的水池里共有几桶水吗？"当时大臣们一想，这个问题很不好回答，暗暗替阿凡提担心，但阿凡提眨眨眼睛，很快说出了一个让国王满意的答案。

◆你知道阿凡提是怎么回答的吗？

5 八窍已通七窍

游戏难度 ❋❋❋✿✿
最佳完成时间 3分钟

清朝著名文学家蒲松龄，自幼刻苦勤奋，才华闪烁，但因是汉族儒生而连试不第，只好靠教书为生。

一年春天，一位土财主望子成龙，慕名请蒲松龄教家馆。不到三个月，蒲松龄即拱手告辞："令郎学有成就，老夫要另谋去处。"财主十分高兴，忙设宴为先生饯行。酒过三巡，财主笑问："小儿的文章如何？"

蒲松龄回曰："高山响鼓，闻声百里。"

财主大喜，又问："小儿在易、礼、诗诸方面想必通了吧？"

蒲松龄诙谐一笑："八窍已通七窍。"说罢道声"多谢"，便挑起书箱起程。

蒲松龄前脚刚走，财主后脚赶到衙门，将这喜讯告诉当师爷的弟弟，要其为侄儿报名参加科举考试。

那师爷听罢叙述，哭笑不得，说："大哥，你让那教书匠戏弄了。"

听完弟弟的解释，财主气得直骂儿子是蠢猪！

◆你知道蒲松龄说的话其中有什么含义吗？

6 两枚硬币

游戏难度 ❋❋❋✿✿
最佳完成时间 3分钟

目前，人民币共有六种面值的硬币：一元、五角、一角、五分、两分、一分。

现在我手中握着两枚人民币硬币，它们的面值的总额是五角五分，但其中一枚肯定不是五分。

◆想想看，它们是哪两枚硬币？

7 电报暗语

游戏难度 ❋❋❋✿✿
最佳完成时间 3分钟

公安机关截获某犯罪团伙的一封密电。电文如下："吾合分昌盍旮垄聚鑫。"

◆你能破译这封密电吗？

8 修理电话亭

游戏难度 ❋❋❋✿✿
最佳完成时间 3分钟

新来的电话修理工接到主管电话，告诉他在前八座电话亭里有五座需要维修，他可以任选其中一座作为修理能力测试。新来的维修工立刻去了第八座电话亭，又快又好地完成了任务。

◆你明白他为什么选择这座电话亭吗？

9 你的异性交友观

游戏难度 ❄❄❄❄❄
最佳完成时间 3分钟

以下两种情况，你会选择哪一种？
◆A. 一个星期都动弹不得。
　B. 整整失眠一个星期。

10 接头暗语

游戏难度 ❄❄❄❄❄
最佳完成时间 3分钟

老罗接到上级指示，去某酒馆与打入敌人内部的地下工作者接头。由于二人不相识，老罗需要手提一样东西做标志。当时，为了保守秘密，上级的指示用的是暗语，非常简单，只有一个"口"字。这个字既代表约会的时间，又规定了老罗手提的东西。

◆老罗严格执行上级规定，顺利地完成了任务。你知道老罗是哪一天去酒馆，手提的是什么东西吗？

11 妙语守秘密

游戏难度 ❄❄❄❄❄
最佳完成时间 3分钟

1972年5月下旬，美苏关于限制战略武器的4个协定刚刚签署，美国国家安全事务特别助理基辛格就在莫斯科的一家旅馆里，向随行的美国记者团介绍这方面会谈的情况了。

"苏联每年生产导弹的数量大约是250枚。"基辛格微笑着透露这一信息，并幽默地说，"先生们，如果在这里把我当间谍抓起来，你们知道该怪谁啊？"

敏捷的记者们立刻接过了话头，探问美国的国防机密。

"我们的情况呢？我们有多少潜艇导弹在配置分导式多弹头？有多少'民兵'导弹在配置分导式多弹头？"一个记者迫不及待地问。

基辛格耸了耸肩："我不确切知道正在配置分导式多弹头和'民兵'导弹有多少。至于潜艇嘛，我的苦处是，数目我是知道的，但我不知道这是不是保密的。"

记者说："不是保密的。"

基辛格一笑，说出了一句话。记者听后，方知上当，只好嘿嘿一笑。

◆猜想一下，基辛格此时会说出了一句什么话来？

12 数字谜

游戏难度 ❄❄❄❄❄
最佳完成时间 3分钟

下楼来，金簪卜落；问苍天，人在何方？恨王孙，一直去了；詈冤家，言去难留。悔当初，吾错失口；有上交，无下交；皂白何须问，分开不用刀。从今莫把仇人靠，千里相思一撇消。

◆猜十个字。

13 成语接龙

游 戏 难 度 ✿✿✿✿✿
最佳完成时间 3分钟

◆下面的成语，前一个成语的最后一个字，是它后面那个成语的第一个字，这在修辞上叫顶真。请在它们之间的空白处填上一个字，使每组成语连接起来。

今是昨（　）同小（　）望不可（　）以其人之道，还治其人之（　）体力（　）若无（　）在人（　）所欲（　）富不（　）至义（　）心竭（　）不胜（　）重道（　）走高（　）沙走（　）破天（　）天动（　）利人（　）睦相（　）心积虑。

醉生梦（　）去活（　）去自（　）花似（　）树临（　）调雨（　）手牵（　）肠小（　）听途（　）长道（　）兵相（　）二连（　）言两（　）重心（　）驱直（　）不敷（　）其不（　）气风（　）扬光（　）材小（　）兵如（　）采飞（　）眉吐（　）象万（　）军万（　）到成（　）败垂（　）千上（　）古长（　）红皂（　）日做

14 回音联

游 戏 难 度 ✿✿✿✿✿
最佳完成时间 3分钟

有一次，乾隆和纪晓岚对对联。乾隆说出了上联："两碟豆。"纪晓岚对曰："一瓯油。"乾隆皇帝听后，狡黠一笑说："朕说的是'林间两蝶逗'。"纪晓岚聪明过人，早已料到乾隆的对联暗含玄机，于是不慌不忙地应道："……"

◆乾隆听后连夸对得好。请问纪晓岚对的是什么？

15 好听的字母

游 戏 难 度 ✿✿✿✿✿
最佳完成时间 3分钟

◆26个英文字母中哪两个字母很多人都喜欢听呢？

16 仁者见仁

游 戏 难 度 ✿✿✿✿✿
最佳完成时间 3分钟

从前有个秀才，在外科应试之前连做两梦，迷信的他便去解梦师那里讨教。不巧解梦师刚好出门，仅其徒弟在家。听明秀才来意，徒弟便说："我也能解梦，您不妨说来听听。"于是，秀才就把自己的两个梦说了一遍，徒弟也相应地解了一遍，二人对话如下：

"第一个梦是梦见墙头上长草。"

"不好，这说明根基不牢。"

"第二个梦是梦见我戴着斗笠打伞。"

"不妙，这是多此一举。"

秀才听后只得垂头丧气离开了解梦师的家。幸运的是，走到半路上，碰巧遇到正往回走的解梦师，于是秀才又将做梦之事告诉了他。解梦师一听，连连拍手说："可喜可贺，这回应试大有希望啊！"接着便对这两个梦作了与他徒弟截然不同的解释。

◆你知道解梦师是如何解秀才之梦的吗？

17 速记绕口令

游戏难度 ❀❀❀❀❀
最佳完成时间 3分钟

天上七颗星，地上七块冰，台上七盏灯，树上七只莺，墙上七枚钉。

吭唷吭唷拔脱七枚钉。喔嘘喔嘘赶走七只莺。乒乒乓乓踏坏七块冰。一阵风来吹灭七盏灯。一片乌云遮掉七颗星。

六十六岁的陆老头，盖了六十六间楼，买了六十六篓油，养了六十六头牛，栽了六十六棵垂杨柳。六十六篓油，堆在六十六间楼；六十六头牛，扣在六十六棵垂杨柳。忽然一阵狂风起，吹倒了六十六间楼，翻倒了六十六篓油，折断了六十六棵垂杨柳，砸死了六十六头牛，急煞了六十六岁的陆老头。

18 智赚玉麒麟

游戏难度 ❀❀❀❀❀
最佳完成时间 3分钟

卢俊义乃河北俊杰，他不仅急公好义，乐善好施，济人危困，而且武艺高强，名闻四海，人称"河北玉麒麟"。梁山泊义军头领宋江久慕他的威名，一心想招取卢俊义上山坐第一把交椅，共图大业，替天行道。偏偏这个卢俊义有钱有势，有名有位，吃不愁，穿不愁，而且满脑袋的忠君思想，要他上山造反谈何容易，宋江常常为此苦恼。军师吴用，人称"智多星"，为人机敏，善于谋略，凡事一经他策划，没有办不成的道理。所以，当宋江与他议起此事时，便生出一段"吴用智赚玉麒麟"的故事来。当时吴用扮成一个算命先生，悄悄来到卢俊义庄上，利用卢俊义正为躲避"血光之灾"的惶恐心理，口占四句卦歌，并让他端书在家宅的墙壁上。

这四句卦歌是：
芦花丛中一扁舟，
俊杰俄从此地游。
义士若能知此理，
反躬难逃可无忧。

一心躲避"血光之灾"的卢俊义哪里有心细察这其中的隐秘呢。这四句诗写出后，被官府拿到了证据，大兴问罪之师，到处捉拿卢俊义，终于把他逼上梁山。

◆那么，你知道官府为什么看了这首诗后要捉拿卢俊义吗？

19 你给人的第一印象

游戏难度 ❀❀❀❀❀
最佳完成时间 3分钟

如果把自己比做动物，你是什么？（注意：是你最像的动物，而不是你喜欢的动物）选择一个能具体代表现在的你的动物。

◆A.猫
　B.狗
　C.马
　D.牛

20 县官智断遗产案

游戏难度 ✿✿✿✿✿
最佳完成时间 3分钟

有一位老人，丧偶，有一女。后来老人又娶了一位妻子，生了个儿子。

老人在死前曾就如何分配遗产立下遗嘱。后来，老人去世了，家人开始争夺遗产。打开他所立的遗嘱一看，上面写着这么一段话："七十老翁产一子人曰非是也家业尽付与女婿外人不得干预。"女婿和女儿认为家产应该归他们，照他们的读法：七十老翁产一子，人曰非是也。家产尽付与女婿，外人不得干预。第二任妻子不服，双方就闹到官府去。县令认真一看，就把遗产判给了小儿子。

◆你知道这位县令是如何加的标点符号的吗？

21 重组回文诗

游戏难度 ✿✿✿✿✿
最佳完成时间 3分钟

下面有10个字，你能用它们写成一首七言回文诗吗？

◆夏日长香莲碧水动风凉

22 知府妙计除恶霸

游戏难度 ✿✿✿✿✿
最佳完成时间 3分钟

相传，唐朝时，某地有个大恶霸叫庞嗣，仗着姐夫是朝内的吏部侍郎，无恶不作，残害百姓。

一次，庞嗣输了棋，一怒之下，竟用砖头砸死了对方。此案告到知府那里，知府写了判处庞嗣秋后问斩的案卷，呈报到京城。吏部侍郎将此案接过来，批道："此案不实，请府主另议。"

吏部侍郎将案卷退回后，又暗暗给知府写信，说明庞嗣是他小舅子，让知府从轻发落，并说将来定当报举他升高官。知府看后十分愤慨，又将案卷呈报上去，数日后，仍被退回。

知府知道是吏部侍郎有意包庇庞嗣，如果再这样呈报，肯定还不会批准。

于是，他苦思冥想了几天，终于想出了一个好办法，使吏部侍郎批准将庞嗣斩首，为民除了一大害。

◆聪明的读者，你知道知府想的是什么妙法吗？

23 你会发挥魅力吗

游戏难度 ✿✿✿❀❀
最佳完成时间 3分钟

与自己欣赏的异性交谈时，你会怎样？
◆A.双手自然下垂。
B.双手交叉、置于腹前。
C.抱着胳膊。

24 测测你的人缘

游戏难度 ✿✿✿❀❀
最佳完成时间 3分钟

请伸出你的右手，看看你的5根手指头，哪一根是你觉得最满意的呢？
◆A.食指
B.无名指
C.大拇指
D.中指
E.小指

25 海上奇遇测测你的性格缺陷

游戏难度 ✿✿✿❀❀
最佳完成时间 3分钟

你知道你的性格中潜藏着哪些缺陷吗？如果能够清楚缺陷在哪儿，加以改进，假以时日，你就会成为社交的高手。下面这个海上奇遇的测试题测的就是你的性格缺陷：当你在海上悠闲地乘着船时，突然从海里出现一只海豚，奇怪的是，它竟然会说人话。你认为它会说出哪一句最令你惊讶的话吗？
◆A.这里有很多鲨鱼，要小心哦！
B.这下面有很多宝物！
C.现在我所说的话都是听来的……
D.前面有个美丽的珊瑚礁！
E.请别惊讶，我是被施了魔法才变成海豚的！
F.对不起，请问现在几点了？

26 欧阳修的年龄

游戏难度 ✿✿✿❀❀
最佳完成时间 3分钟

有人问欧阳修高龄几何，他含蓄一笑说道："吾今年岁，比六九略多，比七八略少。"
◆他到底多大？

27 巧用标点

游戏难度 ✿✿✿❀❀
最佳完成时间 3分钟

这天张三来到亲戚家串门，不知什么时候下起雨来了，这时天色已晚，张三打算住下来。可是亲戚不想留他，于是在纸上写了一句话：

下雨天留客天留人不留

张三看了后，明白他的意思，只是不好明说，他也没作声，只在上面加了几个标点符号：

下雨天，留客天，留人不？留！

亲戚一看，这句话的意思完全反了。也就无话可说，只得给张三安排了住宿。

◆这句话除了张三这种标法外，还有三种标法，使它变成疑问、问答、陈述三种句式，请问你能标出来吗？

28 住在哪里

游戏难度 ❋❋❋
最佳完成时间 3分钟

南北朝时期，南朝宋张融有一次请假回家。皇上问他家住在哪里。张融回答说："我住在陆地上但不是房屋，住在船上但不在水上。"

皇上不明白这是怎么一回事。

◆你知道张融家住在哪里吗？

29 你能把握住机会吗

游戏难度 ❋❋❋
最佳完成时间 3分钟

有个年轻异性向你问路，而恰好行走方向与你相同，你会如何做呢？

◆A.告诉她方向相同，可以一起走。
　B.详细地告诉她，然后再从后面跟着。
　C.你会默默地带她到目的地。
　D.告诉她走法，自己走另一条路。

30 诅咒

游戏难度 ❋❋❋
最佳完成时间 3分钟

一天，阿凡提跟皇帝的一个侍卫官开玩笑，说："我看你两天以后就会死！"巧合的是，两天后，那侍卫官果然从马上跌下来，摔死了。

皇帝很迷信，认为阿凡提会咒语，担心阿凡提也会诅咒他死，于是，就下令把阿凡提处以绞死。在阿凡提被押往刑场的路上，皇帝傲慢地问："你知道你自己什么时候死吗？"阿凡提知道皇帝即将处死他，心里暗想脱身之计，于是哈哈大笑，说出了自己的死期，这可把皇帝吓坏了。皇帝立即下命令把阿凡提放回家，还叫他多多保重。

◆你猜这是为什么？

31 隐去了什么

游戏难度 ❋❋❋
最佳完成时间 3分钟

五代时期，大官冯道在国家临危之际，背叛旧主，奴颜投靠新朝，深得民怨。在他70岁寿诞之期，有人暗中写了一联贴在他家的大门口："一二三四五六七，孝悌忠仪礼义廉"，将其讽刺一番。

◆你能否猜出此联隐去了什么？又暗含何意吗？

32 趣味对联

游戏难度 ❋❋❋
最佳完成时间 3分钟

据说林则徐小时候有一次随父亲出游，到闽江边时，父亲观景有感，随口吟出一句上联：

"鸿是江边鸟。"

父亲的上联虽然短小，但是恰当地运用了拆字法，林则徐一时没有对上来。后来，父子二人经过一农家小院时，见一老汉正在喂蚕，林则徐立即有了灵感，随即对出了下联。

◆请问，你知道林则徐是怎样对的吗？

33 从对联的内容，你能知道歌颂的是谁吗

游戏难度 ✦✦✦
最佳完成时间 3分钟

◆例句：集群圣之大成，振玉声金，道通中外；立万世之师表，存神过化，德合于坤。——歌颂孔子。

（1）尊王言必称尧舜；忧世心同切孔颜。——歌颂_____

（2）哀怨托离骚，生而独开诗赋立；孤忠报楚国，余风波及汉湘人。
何处招魂，香草还生三户地；当年呵壁，湘流应识九歌心。——歌颂_____

（3）鹿野舟沉王业兆；鸿门半碎霸图空。——歌颂_____

（4）刚直不阿，留得正气冲霄汉；幽愁发愤，著成信史照尘寰。——歌颂_____

（5）云边雁断胡天月；陇上羊归塞草茵。——歌颂_____

（6）青冢有情犹识路；平沙无处可招魂。——歌颂_____

（7）志见出师表；好为梁父吟。
两表一对，鞠躬尽瘁酬三顾；鼎足七出，威德咸孚足千秋。——歌颂_____

（8）质而绮，真而醇，自可传之千古；樽中酒，篱下诗，岂甘了此一生。——歌颂_____

（9）盛唐诗酒无双士；青莲文苑第一家。
千古诗才，蓬莱文章建安骨；一般傲骨，青莲居士谪仙人。——歌颂_____

（10）民间疾苦，笔底波澜；世上疮痍，诗中圣哲。
草堂留后世；诗对著千秋。——歌颂_____

（11）枫叶四弦秋，根触天涯迁谪恨；浔阳千尺水，勾留江山别离情。
笔谙时政，心在苍生，万户争传新乐府；

堤建西湖，神归东洛，千秋永祀老诗翁。——歌颂_____

（12）宦游西蜀，志复中原，高吟铁马铜驼，烟尘誓扫还金阙；
诗继少陵，派开南宋，更入清风明月，池馆重新接草堂。——歌颂_____

（13）金石文章空八代，江山姓氏著千秋。——歌颂_____

（14）萃父子兄弟于一门，八家唐宋占三席；悟骈散诗词之特征，千变纵横识其源。——歌颂_____

（15）四面湖山归眼底；万家忧乐到心头。
兵甲富于胸中，一代功名高宋室；忧乐关乎天下，千秋俎豆重苏台。——歌颂_____

（16）沈酣于东海西湖南州北国之游梦里溪山尤壮丽；括囊乎天象地质人文物理之学笔端谈论自纵横。——歌颂_____

34 两个半小时

游戏难度 ✦✦✦
最佳完成时间 3分钟

小王每天都骑自行车上班，他上班的公司离家很远，骑自行车需要一个小时。

◆可他星期五去上班却用了两个半小时才到（并没有特别的事情发生），为什么呢？

35 小和尚解谜

游 戏 难 度 ✿✿✿❀❀
最佳完成时间 3分钟

隋唐时期，长安城有座佛寺，寺里有个不被人注目的小和尚。他酷爱读书，喜欢做文字游戏，可是在这些烧香念佛的僧人群中，小和尚的才华一直没有显露的机会。一天，有位远方来客求见方丈，打算把朝廷将要派兵火烧佛寺的消息告诉他。可是，上门多次，均被守门的武僧拒之门外。这位客人十分恼怒，便在寺门上面题字道：

龛龙去东海，
时日隐西斜。
敬文今不在，
碎石人流沙。

和尚们看了都不明白写的是什么意思。这个小和尚看后，对众和尚说："我已经猜出来了！"接着，有板有眼地解释了一番，并说那位客人把我们全寺的人都辱骂了。

方丈仔细琢磨了一会儿，终于恍然大悟，赶紧去追赶那位客人。客人被追回来之后，见方丈赔礼道歉，又盛情款待自己，就把自己所听到的消息告诉了和尚们，让众僧预先有所准备，因此避免了一场灾难。从此以后，众僧都对这个小和尚刮目相看了。

◆你知道小和尚是如何解释的吗？

36 点戏

游 戏 难 度 ✿✿✿❀❀
最佳完成时间 3分钟

苏东坡在杭州时喜欢与西湖寺僧交朋友。他和圣寺佛印和尚最要好，两人饮酒吟诗之余，还常常开玩笑。

佛印和尚好吃，每逢苏东坡宴请文朋诗友，他总是不请自来。

一天，江西才子黄庭坚专程来到杭州拜望自己的老师。苏东坡见到了门生，十分高兴，邀他同游西湖，船上备了许多酒菜，还带了梨园弟子和琴师鼓手。游船离岸，苏学士捋须笑曰："佛印每次聚会都要赶来白吃一顿，今天他捞不到半点油水了吧，哈哈！"谁知话音刚落，躲在船舱底下的佛印双手一推，爬了出来，嬉笑曰："我这不帮你陪客来了？"苏东坡师徒二人面面相觑，不禁笑了起来。

三人在画舫中喝了一会儿，开始点戏。

生性诙谐的苏东坡捋须一笑："我先来点！"于是取来文房四宝写了一个"剑"字。黄庭坚接过老师的笔写了"乔木"二字。佛印放下筷子，又点了一折，但也未直言，只写了"满江红"三字。

◆你知道三人各点的是什么戏吗？

37 为画题诗

游戏难度 ✿✿✿❁❁
最佳完成时间 3分钟

据说有一次，清乾隆皇帝得到一幅《百鹅图》。高兴之余，便召集大臣们为这幅画题诗，许多大臣担心所题之诗会不得皇帝欢心，便畏缩着不敢落笔。这时，只见才子纪晓岚大笔一挥，写道：

"鹅鹅鹅鹅鹅鹅鹅，

一鹅一鹅又一鹅。"

刚写下两句，一些大臣便悄悄议论起来，认为这诗毫无意义，但纪晓岚不动声色，接着写下了后两句。

结果，乾隆皇帝看后，直拍掌叫好。

◆请问，你知道纪晓岚的后两句是如何表达的吗？

38 坚固的鸡蛋

游戏难度 ✿✿✿❁❁
最佳完成时间 3分钟

◆铁锤锤鸡蛋为什么锤不破？

39 三两漆与三两七

游戏难度 ✿✿✿❁❁
最佳完成时间 3分钟

清时，有个庄稼人叫朱大滑，此人滑稽多智，方圆几百里闻名。

附近的一个村子有个地主叫贾义，他诡计多端，把村里的穷人都坑害遍了。大家恨透了他，只是谁也拿他没办法。有一天，大家来找朱大滑，求他出主意整治贾义。朱大滑爽快地说："好！我明天就去给你们出气。"

第二天，朱大滑从镇上的杂货店中买来三两漆，寄存到贾义家里。然后，他穿上一套整齐的衣服去县衙告状，说贾义黑了他四两金子。

县官传来贾义，与朱大滑当堂对证。贾义感到莫名其妙，说："青天大老爷，我没有贪过谁的金子呀！"

朱大滑在一旁说："你贪了我四两金子，怎么说没有？"

贾义这才恍然大悟，对县官解释说："大老爷，不是四两金子，是三两漆。"

朱大滑一本正经地说："明明是四两，你为何说是三两七？"

贾义争辩说："实告青天大老爷，确确实实是三两漆。"说罢叩头如捣蒜。

县官一听，把手一扬，说："也罢，你说三两七就三两七。"接着回头对左右的衙役说了一句话，然后宣布退堂。贾义有苦难言，只得哭丧着脸离开县衙。

◆聪明的读者，你知道县官对衙役说的是一句什么话？

40 王羲之的三副春联

游戏难度 ✿✿✿
最佳完成时间 3分钟

王羲之是我国晋代著名书法大师，不仅书法艺压群芳，而且诗文也盖世无双。传说有一年正值岁末，适逢王羲之乔迁新居，他心情非常好，便挥毫写下了这样一副春联：

春风春雨春色；新年新岁新景。

这副春联贴在大门上不久，就被人悄悄揭去了。王羲之见状，付之一笑，又写了一副春联：

莺啼北里；燕语南邻。

谁知这副春联贴在门上没多时，又被人偷偷揭去了。到了除夕之夜，王夫人急得团团转，催王羲之赶快再写一副。王羲之沉思片刻，不慌不忙地拿来文房四宝，再写了一副春联：

福无双至；祸不单行。

这副春联太不吉利，也就无人来揭了。大年初一凌晨，幽默的王羲之又在上、下联的后半部各加写了三个字，全联方显出真面目。

拜年的人看到这副有趣的春联，无不拍手称妙。

◆亲爱的读者，你知道王羲之在上、下联的后半部各添了三个什么字吗？

41 饶舌的句子

游戏难度 ✿✿
最佳完成时间 3分钟

甲给乙念了这样一个饶舌的句子："知止而后有定定而后能静静而后能安安而后能虑虑而后能得。"甲问乙："知止而后有，定定而后能，静静而后能，安安而后能，虑虑而后能，得。最后那个'得'字，不是画蛇添足吗？"

乙也是觉得后面那个"得"字很绕口，但是整个句子如果没有那个"得"字也读不通："知止而后有定定，而后能静静，而后能安安，而后能虑虑，而后能。"乙也自认为很好笑。

◆你知道这段文字该怎么加标点符号吗？

42 动物诗

游戏难度 ✿✿✿
最佳完成时间 3分钟

◆请你任选一种动物名称（蜻蜓、骆驼、鸳鸯、凤凰、蝙蝠、蝴蝶、鹦鹉），填入下面各句唐诗的空格中！

(1)合昏尚知时，____不独宿。
(2)八月____黄，双飞西园草。
(3)山石荦确行径微，黄昏到寺____飞。
(4)毡包席里可立致，十鼓秖载数____。
(5)晴川历历汉阳树，芳草萋萋____洲。
(6)行到中庭数花朵，____飞上玉搔头。
(7)长安城连东掖垣，____池对青琐门。

43 走了的人

游戏难度 ✿✿✿
最佳完成时间 3分钟

放学后，有三个同学留下来继续做作业，过了一会儿，学生全部走了，这时老师来了，发现还有两个同学在继续做作业。

◆你知道这是怎么回事吗？

44 拿破仑的推断

游戏难度 ✿✿✿✿✿
最佳完成时间 3分钟

滑铁卢之战后，拿破仑被流放到圣赫勒那岛，身边只有一个叫桑梯尼的仆人。

一次，岛上长官部派人通知拿破仑说："你的仆人桑梯尼因有盗窃的嫌疑，已经被逮捕了。"

拿破仑立即前往长官部，失主向他叙述了事情的经过："桑梯尼来找我的时候，我正在处理岛民文柬的金币，就叫秘书让他去左边房间等一等。之后，我把金币放在这桌子里的抽屉里，锁上之后就上厕所。但是我把抽屉上的钥匙遗忘在了桌子上。两三分钟后，我回来发现抽屉里的金币少了10枚。在这段时间里，只有他一个人在房间里，桌子上又有我忘带的抽屉钥匙，不是他偷的还有谁呢？因此，我就命令秘书把他抓了起来。"

"但是，你应该知道，左边的门是上了锁的，桑梯尼无论如何也进不来。"拿破仑说道。

"他一定是先走到走廊，再从正中的那扇门进来的。"失主又说。

"你不是说你只离开两三分钟吗？桑梯尼在隔壁根本不可能看到你把金币放在抽屉里，也不会知道你把抽屉钥匙忘在桌子上，你离开的时间又那么短，他怎么可能偷走金币呢？"拿破仑反驳他。

"他准是透过毛玻璃看到了一切。"失主牵强地回答。

多说无用，拿破仑要亲自查个究竟。他向房间左边的门走去，将脸贴到靠近毛玻璃左边房间仔细地看去，只能大概地看见一些靠近门的东西，稍远一点就看不清了。他又走到左右两扇门前，摸摸门上的毛玻璃，发现两块玻璃的质量完全一样，一面光滑，一面不光滑，不同的是，左边房门上毛玻璃不光滑的面在失主房间这一边，而右边房门上毛玻璃的光滑面在失主房间这一边，右边房间是秘书室。拿破仑转过身来，指着门上的毛玻璃对失主说道："你过来看一看，从这块毛玻璃上桑梯尼不可能看到你所做的一切，应该受到怀疑的是你的秘书。"失主叫来秘书质问，金币果然是他偷的。

◆你知道拿破仑推断的根据是什么吗？

45 佛印对下联

游戏难度 ✿✿✿✿✿
最佳完成时间 3分钟

相传，有一次苏东坡和他的朋友佛印和尚在一起议论佛事。佛印和尚信口开河，大吹什么佛法无边，神通广大。这些话，恰巧被躲在屏障后面的苏小妹听到了。她有意要和佛印开玩笑，便写了一张纸条，叫丫环递给苏东坡。

苏东坡接过来一看，原来是个上联，要佛印对下联。那上联是："人曾是僧，人弗能成佛。"

佛印知道苏小妹是借对联来挖苦自己，他也不含糊，略一凝神，便写出了下联。苏东坡看了，乐得连声称赞："妙，妙，对得工整、贴切，可谓妙对！"

◆你知道佛印是怎样对下联的吗？

46 保不褪色

游戏难度 ✿✿✿
最佳完成时间 3分钟

一个狡猾的商人在路旁卖彩伞，身后有一横幅"保不褪色"，这吸引了很多人来购买。一星期后，便有人怒气冲冲找到商人说："你不是说保不褪色吗？你看这伞，颜色怎么掉净了？快给我退货，我不买了。"狡猾的商人只用一句话就把那人打发走了。

◆请问他是怎么说的？

47 奇怪的箱子

游戏难度 ✿✿✿
最佳完成时间 3分钟

张小姐说，她家里有一个箱子，她不用任何镜子及其他反光的东西，就能够同时看到立体箱子的这一面和与它相对的另一面。而且这个箱子既不是特别小，也不是透明的。

◆当然，张小姐也没有特异功能。你认为这可能吗？

48 标点的妙用

游戏难度 ✿✿✿
最佳完成时间 3分钟

标点不仅仅应用在写作中，正确使用标点符号对解数学题也有很大帮助。

◆下面是一道没有标点的古代数学题，你能正确标出标点，然后计算出来吗？"三角几何共计九角三角三角几何几何"

49 巧写奏本

游戏难度 ✿✿✿
最佳完成时间 3分钟

明朝时，有一年某地河流发大水，淹了十多个村庄，但是灾区的赋税一点儿也没有减少，这使灾民更加苦不堪言。已被罢官的赵南星向皇帝奏本："泥河发大水，淹了五百村，漂走一万家，还望开皇恩。"皇帝因此免了高邑县百姓全年的捐税钱粮。

后来，有个奸臣告状，对皇帝说："高邑县总共不过一百多个村庄，哪来五百村被淹，一万户漂走呢？"于是皇帝把赵南星抓了起来，要治他欺君之罪。赵南星争辩说："皇上，臣所奏句句属实，并无'欺君之罪'。"皇帝一查，果然不假，只好赦他无罪。

◆你知道这到底是怎么回事吗？

50 飞行员的姓名

游戏难度 ✿✿✿
最佳完成时间 3分钟

你是从上海飞往深圳的一架飞机上的飞行员，上海距离深圳比较远，飞机以每小时900千米的速度飞行，要飞1小时40分钟左右。有一次，由于天气原因，这架飞机中途作了一段时间的停留。

◆请问这位飞行员的名字叫什么？

51 纪晓岚巧连真假句

游戏难度 ✿✿✿✾✾
最佳完成时间 3分钟

纪晓岚才高八斗、能言善语，乾隆经常给他出一些难题寻开心。这天，早朝刚上罢，乾隆说："我先说一句真话，一句假话，纪爱卿就用一个字把它们连起来，组成一句假话，可以吗？"

纪晓岚说："可以一试。"

乾隆先说："皇上坐在龙椅上。"又说："公鸡生蛋。"

群臣一听，大笑，因为这两句话根本不沾边，纪晓岚说出来的话又不能污辱乾隆，一时间大家都在看纪晓岚如何应对。

谁知，纪晓岚不假思索，便说："皇上坐在龙椅上看公鸡生蛋。"

一句话让乾隆哈哈大笑，但他仍然不服，又说："纪爱卿，现在用一个字，把刚才的两句话连成真话，如何？"

乾隆话音刚落，纪晓岚又答出来了。满朝文武听后，无不佩服纪晓岚才思敏捷。

◆你知道纪晓岚是么回答的吗？

52 著名挽联的断句

游戏难度 ✿✿✿✾✾
最佳完成时间 3分钟

在安庆的大观亭旁边，黄兴题了一句话，是为了纪念徐锡麟烈士的。这句话本来被认为是诗歌，但断句上很不容易。后来才有人发现是挽联，断完句后，气势恢弘，将徐锡麟烈士的豪气完全表现出来了。

◆请你给它加上标点，领会其意：
登百尺楼看大好河山天若有情应识四方思猛士留一口土以争光日月人谁无死独将千古让先生

53 神童戏弄财主

游戏难度 ✿✿✿✾✾
最佳完成时间 3分钟

从前，有一个姓"石"的财主，为人十分傲慢，仗着读过书，常常作些打油诗来戏弄别人，邻里们对他又怕又恨。

这天，他在路边看到一只鸽子死在砖头后面，就说了一个上联：细羽家禽砖后死。并要在场的人对出下联。

有一个聪明的小孩在众人思考时，对石财主说："我不怎么会对对子，但刚学过'天对地，雨对风'，所以我可以一字一字试着对一下。请石先生帮我记录一下，细对粗，羽对毛，家对野……"

说罢，他将整句话念了一遍，众人一听，笑得前仰后合，石先生灰溜溜地走了。

◆聪明的读者，你知道这个小孩对的下联是什么吗？

54 求救对联

游戏难度 ❊❊❊
最佳完成时间 3分钟

有一个姓蔡的县官，和郑板桥是好朋友，他受了郑板桥的影响，很同情老百姓的疾苦，他俩经常在一起，到民间走访了解民情。有一年春节，他俩一起到大街上去散步，访贫问苦。忽然，他们看到一户人家的门上有一副奇怪的对联。

只见那对联的上联是"二三四五"，下联是"六七八九"，横批是"南北"。

蔡县官正感到纳闷，转身一看，郑板桥不见了。等了好一会儿，只见郑板桥扛了一袋大米、几包衣服，急匆匆地赶来。他们敲开了门，原来那是一个穷书生，正又冷又饿地在发愁。郑板桥把东西送给了主人，蔡县官问郑板桥："是谁告诉你他需要衣服和粮食呢？"郑板桥得意地说："是对联谜呀！"

◆请猜猜看，郑板桥为什么这么做？

55 成语加减法

游戏难度 ❊❊❊
最佳完成时间 3分钟

这是一道非常有趣的成语游戏，先看题目，然后在括号内填入数字，并运用加减法使其变成完整的成语。

◆(1)成语加法

（　）龙戏珠+（　）鸣惊人=（　）令五申
（　）敲碎打+（　）来二去=（　）事无成
（　）生有幸+（　）呼百应=（　）海升平
（　）步之才+（　）举成名=（　）面威风

(2)成语减法

（　）全十美-（　）发千钧=（　）霄云外
（　）方呼应-（　）网打尽=（　）零八落
（　）亲不认-（　）无所知=（　）花八门
（　）管齐下-（　）孔之见=（　）落千丈

56 戴最大号帽子的人

游戏难度 ❊❊❊
最佳完成时间 3分钟

◆寒冷的冬天，在北京首都国际机场，戴最大号帽子的人是谁？

57 秀才出联讽刺富家子

游戏难度 ❊❊❊
最佳完成时间 3分钟

有一个富家子弟用金钱买了一个七品官职。

他对小时候一起读书的穷秀才说："寒窗苦读又有何用，本公子有钱，弄个一官半职，简直是易如反掌的事情。"

穷秀才说："是啊，像你这么有能耐的人，想要功名，是不需要苦读的。"

说罢，穷秀才写下一副对联，送给富家子：

烈火何须风劲，
好马不用鞭催。

富家子看罢，甚是得意，想请穷秀才喝一杯，但穷秀才大笑而去。

◆聪明的读者，你知道穷秀才的对联是什么意思吗？

58 王勃的哪个字值千金

游戏难度 ✿✿✿✿✿
最佳完成时间 3分钟

传说，唐朝文学家王勃到南昌，赶上都督阎伯舆的宴会，一气呵成写成《滕王阁序》。最后写了序诗：

闲云潭影日悠悠，物换星移几度秋。阁中帝子今何在？槛外长江　自流。

最后一句空了一个字不写，将序文呈上就上马走了。在座的人看到这里，有人猜是"水"字，有人猜是"独"字，阎伯舆都觉得不对，派人去追回王勃，请他补上。

赶到驿馆，王勃的随从对来人说："我家主人吩咐了，一字千金，不能再随便写了。"阎伯舆知道后，说："人才难得。"便包好千两银子，亲自率领文人们到驿馆来见王勃。

王勃接过银子，故作惊讶地问："我不是把字都写全了吗？"大家都说："那里是个空(kōng)字呀！"

王勃说出道理后，大家听了都连称："绝妙！奇才！"

◆你知道王勃是怎样回答的吗？

59 把谚语补充完整

游戏难度 ✿✿✿✿✿
最佳完成时间 3分钟

◆例句：前句：人无远虑，后句：必有近忧。

(1)＿＿＿＿＿＿＿，寸金难买寸光阴。
(2)哑巴吃黄连，＿＿＿＿＿＿＿。
(3)留得青山在，＿＿＿＿＿＿＿。
(4)黄鼠狼给鸡拜年，＿＿＿＿＿＿＿。
(5)擀面杖吹火，＿＿＿＿＿＿＿。
(6)千里送鹅毛，＿＿＿＿＿＿＿。
(7)孔夫子搬家，＿＿＿＿＿＿＿。
(8)外甥打灯笼，＿＿＿＿＿＿＿。
(9)小葱拌豆腐，＿＿＿＿＿＿＿。
(10)周瑜打黄盖，＿＿＿＿＿＿＿。
(11)＿＿＿＿＿＿＿，愿者上钩。
(12)书山有路勤为径，＿＿＿＿＿＿＿。
(13)学如逆水行舟，＿＿＿＿＿＿＿。
(14)＿＿＿＿＿＿＿，铁杵磨成绣花针。
(15)三军可以夺帅，＿＿＿＿＿＿＿。
(16)不经风雨不成材，＿＿＿＿＿＿＿。
(17)铁是打出来的，＿＿＿＿＿＿＿。
(18)＿＿＿＿＿＿＿，高山背后有高山。
(19)聪明不在年岁上，＿＿＿＿＿＿＿。

60 读错了哪个字

游戏难度 ✿✿✿✿✿
最佳完成时间 3分钟

有个人用米数石聘请了个家庭塾师，教孩子读书，并与塾师约定：读一个别字，罚米一升。一年后解聘，按读一个别字罚米一升计算，仅剩下二升米，主人便把米取来放到桌上，作为塾师的报酬。

◆塾师大失所望，连声叹道："是何言舆(兴)？是何言舆(兴)？"主人一听，便对孩子说："连这二升也拿回去！"你知道塾师说错了什么吗？

61 燃烧的汽车

游戏难度 ✿✿✿✿✿
最佳完成时间 3分钟

秘密谍报人员拉姆开着摩托车在上坡的急转弯处停下，关掉灯，引擎就那样开着。手表的夜光针正好指着夜里1点钟。再过5分钟，去K基地送新的导弹配置命令的汽车将从这里通过。为了盗取这一秘密文件，008在半月前潜入该国。

这条公路是通往位于山上的K基地的专用道路，所以夜间很少有车辆通过。

前方黑暗处有灯火出现，正向此靠近。就在车开近距离只有十五六米时，拉姆打开车灯，突然迎上去，挡住对方的去路。对方措手不及，急忙转动方向盘急刹车，但没刹住，车撞破防护栏，翻下二十来米深的山谷中。原想汽车受到这一冲击会引燃汽油着火的，但车子翻了两三次，撞到岩石上停了下来。

拉姆将摩托车藏在道旁的草丛中，然后拿起事先准备好的装汽油的容器下到山谷。传令官扑在方向盘上已经死了。一个黑色的革制皮包从打碎了的车窗中掉出来。拉姆从传令官的身上找到钥匙，打开皮包，用高感度红外线照相机，将导弹配置计划的机密文件拍了下来，然后按原样将文件放回包中扔到车里，再将容器中的汽油浇到车子上，用打火机点燃。一瞬间，车子被熊熊烈火包围了。

拉姆拿着空汽油容器回到公路上，迅速骑上摩托车离去。

翌日，拉姆在电视新闻中看到那辆车被完全烧毁，尸体和皮包也都被烧成灰烬。他在将拍下的机密文件的胶卷送往本国情报部后，不久就收到本部的紧急命令。命令的内容是对方已对那起事故起疑心，并已开始秘密调查，让他立即回国。

"如果对方发现那起事故是阴谋所致，必定要修改导弹配置计划，那我好容易弄到手的胶卷也就无任何价值了。"拉姆心中还是有些不解，"我干得很谨慎，怎么会留下马脚呢？"

◆你知道问题出在哪儿吗？

62 三件礼物

游戏难度 ✿✿✿✿✿
最佳完成时间 3分钟

从前，有一位老人家有三个儿子，个个都聪明绝顶，老人非常自豪。但是他特别想知道他们三个中间到底哪一个是最聪明的，于是就给他们各出一道题目。他要求三个儿子都要离家一段时间，但要求他们在回来的时候为自己带回三件礼物：大儿子要带回的是"骨头肉包"，二儿子要带回的是"纸包火"，而三儿子要带回的则是"河里的柳叶泡不烂"。三个儿子很快就离开了家，不久他们几乎同时回来了。回来的时候，他们都带回了老人家所要的东西，而且完全符合老人的要求。儿子们的表现如此令人满意，老人不禁得意地笑了。

◆你知道他们带回的是哪三件礼物吗？

63 书法家巧补哪四个漏字

游戏难度 ✿✿✿
最佳完成时间 3分钟

漏字，属于无意中的"减字"，书画家为人题字，不免有错漏，乃以字补之，谓之"补字"，经过妙补趣填，或巧言雄辩，或幽默评批，反而产生妙趣横生、意味无穷的效果。

画家李平仁画桃花和飞燕各一幅，桃花画幅却把"桃花依旧笑春风"的诗句写为"菜花依旧笑春风"。"桃花"和"菜花"大相径庭。为了弥补书写之错，画家而在旁则补题字"只因桃花净尽菜花开"；在飞燕画幅上把"旧时王谢堂前燕"诗句写为"旧时王谢堂前花"。"燕"和"花"显然不属同类，画家而在旁则补题字"只因飞燕自归花自开"。补得妙趣横生。

著名书法家费新我当众书写孟浩然的《过故人庄》这首诗。当写到"开轩面场圃，把酒话桑麻"时漏掉了一个"话"字。旁观者正在为他惋惜，费老却不慌不忙地在落款处补了四个字。观者无不抚掌称妙。

◆你知道书法家费老补了哪四个字吗？

64 究竟是"倒楣"还是"倒霉"

游戏难度 ✿✿✿
最佳完成时间 3分钟

晓玲上课迟到了，老师叫她写一个情况说明，说明迟到的原因。晓玲写道：

"我今天真是倒楣透了，下雨路滑，我没注意，一出门就摔了一跤，又回家换衣服，所以迟到了。"老师说："你怎么写这个'倒楣'呢？应该是'倒霉'呀！"

晓玲振振有词："书上都是这么写的。"

◆你说是老师说得对还是晓玲说得对？

65 讼师改字为哪般

游戏难度 ✿✿✿
最佳完成时间 3分钟

清代有个江洋大盗，经常作案。有一次案发，被人告到官府。诉状中有"从大门而入"的字样。这个强盗为了保住自己的性命，不惜花费重金，去请求讼师帮忙。讼师把诉状中的"从大门而入"之"大"字改了。诉状呈到县衙，县官以小偷小摸之罪来论处，对这个强盗只是稍作责罚，便把他释放了。

◆你知道讼师把诉状中的"大"字改为什么字，县官才以小偷小摸之罪来论处的吗？

第四章
疑案推理

每一天每一分钟,世界各地都会发生许多离奇的疑案,这些案子让全世界的警察都头疼不已,但随着案情的逐步明晰,谜底最终都会被揭开。断案的过程是一个随时创造的过程,这是一条荆棘密布、坎坷曲折的路,同时也是人类智慧迸发、思维闪耀的时刻。

我们的口号:大胆假设,小心求证!

第四章

1 逃犯的方向

游戏难度 ✿✿✿✾✾
最佳完成时间 3分钟

这是发生在美国加州奥克兰市的故事。一天下午，在当地两名警察的协助下，探长西科尔和助手丹顿小姐于森林公路中段截获了一辆走私微型冲锋枪的卡车。经过一场激烈的搏斗，4名黑社会成员有3名当场被擒获，首犯巴尔肯被丹顿小姐的手枪击中左腿肚后，逃入密林深处不见了。

西科尔探长立即命令两位地方警察押送被擒的罪犯前往市警署，自己带领助手深入密林追捕巴尔肯。

进入密林后，两人沿着血迹仔细搜捕。突然，从不远处传来一声沉闷的猎枪射击声和一阵忽隐忽现的动物奔跑声。看来，这只动物已经受了伤。果然，当西科尔和丹顿小姐持枪追赶到一块较宽敞的三岔路口时，一行血迹竟变成了两行近似交叉的血迹左右分道而去。显然，逃犯和受伤的动物不在同一道上逃命。

怎么办？哪一行是逃犯的血迹呢？丹顿小姐看着，有些懊丧起来。但探长西科尔却用一个简单的方法，便鉴别出了逃犯血迹的去向，最终将其擒获。

◆ 请问，西科尔探长用何法鉴别出逃犯的血迹？

2 幸运石谋杀案

游戏难度 ✿✿✿✾✾
最佳完成时间 3分钟

大富豪洛明是闻名于世的花花公子，有一天，他在豪华别墅内遭人杀害，死因是头部被硬物击中。

警方现场调查后发觉，尸体旁边放了一只名贵的钻戒，相信凶手与他的生前女友有关。

女侦探莱莉小姐看见报纸刊登了这宗命案，感到十分惊讶。因为数天前，她还曾与洛明约会过，洛明曾经问她的生日是哪一天，她说是9月的处女座。洛明笑着说，下次见面时，送她一只翡翠戒指，作为生日礼物。

如今，洛明竟被人杀害了，实在可惜。报上同时刊登了两位嫌疑犯的照片，她们都是洛明的女友。第一位的生日是4月的山羊座，时装模特儿；第二位是7月的天蝎座，电影明星。莱莉看完后，已经知道凶手是谁了。

◆ 你是否也知道呢？

3 分头与大背头

游戏难度 ✿✿✿✾✾
最佳完成时间 3分钟

盛夏的海边别墅群里，住满了来消夏的游客，白沙蓝水的海滨热闹非凡，人们泡在海水里洗海水澡和在海中畅游。然而，有个幽灵般的贼，半个多月来在别墅和宾馆的客房里连续盗窃游客的贵重

4 罗曼遇害真相

游戏难度 ✿✿✿✿✿
最佳完成时间 3分钟

荒野中，有个叫罗曼的男子被人绑在树上窒息而死。

朗波侦探到了出事地点，协助警方侦破此案。他发现罗曼的嘴被堵着，脖子被生牛皮绕了三圈。经警方鉴定死亡时间是在下午四点左右。

警方马上逮捕了一个嫌疑犯。

但经过调查，此人从上午至下午尸体被发现为止，不在作案现场。警方找不到证据，准备释放此人，不料被朗波拦住。朗波详细地作了一番推理分析，此人终于承认了自己的罪行。

◆请问：凶手是用什么手段蒙蔽警方的？

5 谁是真凶

游戏难度 ✿✿✿✿✿
最佳完成时间 3分钟

一场混乱的枪战之后，某医生的诊所里冲进一个陌生人。他对医生说："我刚穿过大街时突然听到枪声，只见两个警察在追一个逃犯，我也加入了追捕。但是在你诊所后面的那条死巷里遭到那个家伙的伏击，两名警察被打死，我也受伤了。"医生从他背部取出一粒弹头，并把自己的衬衫给他换上，然后又将他的右臂用绷带吊在胸前。

这时，警长和地方议员跑了进来；议员喊："就是他！"警长拔枪对准了陌生人。陌生人忙说："我是帮你们追捕逃犯的。"议员说："你背部中弹，说明你是逃犯！"

在一旁目睹一切的亨利探长对警长说："这个伤号不是真凶！"

◆那么谁是真凶呢？

物品。警方经过多方调查访问，渐渐摸清了这个罪犯的体貌特征，于是请画像专家画了罪犯的模拟像四处张贴，提醒游客注意，发现后及时报告警方查缉。很快，一位宾馆服务员向警方报告，该宾馆新入住的一位客人与模拟像上的犯罪嫌疑人极为相像。

侦探们获讯后迅速赶到该宾馆，在服务员指点下敲开了这位客人的房门。这位客人确实长得和模拟像上的犯罪嫌疑人极其相像，唯一的区别是，客人梳的是大背头，而犯罪嫌疑人则是三七开分头。

当侦探拿着模拟像要求客人到警局接受调查时，客人立即指出了分头与大背头的区别，并称自己来海滨休假已经半月有余，有许多大背头的照片可以作证，只是刚换了个宾馆而已。说着，客人拿出许多彩色照片，来证明自己一向是梳理大背头发型的。侦探们有些疑惑了，会不会只是长得像而已？宾馆服务员悄悄地向侦探建议，带客人到美容室做个实验，就能搞清问题。

◆你知道宾馆服务员的建议是什么吗？

6 一个人影

游戏难度 ✿✿✿✿✿
最佳完成时间 3分钟

道格拉斯先生租住在一所简易寓所中，寓所有三间平房，每两间房之间都用纸糊的隔屏隔开，每间房当中的屋顶上都分别安装了一盏电灯，道格拉斯住在中间的房间里。他因为一个案件受到警方怀疑，关键之处在于，晚上九点半时他是否一个人在屋里。道格拉斯一口咬定自己一个人在房间，两边的房客也分别说，那个时间，的确在隔屏上只看到一个人影。

◆听了这些说法，警察马上认定道格拉斯说谎了。警察依据什么作出判断的呢？

7 绘画的女子

游戏难度 ✿✿✿✿✿
最佳完成时间 3分钟

初夏的一个晚上，因一个案子的调查，团侦探拜访了电视演员美保子。她住在豪华公寓的最顶层。

"请问昨天下午三点左右，你在哪儿？"团侦探请她出示不在现场的证明。

"我在平台上写生，就是这幅画。"美保子给他看放在画架上的一幅油画。画的是从楼顶上仰视摩天饭店的景观，画得很在行。

"我因交通事故住了三个月的医院，前天刚出院，所以从昨天起一直在画画，也好解解闷儿，而且是连续大晴天，多好的日光浴呀。"

"怪不得脸黑红黑红的，显得挺健康的样子，我想也是晒的。噢，我忘了戴表，现在几点啦？"团侦探问道。

"六点半。"美保子看了看戴在左手腕的手表答道。她的左手指好似白鱼一样白皙细嫩，美极了，粉色修长的指甲也显得格外漂亮。

她察觉到团侦探敏锐的视线在注意自己的手，有些不安地问道："我的手怎么啦？"

"你晒了两天的日光浴，并画画，可左手却一点也没晒黑，我觉得有些奇怪。"

"左手因端着颜料板，所以没晒着。"美保子说到这儿，突然觉得说走了嘴，显得十分尴尬。

◆请你判断一下，这是为什么？

8 犯罪现场

游戏难度 ✿✿✿✿✿
最佳完成时间 3分钟

亚美死在卧室里，尸体是被来访的记者朋友发现的。他立刻拨打了110，刑警和法医以最快的速度赶到了现场。

大约过了1个小时。"死因和死亡时间出来了吗？"刑警问法医。

"是他杀，大概已死了24个小时了，但现场没有作案的痕迹。"法医回答。

"那就奇怪了。"

刑警忽然注意到桌子上的蜡烛在燃着，他顺手打开日光灯，却发现停电了。猛然，他意识到了什么。

"原来这尸体是从别处移过来的。"

◆请问，刑警是凭什么作出推理的？

9 悬赏启事

游戏难度 ✿✿✿❁❁
最佳完成时间 3分钟

哈林一到办公室，就急着翻看报纸的启事栏，这是他昨天让助手去办的。启事登在中缝，标题为《找到怀表有赏》。全文如下："祖传遗物怀表丢失，悬赏1000元寻找，有消息可告知，邮政编码：210045。"尽管这块怀表不值钱，但它毕竟是祖传的纪念品啊！

可是，当哈林读完启事后，很是生气："这个笨蛋！登这样的启事有什么用？"就在他要训斥助手的时候，门铃响了。门外站着一个中年男士，他说："我叫莫西，我是为那则怀表启事来的。"哈林眨着眼睛，简直难以相信眼前的事实。"是的，就是这块表！"他喜出望外，珍惜地抚摸着莫西给他送来的那块怀表，"太感谢了！你是在哪儿捡到的？"

"我坦白告诉您，这表不是我捡的。我在车站见一个小孩子在兜售这块表，就用100元钱买了下来。刚才我从报上看到广告，马上就给您送来了。"

哈林点点头，刚要拉开抽屉取钱，突然觉得不对。他对助手大声叫道："抓住他！这家伙是个小偷，是他偷了怀表！我要送他去警局。"

"你……你血口喷人，冤枉好人。"莫西大声抗议，"你凭什么说我偷了你的表？"

"事实很清楚，没有比你更笨的人了，竟然自己送上门来！"莫西一惊，脸色顿时变得苍白。果然，他就是偷表的人。

◆哈林是怎样识破的呢？

10 "盲人"算命

游戏难度 ✿✿✿❁❁
最佳完成时间 3分钟

有一位盲人在街边摆摊算命，但没什么生意。一天，一位富人前来看相，盲人听了富人的生辰八字后再为他摸骨，但忽然间面色大变。他压低了声音告诉富人说："太可怕了，我看到你在不久的将来将会被人谋杀。"富人听后大惊失色，连忙问是怎么回事。盲人说道："一位穿风衣的男子会在你背后开枪，你是在劫难逃啊。"富人不相信，连看相的钱都没付就气冲冲地走了。

第二天，富人真的在街上被人从背部开枪，当场击毙。警方在追捕凶手时此人坠楼身亡。凶手身穿风衣，手持手枪。

◆富人被杀的情景与盲人所说的是一模一样，你知道盲人为何算得如此精准吗？

11 谁偷了画册

游戏难度 ✿✿✿
最佳完成时间 3分钟

比利在他居住的小镇上开了家书店，专卖价格昂贵的画册，每天都能卖掉不少。这天下着雨，顾客很少，书店里只有菲儿太太和里斯先生在挑选画册。

里斯先生夹着个公文包，他买了一本画册后就离开了书店。菲儿太太是个近视眼，今天忘戴眼镜了，她手里提一个大纸袋，在书架上选了半天，才买了一本画册，付款时连自己手上的10元纸币都看不清楚。比利扶着菲儿太太出店门，告诉她今天下雨，路不好走，让她注意安全。然后，回到店里整理架上的图书。

这时，他发现书架上少了一本画册。今天只有两位顾客来过书店，所以，画册肯定被其中的一个偷走了。于是，比利就去他俩家里索要。

他先到了菲儿太太家说明来意，菲儿太太发誓说她没有偷书，并说当时离她10米远还有个人，他手里拿着一本画册，从书名看正是那本失窃的画册。比利又赶到里斯先生家，里斯先生一听火冒三丈，认为这是对他的侮辱，比利被赶了出来。比利垂头丧气地往回走，迎面正好碰上了警长，警长问明经过后，很快帮他找出了偷画册的人。

◆那到底是谁偷走了画册呢？

12 掉包

游戏难度 ✿✿✿
最佳完成时间 3分钟

方方精品屋的生意火爆，有一个窃贼假装往邮筒中投信，经常观察方方的举动，尤其是现金的存放动向。一次，这名窃贼终于逮着了一个下手的机会，但他没跑出十多米，就因神色异常而被警察讯问。这时，警察接到方方的报案。于是警察就对窃贼进行搜身，但奇怪的是，此人身上连一分钱也没有，警察无奈只好将其释放，但警方没放弃破案机会，继续暗中监视他。过了一两天，果然看到那个嫌疑犯顺利地取走了钞票。

◆你知道窃贼到底把钞票藏到哪里去了吗？

13 真假之辨

游戏难度 ✿✿✿
最佳完成时间 3分钟

某天清晨，在一堵围墙外的大树下发现一具尸体。死者赤着脚，脚底板有几条从脚趾到脚跟的纵向的伤痕，而且还有血迹，旁边有一双拖鞋。

"死者是想爬树翻入围墙，但不小心摔死了。他可能是想行窃。"有人这样推断。但是老练的警长却说："不，这个人不是从树上摔下来的，而是被人谋杀后放在这里的，凶手是想伪装成被害者不慎摔死的假象。"

◆试问：警长为什么这样说呢？

14 张开花瓣的郁金香

游戏难度 ✿✿✿✽✽
最佳完成时间 3分钟

一家豪华酒店的大厅里，正在举行盛大的派对。忽然，人群里传来一声尖叫："天啊，我的钻石不见了！"

原来是玛丽。她大声叫道："我的一颗价值连城的钻石不见了！我看到小偷跑到楼上去了，可是只看到他的背影！"

一些年轻人立刻沿着楼梯往上搜。敲开的第一个房间里住的是位商人，他看上去风度翩翩。

"先生，你刚才在哪里？"有人问他。

"我不喜欢吵闹，所以就在房间里看书，"商人说道，"我一直在看桌子上放着的那本书呢！"

大家顺着他指的方向一看，果然看到桌子上放着一本厚厚的书。书的旁边还放着一盆黄色的郁金香，郁金香闭合的花瓣在灯光下显得异常美丽。

"玛丽小姐的钻石被偷走了。"一个人向商人解释，"我们要把这个小偷找出来！你刚才有没有听到什么？"

"我刚才听到一阵脚步声，然后隔壁的房间响起了开关门的声音，会不会……"商人说。

"我并不是怀疑隔壁的客人，但是我确实听到有动静。"

正当大家都急着要去隔壁房间察看时，一个眼尖的年轻人忽然叫起来："快看！郁金香的花瓣张开了。"他指着商人，"哈，原来你在说谎！看来你就是小偷！"

◆年轻人说得对吗？为什么？

15 弹壳的位置

游戏难度 ✿✿✿✽✽
最佳完成时间 3分钟

杰克探长来到某地旅行，住进一家高级酒店2楼的一套客房。突然，从走廊传来女人的呼救声。

他循声找去，在315房间门前站着一个年轻妇女在哭喊，从开着的门看到房间里一个男人倒在安乐椅上，已经死亡。杰克探长对尸体作了简单检查后，确认此人刚死，子弹射穿了心脏。

当地警署也派人来了。那个年轻妇女边哭边说："几分钟前，听到有人敲门，我打开门时，门外一个戴面具的人朝我丈夫开了枪，把枪扔进房间逃跑了。"

地毯上有一支装了消音器的手枪，左侧两个弹壳相距不远，在死者身后的墙上有一个弹洞。杰克探长告诉警署人员："把这位太太带回去讯问。"

◆探长为什么对死者的妻子产生怀疑？

16 离奇的杀人案

游戏难度 ★★★☆☆
最佳完成时间 3分钟

这一天，张三应邀到王五家去吃饭，他一进门就被王五拉到了二楼的客厅。客厅里已经摆上了几个小菜和两瓶白酒。

两人正准备开始喝，张三问道："小云嫂子又不在家吗？"因为他知道王五经常和老婆小云吵架，有时候还打小云，为此，小云总是哭哭啼啼地跑回娘家。最近听说王五在外面有了新欢，张三料想小云因此又离家了。

"在家呢，在楼下厨房做菜呢，还有几个菜没有做好。我们先吃吧。"王五说着，不住地给张三劝酒。

过了一小会儿，王五朝着楼下喊道："怎么没有听见动静，菜做得怎么样了，赶紧来一起吃吧。"

接着，从楼下的厨房里传来了一阵切菜的声音，然后是一个女人的声音："你先吃吧，我就来。"张三听得出来，这是小云的声音。

这时，王五拿起杯子又开始劝张三喝酒，边说："刚才准在择菜或洗菜了，这个女人呀，干活就得催，总偷懒。"

张三笑了笑，和王五继续畅饮。

突然，楼下的厨房里传来了一声惨叫。听得出来，是小云的惨叫。"不好！"王五惊叫着，奔下楼去，张三也跟着追了下去。

来到厨房一看，两人都惊呆了：小云仰卧在地上，已经死亡，胸口正中插着一把尖刀，血流满地。

王五看到妻子的惨状，悲痛万分，随即镇定下来，和张三一起报了警。张三由于有些害怕，所以一直跟在王五身边。

不多久，警察就来到了现场。警长阿勇对王五和张三进行了查问。在听到两人对事件的叙述之后，阿勇问："小云什么时间被害？"

"刚才，不超过10分钟。"张三急着回答。

"你们来到厨房的时候，凶手已经逃走了，是吗？"阿勇接着问。

"对。"王五和张三齐声答道。

"被害人当时就死了，对吗？"阿勇又问。

"是的。我看见满地都流着血，小云一动也不动，肯定死了。"张三说完，转眼看着王五，似乎是想得到王五的肯定。但是王五一脸悲痛，并没有回应。

阿勇听完两人的回答后，又看了看尸体的血迹，染满了地！

这时候，阿勇发现厨房的角落有一台录音机，于是就向王五打听了一下："你们家厨房里还放录音机啊？"

王五顿了顿："哦，老掉牙的录音机了。上次我收拾屋子的时候随手给扔在厨房了。我这就把它扔了去。"

王五刚要准备扔掉录音机，阿勇就拉住了他，说："你这个凶手，要是让你把录音机扔掉了，我怎么能证明你是凶手呢？"

◆你知道警长阿勇为什么说王五是凶手，并认为录音机是证明王五杀人的证据吗？

17 自投罗网

游戏难度 ✿✿✿✿✿
最佳完成时间 3分钟

一天，小王夜宿客栈。深夜，有人用他的刀杀了店主，作案之后又把刀插回原鞘。整个过程，小王都没有察觉，第二天清晨他就离开了客栈。天亮后，店里人发现主人被害，立即把小王追回来，检查他的佩刀，只见佩刀上血迹未干。小王一时无法辩白，被送到官府，酷刑之下，只好违心承认是自己杀了店主。后来，县令觉得有些可疑，便下令把当夜在店中的15岁以上的人都集中起来，然后又把他们放了，唯独留下一个老妇人。每天如此，不久，罪犯便自投罗网。

◆请问，你知道其中的缘由么？

18 雪夜查案

游戏难度 ✿✿✿✿✿
最佳完成时间 3分钟

雪夜，侦探比利接到查理夫人的电话，电话里说查理先生被人杀死了。

比利放下电话，立即赶到了查理夫人家里。

查理夫人正焦急地等着比利，一见到他来，急忙说："你终于来了，急死我了！"。看得出来，查理夫人脸色不好。

屋子里非常暖和，比利跺掉鞋上的雪，脱去了帽子和厚外套，然后揉了揉冻得有些发酸的鼻子，打量起查理夫人来。

查理夫人身上穿着淡蓝色的条纹睡衣，脚上趿拉着一双厚底拖鞋，金色的头发散乱地披在肩上。

"我丈夫被人杀死了，尸体就在楼上。"她说。

"把你知道的情况说一下吧？"比利道。

"我和他看完电视，快到12点的时候才去睡觉。不知什么时候，我忽然惊醒了，发现我丈夫已经被人杀害，太可怕了！我吓呆了，真不敢相信！"

"您当时没记住是什么时间吗？"

"没有。"

"可我记住了，您给我打电话的时间是3：30，而现在是4：15。"比利顿了一下问道："后来呢？后来您又干了些什么？"

"我打完电话，才发现那扇窗户被人撬开了，凶手准是从那儿进来的。"查理夫人说完，用手指了指那扇仍然敞开着的窗户。

比利仔细地看着那扇敞开的窗户，的确容得下一个人进出，只见凛冽的寒风直往屋子里灌，一会儿屋子里就感到了一丝凉意。比利忙关上了窗户，然后冷笑着对查理夫人说："夫人，我想在警察到来之前，还是请您尽快说出真相吧！"

查理夫人吃惊地看着比利，顿了一会儿，不得不供出了她杀害亲夫，并伪造现场的真相。

◆你知道比利是根据什么判断出查理夫人没有说出真相的吗？

19 被窃的珍品

游戏难度 ✦✦✦
最佳完成时间 3分钟

法国凡尔赛宫博物馆有许多价值连城的艺术珍品。有一天，几名窃贼偷去了一批艺术珍品，但他们马上就被警察抓获了，这批珍品却下落不明。

经过心理攻势，主犯招认说艺术品被农场主科隆用一个大铁箱装起来埋在石磨的下面。于是，警察冲进科隆的农场，科隆的眼睛朝院子里那两个篮球场般大的晒谷场瞟了一眼，随后马上镇定下来，并说自己从来没有触犯政府法令。

警察们把磨坊里的石磨移开，在下面挖了又阔又深的一个坑，坑底已见到了生土，再挖下去也没有什么意义了。探长波拿巴想，这家伙一定是嗅到了什么风声，把铁箱转移了。可是铁箱会转移到什么地方去呢？树底下？麦田里？

探长脑子飞快地转动着，他一点一点回忆进村后科隆的一举一动，突然想起了什么，招呼警察们说："这里不用再挖，跟我到院子里去。"

来到院子里，探长叫警察们去打水，把晒谷场分成若干块，一块一块地浇上水，水浇到泥土地上，很快往地里渗。

终于，当水浇到刚才科隆站过的那块场地上时，探长突然宣布："停！"

他指着一块颜色更深的泥地，叫警察往下挖。

不久，一只铁箱子被挖出来了，里面正好是那批珍贵的艺术品。

◆请问，探长怎么知道铁箱埋在这里呢？

20 溺水事件

游戏难度 ✦✦✦
最佳完成时间 3分钟

一天，在流经埃及阿斯旺的尼罗河水面上发现了一具尸体。这是一个渔民报的案。警察仔细检查了尸体，发现死者胸前有很多横七竖八的刀痕。然后警察看了看周围的环境，发现方圆百里没什么人。发现尸体的渔民说："大概是溺死的，最近已经不止一次发生溺水死亡的人了。"

"那尸体上怎么会有伤痕呢。"

"可能是一些游艇的螺旋桨划的，谁知道水底有死人呢，"渔民很无奈地说。

警察思考了一下，让助手们搜查渔民的那只渔船。

助手们在渔船的舱底查出带血的砍刀。原来，正是这个渔民砍死了被害者，又将他丢入尼罗河的。

◆那么，警察是怎么判断出来的呢？

21 巧抓扒手

游戏难度 ✿✿✿❁❁
最佳完成时间 3分钟

汽车刚到终点站，梅丝小姐第一个挤出车厢，请警察帮她找回被偷的钱包。

警察表示很为难："小姐，我不能对每个旅客搜身呀。"

梅丝说："不用搜身，看看每个男人的衣服就能查到扒手。"

"这是怎么一回事？"

"我故意把冰激凌涂在他身上了，只要看一下谁的身上有冰激凌的痕迹就知道了。"

原来，刚才梅丝被挤到过道里，忽然身后的那个男人将一只手伸向她的胸部。梅丝听说流氓、扒手常在汽车里作案，谁要当场叫喊，就可能"吃刀子"。

因此她没喊叫，只是装作被前面人推了一下，狠狠将手中的冰激凌向后泼去。

警察根据梅丝的提议，果真找到了偷钱包的扒手。原来，这个扒手刚才挤到梅丝身后，先用侮辱的方法分散她的注意力，然后行窃。

后来有人问梅丝："当时你把冰激凌泼到身后，怎么就肯定是泼的是扒手，而不是别的旅客呢？"

◆你能帮助梅丝小姐回答这个问题吗？

22 匾联缺字，你能补出所缺的字吗

游戏难度 ✿✿✿❁❁
最佳完成时间 3分钟

绍兴裘吉生早年追随孙中山、徐锡麟，参加光复会、中国同盟会，献身反清革命，不遗余力。共和告成后，裘氏则弃政从医，很快成了两浙闻名的中医。后来，裘吉生迁居杭州，设三三医社，办三三医院，编三三丛书等。裘氏医术精湛，医德高尚，饮誉省内外。一天，其书画家朋友同他寻开心，特地制作一块匾额、一副对联赠与裘氏。上联"未必逢凶化"，下联"安能起死回"。横匾上书"集腋成"三字，匾联和上下联各缺一个字，裘氏见了不但没有生气，反而赞叹此是难得想到的绝妙好辞，常与友人津津乐道此事。

◆你能补出对联所缺的三个字吗？

23 强盗和吊车

游戏难度 ✿✿✿❁❁
最佳完成时间 3分钟

连接甲地和乙地的公路是高架式的车道，路上也没有任何路口可以驶离车道。

在一个深夜，有两部车子由甲地出发，向乙地疾驰。一部是强盗的车，另外一部则是吊车。然而，到达乙地的却只有吊车，强盗的车子在半路上消失了。没有任何迹象显示该车掉头转回原地去。

◆那么，强盗的车到底跑到哪儿去了呢？

24 谁是匪首

游戏难度 ✦✦✦✧✧
最佳完成时间 3分钟

"砰——"一声枪响，打破了边境清晨的宁静，在国境线边上的小村寨里，男女老少奔跑着，惊叫着："土匪来啦！快逃命啊！"

这个边境线旁的小村寨，交通非常不方便，村民的生活很艰苦，最恐怖的是边境线的对面，有一帮土匪经常来村里抢劫，吃饱喝足了，临走的时候还要带走鸡鸭鹅羊，谁敢反抗，就会遭到毒打和枪杀。边防警察局接到报警后，要走很长的山路才能赶到，这时候土匪已经逃走了。

为了把土匪一网打尽，克莱尔探长带领部下，忍受着寒冷和虫咬，埋伏在附近的山洞里。整整半个月过去了，土匪一直没有动静。有的警员说："也许土匪知道我们埋伏了，不会来了吧？"探长说："马上要到圣诞节了，土匪一定会来抢东西，好回去过节的！"

果然，就在圣诞节早上，土匪又来了。边防警察迅速出击消灭了几个土匪，其余的都乖乖举手投降了。克莱尔探长早就听说，这帮土匪的头目心狠手辣，杀害了不少人，得先把他揪出来。他来到俘虏群前，看到土匪们都穿着一样的军服，谁是土匪头子呢？

克莱尔探长问："谁是带队的？"土匪们都低着头。一声不吭。探长知道，土匪头子一定混在当中，所以土匪们都怕他，不敢说话。克莱尔探长想了一想，突然大声问了一句话，话音刚落，他就知道谁是土匪头子了。

◆聪明的克莱尔探长问了一句什么话呢？

25 失火的原因

游戏难度 ✦✦✦✧✧
最佳完成时间 3分钟

一天深夜，一家商店的财会室突然起火。虽经值班会计奋力扑救，仍有部分账簿被大火烧毁。警官向浑身湿透的值班会计询问案情。

"前几天，我就发现室内的电线时常爆出火花。今天，我将全部账簿翻了出来，堆在外面，准备另换一个安全的地方，不料电线走火，引燃账簿，酿成火灾。幸亏隔壁就是卫生间。我迅速放水，把火扑灭，才未酿成大祸。"会计说。

"你能肯定是走电失火吗？"警官问。

"能。我们这里没有抽烟的。又没有能自燃的其他物品和电器。对了，我刚才进来救火时，还闻到了电线被烧后发出的臭味。"

"够了！"警官呵斥道，"你是因为担心自己的贪污问题暴露而故意纵火的吧？"

◆警官是根据什么判断值班会计撒谎的？

26 手枪哪里去了

游戏难度 ✿✿✿
最佳完成时间 3分钟

一个漆黑的夜晚，警长木村正骑着自行车沿着河边的路巡逻。突然，从下游大约100米处的桥上传来一声枪响。木村马上蹬车朝桥上飞奔而去。他一上桥便见桥当中躺着一个女人，旁边还有一个男的，那个男的见有人来拔腿便逃。

与此同时，木村听到扑通一声，像是什么东西掉进了河里。

木村骑车追上去，用车撞倒那男的，给他带上了手铐，又折回躺在桥上的女人身旁。这时他发现女人左胸中了一枪，已经死了。

"这个女的是谁？"

"不知道，我一上桥就见一个女的躺在那儿，吓了我一跳，一定是凶手从河对岸开的枪。"

"撒谎！她是在近距离内被打中的，左胸部还有火药黑色的焦烟痕迹，这就是证据。枪响时只有你在桥上，你就是凶手。"

"哼，你要是怀疑就搜身好了，看我带没带枪。"那男的争辩着。

木村搜了他的身，没有发现手枪。桥上及尸体旁也没有发现手枪。这是座吊桥，长30米，宽5米，罪犯在短时间内是无法将凶器藏到其他什么地方的。

"那是扔到河里了吗？方才我听到了水声。"

"那是我在逃跑时木屐的带子断了没法跑，就将它扔到河里了，不信你瞧！"

那男的抬起左脚笑着说。

果真左脚是光着的，只有右脚穿着木屐。

无奈，木村只好先将他作为嫌疑犯带进附近的警察局，用电话向总署通报了情况。

刑警立即赶来对现场进行了勘查取证，并于翌日清晨，以桥为中心，在河的上游和下游各100米的范围内进行了搜查。

河深1.5米左右，流速也并不那么快，所以枪若扔到了河里，流不多远就会沉到河底的。然而，尽管连电动探测器都用上了，将搜查范围的河底也彻底地找了一遍，但始终未发现手枪的踪迹。

然而石蜡测验结果表明，被当成嫌疑犯的男人确实使用过手枪。他的右手沾有火药的微粒，是手枪射击后火药的渣滓变成细小的颗粒沾在手上的。

另外，据尸体内取出的弹头推定，凶器是双口径的小型手枪。

◆那么，凶手在桥上射死了女子后，究竟将手枪藏到哪里去了呢？

27 死人河

游戏难度 ✻✻✻✿✿
最佳完成时间 3分钟

名探哈莱金和其他游客在穿越广袤的西部的旅途中，遇到一条混浊肮脏的河沟。向导说，人们都叫它"死人河"。名称的由来是这样的：

多克是这一带有名的医生，一天下午，他正为一个小贩治病，吉恩闯进了诊室。吉恩说，他在城里偶然遇到一个手握6响双枪的强盗在抢劫银行。由于枪战引起了混乱，吉恩被误认作是那个劫匪，不得不抱头鼠窜，到此躲藏。当时情况十分紧急，不允许吉恩找证据澄清真相，况且一位警官已追踪而至。多克相信吉恩是清白的，因此他穿戴上吉恩的衣帽，想把警察引开，好让吉恩逃脱。在告诫那个小贩严守秘密之后，多克从床下拿出一条2米长的空心胶管。

他要吉恩跳下河沟，通过胶管呼吸，胶管的口径约3厘米。于是，多克骑上吉恩的马跑开了，警察紧追不舍。这样，吉恩摆脱了追捕。然而，结局却非常不幸，吉恩死了——溺死于河中。多克将警官引开之后，小贩将吉恩从水中捞出。

多克猜测吉恩也许是因为在水下惊慌失措才淹死的。

听向导介绍到这里，哈莱金打断他的话说："不，吉恩是被人谋杀的。"

◆哈莱金何以得出这样的结论？

28 雪茄

游戏难度 ✻✻✻✿✿
最佳完成时间 3分钟

阿伦被一个富商陷害至死，他的妻子阿玉决心要为他报仇。

陷害阿伦的富商为了息事宁人，亲自去找阿玉，想给她些钱了事。到了阿玉的家里后，富商一边说钱的事，一边从自己的口袋里拿出一支雪茄来，点燃后舒畅地吸着。

阿玉根本没有想过拿他的钱，也没有想过接受他的"废话"，没一会儿就轰走了他。没过多久，有人发现富商在自己的车子驾驶位内毒发而死，口中还咬着他自己的雪茄。

警方将他口中剩下的雪茄拿去化验，发现雪茄没有毒，并且检查过，他在阿玉处没有喝过任何东西，也没有吃过任何食物。案子似乎陷入僵局，但是不多久，警方还是查出了毒死富商的真凶，就是阿玉。

◆聪明的你，知道阿玉是怎样下毒的吗？

29 破绽在哪里

游戏难度 ✦✦✦
最佳完成时间 3分钟

张某从小就干一些偷鸡摸狗的事情，长大后，不但没有弃恶从善，反而变本加厉，但奇怪的是从来没有被人抓住过。虽然是这样，他还嫌钱来得慢。于是他也学着电影里的情节，开始筹划抢劫银行。

在行动之前，张某进行了周密的踩点，并且改装了汽车，更换了车头的车牌，就连车头灯也更换了。在打劫的时候，他还戴上了面具，按理说他是不可能被人认出来的。但不多时，警方就根据几个目击证人对现场的描述找到了他。

◆请问，张某此次行动的破绽在哪里？

30 小木屋藏尸案

游戏难度 ✦✦✦
最佳完成时间 3分钟

登山家A的尸体于2月23日下午5时30分被人发现在雪山上的一间小木屋里。赶到小木屋的警察，除了勘验尸体，也一面搜查凶手的行踪！

根据尸体的解剖，其死亡时间在当日1时30分至2时30分。而山庄的老板B表示2时整曾和A通过电话，这样一来，其死亡时间范围更缩小了！

经过调查，涉嫌者有C、D、E三人。他们也都是登山好手，和A同在一家登山协会，听说最近为了远征喜马拉雅山的人选及女人、借款的关系，分别和A发生过激烈的冲突。为了避免火爆场面，三人都换到山庄去住，只留A一人在木屋里。C服务于证券公司，正午时离开小屋，沿着山路下山，5时多到达旅馆。走这段路花5小时20分算是脚程相当快的人，最快的纪录是4小时40分。另外，服务于杂志社的D和贸易公司的E于1时30分一同离开小屋子。

到一条分岔路时，D就用制动滑翔往下滑，4时整到达山庄。E利用制动滑翔一段距离后，本打算再滑雪下去，怎奈滑雪工具不全，只好走下山，到达山庄已经8时多了。他在上一次登山中，弄伤了腿，所以从滑雪处走到山庄行动不便，全程计算起来至少要花6小时！E说遗失的滑板后来在山庄附近的树林中被发现。

◆他们都和死者一起来登山，所以这三个人中必定有一个是凶手，到底是谁呢？

31 诈骗犯之死

游戏难度 ✦✦✦
最佳完成时间 3分钟

一具男尸横在铁路旁边，头朝下，肢体扭曲，脖子都摔断了。警长勘查现场后初步认定，死者叫拉福特，是个诈骗犯，应该是从芝加哥开往洛杉矶的快车上跳下来的。这次列车是今天唯一从这里经过的火车。

随后赶来的尼克探长说："你根据什么说他是从火车上跳下来的？"

警长领着尼克探长顺路轨西行，走了100米左右，看到第一个旅行包，往前走300米左右，又看到另一个旅行包，包里有崭新的纸币，共5万美元。

警长说："钱是假币，看来是有人想抢这笔钱，拉福特便跳车要保住它。"

◆探长说："不，他是被人从火车上扔下来的。"请问，探长是怎样作出这种判断的？

32 螳螂捕蝉，黄雀在后

游戏难度 ✿✿✿
最佳完成时间 3分钟

羽根是一个职业小偷。

一天，他溜到地铁上去作案，先偷了一位时髦小姐的钱包，等她下车后他又接连偷了一位西装革履的男子和一位白发苍苍的老太太的钱包。他兴高采烈地下了车，躲在角落里清点了一下，发现三个钱包里总共不过10万多日元，接着他又惊叫起来，原来与这三个钱包放在一起的他自己的钱包也不翼而飞了，那里面装着1000多万日元呢！

他口袋里还有一张纸条，上面写着："让你这该死的小偷尝尝我的厉害，看看你偷到谁头上来了！"

◆猜猜看，那三个人中，究竟是谁偷了羽根的钱包呢？

33 找出破绽

游戏难度 ✿✿✿
最佳完成时间 3分钟

一天半夜，罗伯特教授的侄子雷急促地敲响了侦探波尔的门。雷不安地对波尔说："今天叔叔约我晚上到他家，我路上有事耽误了，到他家时，我敲门没人应，按常理，叔叔是不会失约的，不知他家发生了什么事。因为他最近突然得到了很多钱，许多人都觊觎他的这笔钱，他又一个人住，没有人陪伴，我真的怕他出什么意外，但是我又不敢贸然进去，所以请您去看看。"

波尔一听，立即与雷赶往罗伯特教授家。不一会儿，他们已来到了罗伯特教授的家门口。波尔推开门，伸手摸墙上灯的开关，灯却不亮。雷说："里面还有盏灯，我去开。"说着，他走进了漆黑的屋子。不一会儿，灯就亮了。

灯亮后，他们发现罗伯特教授的尸体横躺在寓门口不到一米远的过道上，屋角的保险柜打开着，里面已被洗劫一空。雷低低地叫了声："我的上帝啊！是谁干的？"他赶紧跨过尸体，回到波尔身边。看到这一场景，波尔笑了笑，道："别演戏了，雷先生，是你杀了你的叔叔！"

◆你知道波尔是如何断定雷就是凶手的吗？换句话说，雷演的这场戏，破绽在哪里？

34 装哑取证

游戏难度 ✦✦✦✦✦
最佳完成时间 3分钟

一列火车在一望无际的原野上疾驶。车厢里，侦探长琼斯拿着一本小说在打发着寂寞的旅途。忽然，一个金发碧眼女人从他坐席边上走过，撞了他一下。见他的小说掉在了地上，那女人忙伏下身，将小说拾起，递给琼斯说："对不起，先生。"按理说，琼斯本应回答一句，然而他怔住了：这女人怎么这么面熟，好像在什么地方见过。就在他犹豫的一瞬间，那女人朝他打了个飞吻，转身朝前面的车厢走去。

在哪里见过她呢？琼斯苦苦思索着，以往接触过的女人一个一个在她头脑里闪过。倏然，他想起了什么：难道是她？

琼斯装作若无其事的样子离开坐席，也朝前面的车厢走去。他要去找那个女人。可是他失望了，前面的五节车厢都查看过了，没有发现那个女人。可是，当他走回到自己乘坐的那节车厢的头上，刚推开厕所门进去，门就被关上了。琼斯定神一看，暗吃一惊，那金发女人正站在自己的对面！

"喜欢我？"金发女人笑笑说。

琼斯耸耸肩，摇摇头。

"不喜欢？可是不管你是否喜欢我。总得拿钱来，不然我就出去喊人，说你要非礼我！"金发女人手握门扶手，碧眼紧盯着琼斯那毫无表情的面孔。

琼斯在紧张地思考着，怎样才能抓住这个女诈骗犯呢？说没有钱，她会要我腕上的金表；掏枪抓捕她，她会说你威逼无辜，而且又没有证据……

"你是个哑巴？快说，到底给不给钱？"金发女人眼睛里露出了凶狠而贪婪的目光。

忽然，琼斯想出了个妙计。很快，那个女诈骗犯乖乖地跟着琼斯走出了厕所。当天，在警察局里，女诈骗犯供认了自己连续多次诈骗作案的犯罪事实。

◆琼斯是用什么妙计擒获女诈骗犯的呢？

35 招兵抗倭

游戏难度 ✦✦✦✦✦
最佳完成时间 3分钟

明朝嘉靖年间的一天清晨，淮安知府范贾正在公堂上批阅公文，忽然听见门外的大鼓咚咚地直响，便命衙役出门去传击鼓之人。

告状者是一对老年夫妇，说他们的儿子大牛几天前外出置办彩礼时，突然失踪，生死不明，恳请府衙派人出外去寻找。

范贾向老夫妇问了一些情况，立即排除了几种可能，大牛与未婚妻秀英是乡邻，自小青梅竹马，是不会逃婚出走的；大牛力大如牛，更不会被人轻易劫走。很

有可能是大牛路遇了强盗，而强盗见他携带购买彩礼的银子，便见钱眼开，将其杀死。所以当务之急，应该是找到大牛的尸体。

范贾从老夫妇的口中得知，从大牛的村子到府城，途中有一个大塘叫五里河。

于是，他带着衙役来到这里，让衙役们下水打捞。果然如他所判断的那样，衙役们在水塘中捞出了一具年轻男尸，后背还有着一处刀伤。范贾让老夫妇辨认，认定死者就是他们的儿子大牛。

范贾查看了大牛的刀伤后得出结论，死者刚刚被杀，时间不会超过三天，他绕着大塘走了一个来回后，心中便有了破案的计策。

于是，他向在场的所有人说了一番话，大家也都纷纷认可他说的话。之后，他便在大塘边支起了几案，办起了公，当天下午，范贾让人贴出了一个告示：因近期倭寇时常骚扰本地，为了保卫地方，防止倭寇再来烧杀抢掠，现拟招乡勇100名，每名乡勇将得白银100两。因淮安周围此时不断地遭到倭寇的侵扰，所以告示贴出后，大塘边很快就聚集了大量的报名者。

范贾见来了这么多的应征者，十分高兴，禁不住一个一个地招见，并亲加勉励。突然，范贾在一个反穿棉袄的汉子面前停住了脚步，两眼紧紧盯住他的眼睛。

那汉子被范贾看得不知所措，马上局促不安地低下了头。范贾厉声问道："你为什么反穿棉袄？"

那汉子一时无以答对，怔了一下说道："我因要赶来应征，不经意地就穿反了棉袄！"

范贾让衙役将汉子棉袄脱下，发现棉袄的正面沾有不少的血迹，便问道："你这血迹是怎么留下的呀？"

汉子闪烁其词地回答道："我也遇到了倭寇，与他们拼杀，便留下了血迹。"

"胡说！"范贾揭穿说，"倭寇三个月前曾来到我们淮安地区滋事，已被官府肃清，近日根本就没有倭寇犯境，你身上的血迹，明明是新沾上的。"

汉子狡辩道："听说老爷曾宣称塘中捞出的尸体是被倭寇杀害的，怎么又说没有倭寇犯境呢？"

范贾说道："这就是我设下的计策，我故意布下迷阵，使得你这个杀人凶手放下心来，我再用重金作为诱饵，引你上钩，你还有何话说？"

汉子知道自己已无可反驳，只得承认了是自己杀害了大牛。

◆那么，范贾在查看了大牛的尸体后，当众说了什么话，使得大家都纷纷认同，并传到了凶手的耳朵里呢？

36 失而复得的官印

游戏难度 ✿✿✿✿✿
最佳完成时间 3分钟

康熙初年的时候,蓝溪县新任知县黄敬刚上任两个月,就发现官印丢失了,不禁大吃一惊。他不敢声张,私下招来师爷毕矮商量。毕矮分析说:"这人偷去官印,也没有什么用处,可是你却落下一个丢印的罪名,我想偷印的人无非是想让你丢掉官职,因此可以断定偷印是报复你。你有没有什么仇人啊?"

黄敬想了想,说:"我刚来此地,也没有什么仇人啊?要说得罪人,我上任不足两个月,会得罪谁呢?只有胡狱吏,他贪赃枉法,曾经被我责罚过。只有他有偷印的可能,可又没有什么凭据,也不好办啊。"

毕矮沉思了一会儿,附耳给黄敬出了个主意。黄敬听后,不禁拍案叫绝。

这天晚上,胡狱吏正在县衙做事,突然后院起火。黄敬立即当着众下属的面,把封好的官印盒交给胡狱吏拿回家保管,自己立即转身指挥救火。

第二天,胡狱吏当着众官的面把官印盒还给县令。黄县令打开一看,官印在里面,于是当着众衙役的面,表彰胡狱吏保护官印有功,发了赏钱。

◆那胡狱吏为什么盗了官印又偷偷还回来呢?

37 贪财的瞎子

游戏难度 ✿✿✿✿✿
最佳完成时间 3分钟

有一个瞎子,靠给人算命骗钱。

有一天,算命瞎子要到一个小镇去。那小镇隔着一条河,去那里要经过一座独木桥。他摸索着走上了独木桥,那桥很陡很窄,又有些年月了,走上去摇摇晃晃的,瞎子害怕得脚都抖了。正在这时候,有个农夫赶集回来,肩上搭了一块新买的红布,也走到了桥上。他看到前面有个盲人,就好心地说:"你眼睛不方便,我背你过去吧。"算命瞎子一听,可开心啦,赶紧伏在农夫的背上。

农夫背着瞎子走着,瞎子摸到了那匹布,心中马上起了坏念头。他偷偷地把布撕了一个口子,等到过了桥,农夫放下瞎子,瞎子竟然拿了布就要走。农夫责问他:"我好心背你过河,你怎么能拿我的布呢?"瞎子却一口咬定,说布是他新买的。

县官审理了这个案子,他问农夫和算命瞎子:"你们都说布是自己的,有什么证据呢?"算命瞎子赶紧抢着说:"我有证据,我在拿布的时候,不小心撕了一个口子,请老爷明察!"县官一看,布上面果然有个口子,便说:"这么漂亮的一块白布,撕坏了真是可惜啊!"算命的马上说:"是呀。为了买这块白布,花了我很多银子呢!"他的话音刚落,县官便知道,算命瞎子就是骗子。

◆为什么听了算命瞎子的话,县官就知道他是骗子呢?

38 上校的秘密

游戏难度 ★★★☆☆
最佳完成时间 3分钟

第一次世界大战期间，同盟国指挥官华蒙托夫投降了协约国，这对同盟国将非常不利。华蒙托夫熟知同盟军的战术、兵力分布甚至将领的习惯，这些绝密情报让他成了同盟国军队的头号敌人。

同盟国军队曾派出了许多身怀绝技的人去刺杀他，但华蒙托夫上校不仅护卫森严，他还是拳击好手，去刺杀他的人不是被抓住，就是在其铁拳下丧生，华蒙托夫因此洋洋自得，自称是"不怕暗杀的人"。

一天傍晚，华蒙托夫带着警卫偷偷爬到一座山上，观察同盟国军队的情况。这座小山虽然不高，可是十分陡峭，山下有一条蜿蜒的小河，南方军队就驻扎在小河边。

华蒙托夫和警卫们悄悄攀上山顶悬崖，趴在悬崖边缘观察同盟国军队的部署情况。

过了很长时间，警卫们发现华蒙托夫还是趴在悬崖边缘一动不动，轻声呼唤也没有反应，不由着急起来。他们把华蒙托夫拉起来一看：华蒙托夫竟然死了！警卫大惊失色，连忙把华蒙托夫抬回营地，请军医鉴定。

军医经过仔细检查，发现华蒙托夫全身一个伤痕都没有，平时体壮如牛的华蒙托夫怎么会突然死去呢？一时间，谣言四起，大家都说这是上帝的震怒，叛徒得到了应有的惩罚。

事情越传越远。传到了一位著名探案专家耳中，他稍微思索了一会说："这不过是一个巧妙的杀人事件，如果我没有猜错的话，华蒙托夫的望远镜当时一定遗落或者丢失了。"

将信将疑的人们赶到那座小山，果然在小河中找到了卡在河床上的望远镜，揭开了华蒙托夫神奇死亡的秘密。

◆华蒙托夫是如何死去的呢？探案专家为什么在千里之外，就能预见到一架失踪的望远镜呢？

第五章
开心谜语

　　谜语最初起源于民间口头文学，是我们的祖先在长期生产劳动和生活实践中创造出来的，是劳动人民聪明智慧的表现，是中华灿烂文化中光辉的一页。我们在看到谜语的时候，最想知道谜底是什么，因为我们太好奇了，正是在我们这种强烈的求知欲的推动下，我们的世界才会变得如此美好。

　　我们的口号：我猜我猜我猜猜猜！

1 美味零食

游戏难度 ✿✿✿✿✿
最佳完成时间 3分钟

◆猜两种零食的名称：巧克力和花生打架，巧克力赢了。

2 心中明似镜

游戏难度 ✿✿✿✿✿
最佳完成时间 3分钟

有位刚过门的年轻媳妇在村头井边提水，忽听有人问道："大姐，去县城该往哪条路走？"

年轻媳妇抬头一看，见是位英俊书生，便没有答话，只用手指了指道儿，便挑起水桶回家了。谁知，这事被小姑子看见了，便在母亲面前添枝加叶地告了嫂子一状。婆婆不由分说，狠狠地打了媳妇一顿。

年轻媳妇满腹冤屈，含泪写了一首诗："打奴奴知晓，背后有人挑。心中明似镜，只为路一条。"

◆她写的这首诗，既诉说了心中不平，同时也是个谜语，猜一物。你能猜出来吗？

3 串门

游戏难度 ✿✿✿✿✿
最佳完成时间 3分钟

一天，葛秀才到朋友家去串门。一进门，他双拳一抱，随即念了一首字谜诗："寺字门前一头牛，二人抬个哑木头，未曾进门先开口，闺宫女子紧盖头。"朋友稍一思忖，就领会了其中的意思，便也以诗相答："言对青山不是青，二人土上在谈心，三人骑头无角牛，草木丛中站一人。"葛秀才一听，朋友所说的与自己说的不谋而合。双方哈哈大笑起来。

◆这两首字谜诗的谜底是什么？

4 苏东坡错怪苏小妹

游戏难度 ✿✿✿✿✿
最佳完成时间 3分钟

相传，有一次苏东坡和苏小妹二人乘船探亲，行至一半路程，不料江风骤起，只好缆船靠岸。夜幕低垂，帆灯点点，邻船不时传来阵阵琴弦声。素来喜诗乐的苏小妹情不自禁走出船舱，轻提罗裙，洗耳静听。她正要转身回舱，苏东坡恰好走了过来。见此情景，他用袖瞪目怪道："闺阁少女，在此窥探，成何体统！"

苏小妹听后委屈地说道：
天黑出舱来，
手扶木栏杆。
必定无邪念，
弹罢就回来。

苏小妹的一番话，说得苏东坡很不好意思。他忙说道："是我错怪你了！"小妹娇笑着回到了舱里。

◆其实，苏小妹所说的也正好是一则谜语，你能猜出谜底为何物吗？

5 王安石选书童

游戏难度 ✿✿✿❀❀
最佳完成时间 3分钟

宋代文学家王安石酷爱出谜。有一次，他要招一名书童，家人经过多方物色，终于找到了一个，带到他面前，问是否录用。王安石看罢，却不作声，只见他在纸上提笔写了一则字谜，递给家人：

一月又一月，两月共半边。

上有可耕之田，下有长流之川。

一家有六口，两口不团圆。

◆家人看了，沉思片刻，随即明白了王安石的意思。你猜这是一个什么字？

6 字谜

游戏难度 ✿✿✿❀❀
最佳完成时间 3分钟

时值二月，哥哥考了妹妹一个字谜，允诺要是妹妹能猜出答案，他就给妹妹一包糖果作为奖励。

谜语是这样的："二月身相靠，非'朋'又非'冒'，若当'昌'字猜，算你猜错了。"机灵的妹妹想了想，很快就猜出了答案。

◆你知道这个字谜的谜底是什么吗？

7 意外解题

游戏难度 ✿✿✿❀❀
最佳完成时间 3分钟

某店一个微型山水盆景上放着一只玩具虎。要求猜谜者用动作猜两条成语，奖品就是这只玩具虎。一位小朋友想了半天也没猜出来，但又非常想要这只老虎，最后他拿起玩具虎摆弄了一会儿，然后又将它放回原处。奇怪的是工作人员竟将玩具虎递给了小朋友，说："这孩子猜对了。"

◆这是怎么回事？

8 聪明的木匠

游戏难度 ✿✿✿❀❀
最佳完成时间 3分钟

我国古代有个木匠跟建筑师鲁班学艺，到南山密林中去修筑香岩寺。

一天，木匠陪鲁班在山上散步，走到一棵古柏和一块怪石跟前，鲁班说："这古树怪石，真是少见！"

木匠说："若在石上建座庙，就更好了。"

鲁班看了看木匠说："好！你就试着在这儿修建一百一十一座庙吧！"

鲁班这么一说，木匠愣住了，心想：这虽是一块巨大的怪石，但哪里能容得下这么多庙啊？

一连两天，木匠都想不出如何建造，愁得他茶饭不思。一天早饭后，木匠又坐在古柏下，看着那巨大的怪石发愁。忽然，他眼睛一亮，高兴地说道："师傅说的一百一十一座庙可以建造啦！"

◆木匠把自己的想法告诉鲁班后，鲁班夸他聪明，肯动脑筋。请问，木匠是怎样想的呢？

9 染血的航海图

游戏难度 ✿✿✿✽✽
最佳完成时间 3分钟

早上9点左右，亨利侦探和助手来到海边散步，看见一艘小帆船倾斜在沙滩上，此时是退潮的时候，亨利感到有些不对劲，于是和助手走近帆船，对着船舱大声喊了几声，没有人回答。亨利于是沿着放锚的绳子爬到甲板上，从甲板的楼梯口往阴暗的船室一看，呈现在眼前的是一位躺在血泊中的船长。

亨利仔细查看，只见这位船长的手中紧握着一份被撕破的旧航海图，上面血滴斑斑。他躺卧的床头上，还竖着一根已经熄灭的蜡烛，蜡烛的上端呈水平状态。也许船长是点燃蜡烛在看海图时被杀害的，凶手杀死船长后就吹熄了蜡烛，夺去航海图才逃跑的。

"这艘船大约是昨天中午停泊在此处的，船舱里白天也是非常阴暗的，所以，即使在白天看海图也需要点蜡烛，因此船长被害的时间并不一定是晚上，可是船长到底是何时遭到毒手的呢？"

助手一边随亨利查看现场，一边自言自语。"船长被害的时间，在昨晚9点左右。"亨利说。

◆亨利是根据什么作出如此的判断呢？

10 搞笑谜语一

游戏难度 ✿✿✿✽✽
最佳完成时间 3分钟

一片青草地
又一片青草地
来了一群羊
又来了一群狼

◆打4种植物。

11 李清照以谜难赵明诚

游戏难度 ✿✿✿✽✽
最佳完成时间 3分钟

李清照是宋代著名女词人，关于她的趣闻轶事很多。其中，她在新婚之夜以谜语难新郎的故事，至今还在民间广为流传。

洞房花烛夜，贺喜的人们逐渐散去了。新郎赵明诚揭开罗帐要与新娘李清照言欢，李清昭一触景生情，便想用谜语来试试赵明诚的才华。她说："今晚我想起一个字谜，君若猜中，方可入帐。若猜不中，就只好请君到厅堂里去自度良宵了。"说完便吟道：

三面有墙一面空，
妙龄裙钗住其中。
有心与她说句话，
可恼墙外有人听。

赵明诚听了，略一思索，便拉过李清照的手，在她的手心里写了一个字。李清照抽回自己的手看了一下，含情脉脉，点头微笑，又指了指窗外，暗示丈夫不要操之过急，小心窗外有人在"闹洞房"，现在还不是急于歇息的时候。

◆读者朋友，请你猜一猜，赵明诚在李清照的手心里写的是一个什么字？

12　失算的财主夫人

游戏难度 ✦✦✦✧✧
最佳完成时间　3分钟

从前，京城里有一个财主夫人，对待下人向来非常苛刻，尤其对女仆人更是横挑鼻子竖挑眼。她家有一个机智聪慧的女仆人名叫阿香，加上其相貌出众更让财主夫人异常嫉妒，一心想找个机会把阿香赶出家门。

有一天，财主夫人故意把阿香叫到跟前，对阿香说："人家都说你是一个聪明人，我倒要考考你，答对了，我给你双倍工钱，答错了，从今天起你就回家去，工钱一分也别想拿！"

接着，财主夫人亮开嗓子说道："什么吃草不吃根，什么睡觉不翻身，什么腹中长牙齿，什么肚内长眼睛。"

阿香眨了眨美丽的大眼睛，很快就猜出了答案。财主夫人心里这个气啊！可是又不能食言让其他下人耻笑，于是只好给了阿香双倍的工钱。

◆你知道这四样东西分别是什么吗？

13　秃头秀才与村妇

游戏难度 ✦✦✦✧✧
最佳完成时间　3分钟

从前，有个不学无术的秃头阔秀才，总好在村里人面前舞文弄墨，逢人便胡诌两句"贵人不顶重发，学者不事庄稼"之类的打油诗。

这一年正月十五元宵灯节，乡亲们聚会在街头赏灯。秃头秀才在一个荷花灯前，见邻居李斌之妻正在猜灯谜，便凑上前去没话找话地说："王嫂，你就好比一首诗。"接着吟道：

此花自古无人栽，
一夜风吹满地开。
看看无根又无叶，
不知谁送门上来。

王嫂一听，心想：这秃头秀才又再卖弄文墨，想调戏我，实在可恨。于是便开口回敬："大秀才，你也好比一首诗。"接着，吟道：

凤在禾下又飞去，
马到芦旁草不生。
好风自古桐上站，
良马从不磨道行。

在场的人一听，不禁哗然大笑起来。秃头秀才心想：她夸我为百鸟之王，千里之驹，人们为何发笑？心里好生纳闷。过了一会儿，他抓了一抓秃头，才恍然大悟：啊！原来她是在骂我呀！

◆读者朋友，秃头秀才诗谜的谜底为一自然物，王嫂诗谜的谜底为两个字，你能分别猜出来吗？

14　搞笑谜语二

游戏难度 ✦✦✦✧✧
最佳完成时间　3分钟

问题：小白加小白等于什么？

15 巧对成巧谜

游戏难度 ✿✿✿❀❀
最佳完成时间 3分钟

有一年春节，杭州西湖总宜园举行春节灯谜会，吸引了许多游客。

刚巧，徐文长路过园门口，只见一群人拥挤在大门口，在对一副对联谜。好多文人雅士摇头搔耳，苦苦思索，一时对不出下联。徐文长上前一看，只见上联写着：

白蛇过江，头顶一轮红日。

下面写着"打一日常用物，并用一谜对下联"。

徐文长微微一笑，觉得谜底虽平常，但要同样用一谜对下联，感到一时难以作答。忽然，他望见门房墙上挂着一物，便说："下联有了。"接着吟道："乌龙上壁，身披万点金星。"

◆你可知道上联打的是什么日常用品？徐文长对的下联，又猜的是什么日常用品？

16 曹操制谜考二子

游戏难度 ✿✿✿✿❀
最佳完成时间 3分钟

曹操是东汉末年有名的大政治家、军事家，且精通文学，造诣很深。有一天，他带领儿子曹丕、曹植骑马郊游，只见秋高气爽，蓝天如洗，一群燕子空中飞翔，饶有情趣。忽然他心生一计：何不造个谜语考考两个儿子才学的高低，于是他沉思片刻，随口吟出一首诗：

一对燕子绕天飞，一只瘦来一只肥；
一年四季来一次，一月里倒来三回。

◆曹操让曹丕、曹植猜一字，聪明的你能猜出来吗？

17 徐九经的为官诗

游戏难度 ✿✿✿❀❀
最佳完成时间 3分钟

徐九经为官清廉，常为弄清案情而乔装私访。一次，徐九经又深入民间私访民情。走到半路上，一个差役问他："老爷，您整天这样忙忙碌碌，到底图的是什么？"

徐九经没有直接回答，而是笑着作了一首诗。诗曰：

头戴纱帽翅，
当官不省劲。
平事我不管，
单管不平事。

后来，徐九经的这首诗被人当作谜面，要求猜一木工工具。

◆读者朋友，你能猜出谜底是什么吗？

18 李白吃醋

游戏难度 ✿✿✿✿✿
最佳完成时间 3分钟

话说唐肃宗乾元年间,李白已年过花甲,仍浪迹天涯。一日,他正行走在金陵途中,口渴难忍,见一醋店,心想:无酒无水喝点醋也不错。他进得店门,随口吟出:

一人一口又一丁,竹林有寺没有僧,女人怀中抱一子,二十一日酉时生。

店家一听,这四句诗是一个四字谜,稍一思忖,心中大喜,连说:"谢谢夸奖,请品尝!"

李白把醋饮完,又说了四句:

鹅山一鸟鸟不在,
西下一女人人爱。
大口一张吞小口,
法去三点水不来。

店家一听,解出谜底,连忙拱手告别:"客官,祝你一路平安!"

◆ 你能猜出李白两句话的内容吗?

19 巧撺秦桧

游戏难度 ✿✿✿✿✿
最佳完成时间 3分钟

民间传说:宋朝年间,韩世忠、梁红玉在黄天荡驻守。秦桧不时窜到梁府挑拨韩梁两家关系,韩梁二将愤怒已极,但又不便直说。

一天傍晚,韩梁二将在一起下棋,边论军事,秦桧躲在一旁偷听。

这时,韩世忠自言自语地说:"兖州无儿去,下着无头衣,泪水一边流。"

说到这里,梁红玉接了下句:"虫子钻进布匹里。"秦桧听了,灰溜溜地走了。

◆ 请你说说韩梁是怎样巧撺秦桧的?

20 搞笑谜语三

游戏难度 ✿✿✿✿✿
最佳完成时间 3分钟

提问:怎样使麻雀安静下来?

21 摇钱树

游戏难度 ✿✿✿✿✿
最佳完成时间 3分钟

古时候有个懒汉,身强力壮却好吃懒做,没多久就把家产吃光了,从此他成了东家讨西家要的乞丐。

一次,他在乞食时听说世上有种摇钱树,一摇便生出钱来,谁找到它就一辈子不愁吃了,他听后便不顾一切地去寻找,一连找了7天,也没见到摇钱树的踪影。

这一天,懒汉碰上一位老农,老农看他左顾右盼很着急的样子,便问他在干什么,他说是找一种摇钱树。老人一听哈哈笑起来:"这事不难,我可以告诉你。"老人接着说:"听好了,摇钱树儿分两枝,一枝五杈合为十,娘胎出来随身走,就看自己识不识。"懒汉听后,拍脑袋说:"我知道了,我找到了!谢谢活菩萨。"说完他朝老人鞠了一躬,转身跑了。不久,那懒汉终于不愁吃了。

◆ 那摇钱树到底是什么呢?

22 汪洙拜师

游戏难度 ✹✹✹✿✿
最佳完成时间 3分钟

相传，宋朝浙江鄞县人汪洙，少年时天资聪颖，九岁时就能吟诗答对，常为乡邻写春联。他父亲十分高兴，望子成龙，不惜重金，从外乡请来一位很有名望的教书先生，专门给汪洙上课。这位先生只图温饱，并不计较报酬多少，但有个条件，一定要先试试学生，看看他是不是可造之材。

这天，汪家为先生设宴，请来当地有学问的人来作陪。酒过三巡之后，撤了酒席，换上茶点，客堂上众人谈古论今，都等着先生开口试徒。

此时，正是深秋时节。忽然一阵狂风将门前树枝刮断，树上的一个鸟窝也被吹落了，几只小鸟吓得在地上啾啾乱作一团。先生见景生情，随口出了一上联：

风坠雀巢，二三子连棵及地；

这是即兴之作，汪洙一时无从对起。他顺着落枝看去，发现落下的树枝把鸡窝砸塌了一角，公鸡看见月光，以为天已破晓，便拍打着翅膀，喔喔地叫了起来。汪洙顿时有了灵感，向先生深鞠一躬，不慌不忙地对出下联：

月穿鸡屋，四五声金膀啼鸣。

先生听罢，不由得拍案叫绝，不但赞赏汪洙的机敏，更赞扬他的抱负，当即表示要留下来。小汪洙非常聪明，马上给先生叩了一个头，说道："先生在上，容学生一拜。"

汪洙拜师后，更加勤奋学习。后来，果然中了进士，官至观文殿大学士。

◆亲爱的读者，请你想一想，先生出的上联与汪洙对的下联各是什么意思？

23 书生猜谜

游戏难度 ✹✹✹✿✿
最佳完成时间 3分钟

从前，有一群书生一同进京赶考。由于天气炎热，个个累得口干舌燥，只想找点解渴的东西。走着走着，他们看见了一片西瓜地，就想买几个西瓜解渴。瓜地的老农笑着说："吃我的西瓜得有个条件，我出个字谜让你们猜，若猜不中，拿书换瓜，若能猜中，分文不取。"

老农说道："四个小字颠倒颠，四个八字紧相连，四个人字不相见，一个十字站中间。"

话音刚落，一个书生说道："此物世上不算少，没有此物不得了。年纪活到八十八，还是人人都需要。"

◆管瓜老农听了，连声说："对，对，你猜得对！"他一摆手，便邀这些书生吃西瓜了；其实，瓜农与书生出的谜语的谜底一样，你知道是什么字吗？

24 夫妻俩买的东西

游戏难度 ✿✿✿
最佳完成时间 3分钟

夫妻俩下班回来，每人买了一样东西。丈夫问："你买的是什么好东西呀？"妻子说："我买的东西，名字是两个字。从左往右念，喝在心里甜；从右往左瞧，会飞不是鸟。"丈夫说："我买的东西，名字也是两个字。从左往右读，喝它营养最丰富；从右往左看，走路特别慢。"

◆请你猜一猜，他们各买的是什么东西？

25 三谜同底

游戏难度 ✿✿✿
最佳完成时间 3分钟

秦少游给苏东坡出了一条谜语："我有一间房，租与轮转王，有时射出一条线，天下邪恶不敢当。"苏东坡想了想说："我有一张琴，琴弦藏在腹，凭君马上弹，弹尽天下曲。"秦少游不解，便去问苏小妹。苏小妹说："我也有一条谜语，请你送给大哥猜。我有一只船，二人摇橹一人牵，去时牵线走，来时摇橹还。"其实三人的谜语是同一谜底，打一木工用具。

◆你知道是什么吗？

26 李秀才的谜语

游戏难度 ✿✿✿
最佳完成时间 3分钟

从前，有一个吴知县，能书善讲，文笔不凡，自谓"天下第一才子"。

一天，他与同官的张知县猜谜，谜面是：东南西北路条条，八万雄兵手提刀。一子一女并排坐，天上绿竹喜弯腰。

吴知县与临乡李秀才有文字之交，他猜到了谜语很得意，便兴高采烈地跑到李秀才家说："我今天又猜出一个谜语，真是才学不浅呢。"李秀才接过谜面一看，笑着说："这谜是我出的呀。"秀才接着说："我这里还有一个谜面，你猜猜看：两个幼儿去爬山，没有力气爬得上，归家又怕人笑话，躲在山中不肯还。"

◆这次，吴知县想了半天也没有想出来，那么，你知道是什么字吗？

27 狼狈的秀才

游戏难度 ✿✿✿
最佳完成时间 3分钟

有一个秀才，自以为读了几年书，就谁都瞧不起。这一天，他写了一首歪诗，独自吟了几遍，越吟越感到得意，就匆匆忙忙地出门，想到朋友家去吹嘘一番。

他走到半路上，口渴得要命，看到路边有一口水井，井水清澈凉爽，就对井边的一个小孩说："小家伙，快打井水给我喝！"小孩说："你先猜出一个谜语，才给你打水！"秀才骄傲地说："一言为定！"小孩大声念道："上边有口无盖头，下边无口没堵头，左边有口没挡头，中间有口无舌头。"

◆秀才实在猜不出来，只好忍住口渴，狼狈地溜走了。这是个字谜，你知道是哪个字吗？

28 医生为何能获匾

游戏难度 ✿✿✿✿✿
最佳完成时间 3分钟

清代吴趼人的《俏皮话》中有这么一个故事：有位庸医，凡到他这儿来看病的，往往一看就死。但是还有些不了解情况的人，仍然到他这里来看病，因此在他手里断送了性命的人越来越多。

有一天，忽然有一伙人吹吹打打地给医生送来一块匾额。医生不知是谁送来的，自己思量，从行医以来，从未获得这样的荣耀，便接受了这块匾，并把它挂起来。

邻人们也很惊讶猜疑，相互议论道：这个医生使很多病人送了命，怎么会有人给他送匾？后来仔细打听，才知道那匾是一家棺材店送的。有好事者便到店中去问店主说："那个医生治好了你的病吗？为什么要送匾给他？"

◆店主的回答让所有人大跌眼镜，你知道店主是怎样回答的吗？

29 搞笑谜语四

游戏难度 ✿✿✿✿✿
最佳完成时间 3分钟

一辆客车发生了事故，所有的人都受伤了，为什么小明却没事？

30 王冕画画

游戏难度 ✿✿✿✿✿
最佳完成时间 3分钟

元朝著名的王冕因家里贫穷，十岁时母亲含泪送他到本村一家地主家去放牛。王冕聪明伶俐特别喜欢学画，经常是一边放牛一边用树枝在沙地上画荷花、画青蛙、画小鸟。

一天，地主外出散步，忽然发现了王冕在画画，他老鼠眼一转，阴阳怪气地说："你给我马上画件东西，画不出来就别再吃饭啦！"接着便摇头晃脑地念起来："小小一条龙，须长背又弓，生前没有血，死后浑身红。"

◆但是，王冕并没有被地主吓倒，他立即把这东西给画了出来。聪明的读者，你知道王冕画的是什么吗？

31 搞笑谜语五

游戏难度 ✿✿✿✿✿
最佳完成时间 3分钟

一只羊在吃草，一只狼从旁边经过没有吃羊。

又一只狼经过，还是没有吃羊。

第三只狼经过，羊冲狼大叫，狼还是没吃羊。

◆猜三个动物。

32 搞笑谜语六

游戏难度 ✿✿✿✿✿
最佳完成时间 3分钟

一只乌龟掉进了水里
又一只乌龟掉进了水里

◆猜两种植物。

33 丞相的谜语

游戏难度 ✿✿✿✿✿
最佳完成时间 3分钟

有个丞相的女儿，到了婚嫁的年龄，前来提亲的人，把丞相府的门槛都踢破了，丞相却认为，那些有钱人家的公子，全都是没本事的花花公子，女儿怎么能嫁给这种人呢？

有一次，丞相听说一个叫孙义的人比较有才华，于是，他马上让人把孙义请来，想进一步考考他。丞相说："我请教您一个字。一字九横六竖，问遍天下不知，有人去问孔子，孔子想了三天。"孙义等丞相说完，马上说出这个字。丞相高兴得合不拢嘴，把孙义留下来重用，又把女儿嫁给了他。

◆ 你知道这是什么字吗？

34 你见过聪明的杏花村姑娘吗

游戏难度 ✿✿✿✿✿
最佳完成时间 3分钟

杜牧曾经担任过州官，为了了解民情，他经常脱下官服，穿着老百姓的衣服，到城镇乡村走访。有一次，杜牧听说附近有一个杏花村，村里的姑娘个个聪明伶俐，于是杜牧穿着便服来到杏花村。他随便进了一家酒店，刚坐下，就来了一位姑娘，微笑着问："这位先生是第一次光临，请问尊姓大名？"杜牧没有回答，却吟了一副对联："半边林靠半坡地，一头牛同一卷文。"这位姑娘一听，马上行了大礼说："原来是州官大人啊！失敬，失敬！"杜牧这才相信，这里的姑娘确实聪明过人。

◆ 你知道杜牧吟诵的对联和他的名字有什么关系吗？

35 药方

游戏难度 ✿✿✿✿✿
最佳完成时间 3分钟

明朝时有一县官，鱼肉百姓，无恶不作。他访得李时珍（《本草纲目》著者）医术高明，能妙手回春，便亲自登门，请李时珍为他开一服能延年益寿的药。

李时珍平素最恨的就是这帮贪官污吏，便随手为他开了一服药方：

柏子仁三钱　木瓜二钱　官桂三钱
柴胡三钱　　益智二钱　附子三钱
八角二钱　　人参一钱　台乌三钱
上党三钱　　山药二钱

县官拿到药方，如获至宝，回到县衙。师爷为人狡猾，粗通医理，看了药方后说道："老爷，这哪里是什么益寿药方，这是李时珍在借方骂你呢！"县官按他的指点读去，被气得直翻白眼。

◆ 那么，这服药方你读懂了吗？

36 关于时间的谜语

游戏难度 ✿✿✿✿✿
最佳完成时间 3分钟

◆ 各打一成语：（1）不准超过15分钟。（2）十天跑完长城。（3）整个世纪的战略。

37 画师

游戏难度 ✿✿✿✦✦
最佳完成时间 3分钟

山东有个著名的画师，有一年，慈禧太后为了修建颐和园，传旨把他召到京城，要他画一个大屏风，放在仁寿殿里，好为她歌功颂德。画师心里恨死了慈禧，可是又不能违抗，只好答应了。

他把自己关在屋子里，没日没夜地画画。献画的那一天到了，慈禧带了文武百官来看画，只见屏风上画了一个胖小孩，跪在午门前，手里托着一个大寿桃，后面飘着各种国旗，排列着各国军队。官员们都拍马屁说："这是仙童祝寿，万国来朝！"慈禧开始还很得意，突然，她想到了什么，大声骂道："他好大的胆子，竟敢用谐音来骂我！"她马上派人抓画师，但他早已经逃走了。

◆ 能说出这幅画的寓意吗？

38 一箭双雕

游戏难度 ✿✿✿✦✦
最佳完成时间 3分钟

南北朝时有位武将名叫长孙晟，箭法高强。一日出猎，见空中群雕飞翔，其中有两只正为争夺一块肉而纠缠搏斗不停。众人请他去试试箭法，弓弦响处，两只大雕坠落马前，拾起一看，原来一支箭竟贯穿了两只大雕的胸膛。从此，长孙晟"一箭双雕"便流传开来。

在语言领域，也有"一箭双雕"的技巧，即"一语双关"的修辞手法，它是在特定的语言环境中，利用语音、语义的条件使一句话含有双重含义。有这样一个故事：

南宋时代，金皇帝章宗有个宠妃姓李，权势显赫，朝中官员想升官的纷纷走她的门路。有一天，宫里设宴，观看伶人演出。剧中有两人对白，甲问："我们国家有何喜事？"

乙答："你未听说有凤凰出来飞翔吗？"甲又问："听说过，但不知详情。"乙说："凤凰飞翔有四种情况，它的预兆也不相同。向上飞是预兆风调雨顺，向下飞是预兆天下太平，向外飞是预兆四方来朝，向里飞是预兆加官进禄。"皇帝一听，明知是挖苦他，可又不便发作，只好一笑了之。原来这话中运用了"一语双关"的手法。

◆ 请说出这段话中的双关语义？

39 搞笑谜语七

游戏难度 ✿✿✿✦✦
最佳完成时间 3分钟

有两个人掉到陷阱里了，死的人叫死人，活人叫什么？

◆ 你知道吗？

41 一首词谜

游戏难度 ❀❀❀❁❁
最佳完成时间 3分钟

◆词谜是我国古代传统字谜的一种。它的谜面是一首词，既是词，又是谜。用词的综合意义扣合谜底。词谜的特点基本上与诗谜相同，只是形式是词。你能猜出下面这个词谜吗？

忆江南
两字同。
四竖又三横。
形状高低恰相反，
低者深下如池井。
高者以嶂屏。
（打两个字）

42 三个举人

游戏难度 ❀❀❀❁❁
最佳完成时间 3分钟

古时候，一年春天，三个赴京赶考的举人途中相遇，结伴而行。

走累了，大家坐在大树下歇息。四川举人心头一动，拱手笑道；"二位才子，你我今日幸会，实为难得，眼下已近中午，大家肚内皆饥，小弟请问二位仁兄：何谓天下第一味？"

浙江举人笑道；"这还用问，天下百味，自然是糖醋肉排最佳！"广东举人说；"不对不对，蛇肉之香，与众不同，味道更美。"那四川举人笑道："二位仁兄皆未道中。其实，小弟刚才是给二位出了一道谜语呀，其实'天下第一味'本身就是一道菜！"接着他说出一道菜，并解释了一番。那两个举人一听，拍手叫绝，连说："妙，妙！"

◆你知道这"天下第一味"是什么菜吗？

40 丫鬟考秀才

游戏难度 ❀❀❀❁❁
最佳完成时间 3分钟

有一个秀才，对老师家的小姐有爱恋之意，这日借故登门拜访。

小姐正好和几个朋友在聊天，听说秀才来登门，就偷偷躲着观看，而让一个丫鬟过去应对。

丫鬟见到秀才后，很有礼貌地问："请问贵姓？"

秀才答道："小生的姓是：'头'在海里游泳，'尾'在天上发光。"

聪明的丫鬟听后，立刻笑道："原来是鲁相公。那，也请先生猜猜我的姓。"

她回头一看，看到小姐和她的朋友正在旁边躲着偷听呢，就说："我的姓是：高小姐探头相望，李小姐半露半藏，郑小姐侧着耳朵听端详。"

◆读者朋友，请你也想一想，这个丫鬟究竟姓什么？

43 谜语大聚会

游戏难度 ✱✱✱✿✿
最佳完成时间 3分钟

（1）四四方方一块，乌乌黑黑一片，白龙弯弯一走，脚印人人看见；（打一文化用品）

（2）二人并肩，不缺一边，立见其可，十字撇添。（打四字）

（3）孔明设计过长江，苏秦说合六国邦，失掉街亭斩马谡，刘备东吴做新娘。（打四字）

（4）凸眼睛，阔嘴巴，尾巴还比身子大，一钻钻到草底下，开出一朵火红花。（打一动物）

（5）黑脸包丞相，独坐中军塘，穿件粉红衫，坐在绿船上。（打一动物）

（6）一个小姑娘，住在清水帐，布下天罗网，单捉飞天将。（打一植物）

（7）望去青腾腾，走去腾腾青，敲开花檎门，个个着红裙。（打一水果）

（8）表面斯文好看，肚里是筒黑炭，提起写字做文，嘴巴尖得难看。（打一文化用品）

（9）同是四横四直，看来一高一低，若把两字拼合，变成四方整齐。（打两字）

（10）三人同日去观花，朋友原来共一家，愁人去掉心头闷，终身不挂一根线。（打四字）

（11）三月清明起，九月重阳散，弹起七弦琴，唱个不离山。（打一动物）

（12）一个书生轻飘飘，摇摇摆摆上九霄，书生要到天堂去，人在凡间把手招。（打一手工玩具）

（13）穿铜袍，戴铁帽，寸半小人脾气暴，平日不吵又不闹，一撞屁股脑袋掉。（打一军事武器）

（14）盘绕玉柱一条龙，冰天雪地不怕风，冬天最得人人爱，立春以后无踪影。（打一冬季用品）

（15）样子长得像水果，老了就把绿袍脱，穿上红袍惹人爱，味道酸甜又解渴。（打一蔬菜）

44 巧骂财主

游戏难度 ✱✱✱✿✿
最佳完成时间 3分钟

有个灯笼商，他有个习惯，就是在每只灯笼上都要贴一个灯谜，让人们即赏灯，又猜谜。

有一天，一个财主来买灯，这位手艺人就挑了一只灯笼给他，并贴上一条谜语："头尖身圆白如银，只为钻营到如今，眼睛长在屁股上，只认衣服不认人。"财主一见，大发雷霆，卖灯人不慌不忙地说："老爷别发火，这是一则谜语，打一家庭用物。"

◆然后他将谜底告诉了财主，那财主听了，觉得确实是个物谜，谜底也着实贴切，那么，你知道这是什么家用物品吗？

45 碑文之谜

游戏难度 ✿✿✿
最佳完成时间 3分钟

有一名老师，带着一群学生去爬山。在休息时，一名学生突然发现一块半埋在土里的石碑。于是，大伙合力把它挖出来，只见上面刻着：

岳飞大战牛头山，
王小卧冰感动天。
姜女哭得长城倒，
三人结拜在桃园。

◆老师看了，略一思索，就对学生们说："这是一首谜诗，谜底是四个字，你们能猜出来吗？"

46 猜一猜

游戏难度 ✿✿✿
最佳完成时间 3分钟

有位小姑娘，身穿黄衣衫，你若欺负她，她就戳一枪。

◆打一动物。

47 猜一猜地名

游戏难度 ✿✿✿
最佳完成时间 3分钟

空中码头—（　　）
风平浪静—（　　）
快乐夕地—（　　）
日近黄昏—（　　）
河湖解冻—（　　）
千里戈壁—（　　）
金银铜铁—（　　）
带枪的男人—（　　）
珍珠港—（　　）
烽火哨—（　　）
银河渡口—（　　）
共产主义—（　　）
久雨初晴—（　　）
秦朝的耕地—（　　）
春城无处不飞花—（　　）

48 字谜

游戏难度 ✿✿✿
最佳完成时间 3分钟

"一个字，两个口，下面还有一条狗。"打一个字。

"一个字，生得恶，四张嘴，一只脚。"打一个字。

"一个字，生得怪，六张嘴，两个头，两只脚。"打一个字。

"高爷爷的头，李爷爷的脚，郑爷爷的耳朵。"打一个字。

49 猜成语

游戏难度 ✿✿✿
最佳完成时间 3分钟

在路上，它翻了一个跟斗，接着又翻了一次。

◆猜4字成语。

50 你能根据提示写出提炼后的成语吗

游戏难度 ✿✿✿❀❀
最佳完成时间 3分钟

（1）《论语·述而》："举一隅，不以三隅反，则不复也。"

（2）《孟子·梁惠王》："明足以察秋毫之末，而不见舆薪。"

（3）《孟子·梁惠王》："以若所为，求若所欲，犹缘木而求鱼也。"

（4）《孟子·公孙丑》："当今之时，万乘之国行仁政，民之悦之，犹解倒悬也。故事半古之人，功必倍之，惟此时为然。"

（5）《庄子·渔父》："万乘之主，千乘之君，未尝不分庭抗礼。"

（6）《吕氏春秋·察今》："楚人有涉江者，其剑自舟中坠于水，遽契（刻）其舟曰：是吾剑之所从坠。舟止，从其所契者入水求之。舟已行矣，而剑不行，求剑若此，不亦惑乎？"

（7）《尚书·盘庚》："若纲在纲，有条而不紊。"

（8）《左传》：成公十三年"斯是用痛心疾首，昵就寡人"。

（9）曹丕《典论·论文》："里语曰：家有敝帚，享之千金，斯不自见之患也。"

（10）《战国策·楚策》："虎求百兽而食之，得狐。狐曰：'子无敢食我也！天地使我长百兽。今子食我，是逆天帝命也。子以我为不信，吾为子先行，子随吾后，观百兽之见我而敢不走乎？'虎以为然，故遂与之行。兽见之皆走。虎不知兽畏已而走也，以为畏狐也。"

（11）《战国策·燕策》："今者臣来，过易，蚌方出曝，而鹬啄其肉，蚌合而钳其喙。鹬曰：'今日不雨，明日不雨，即有死蚌。'蚌亦曰：'今日不出，明日不出，即有死鹬。'两者不肯相舍，渔者得而并擒之。"

（12）西汉·刘向《战国策·齐策二》："蛇固无足，子安能为主足？"

（13）《韩非子·难势》：楚人有鬻盾与矛者，誉之曰："吾盾之坚，物莫能陷也。"又誉其矛曰："吾矛之利，于物无不陷也。"或曰："以子之矛陷于之盾，何如？"其人弗能应也。

（14）《史记·廉颇蔺相如列传》："蔺相如带宝玉去秦国换取城池，见秦王有诈，便凭着大智大勇，终于使宝玉完好回归赵国。"

（15）《史记·项羽本纪》："项羽乃悉引兵渡河，皆沉船，破釜甑，烧庐舍，持三日粮，以示士卒必死，无一还心。"

（16）《史记·越王勾践世家》："吴既赦越，越王勾践返国，乃苦身焦思，置胆于坐，坐卧即仰胆，饮食亦尝胆也。"

（17）《晋书·苻坚载记》："坚与苻融登城而望王师，见部阵齐整，将士精锐；又北望八公山上草森皆类人形，顾谓

融曰：'此亦劲敌也，何谓少乎？'怃然有惧色。"

（18）《唐书·李林甫传》《资治通鉴·唐记》："李林甫为相，凡才望功业出已右，及为上所厚，势位将逼已者，必百计去之。尤忌文学之士。或阳与之善，咱以甘言而阴陷之。世谓李林甫口有蜜，腹有剑。"

（19）《新唐·李义府传》："义府貌柔恭，与人言嬉怡微笑，而阴贼褊忌著于心，凡忤意者皆中伤之，时号义府'笑中刀'。"

（20）《北史·长孙晟传》："尝有二雕飞而争肉，因以箭两只与晟，请射取之。晟驰往，遇雕相攫，遂一发双贯焉。"

（21）晋代葛洪《抱朴子·交际》："以岳峙独立者为涩吝疏拙，以奴颜婢膝者为晓解当世。"

（22）宋代苏轼《文与可画·谷偃竹记》："画竹必先得成竹于胸中。"

51 搞笑谜语八

游戏难度 ✿✿✿❀❀
最佳完成时间 **3分钟**

拿脑袋往墙上使劲撞
再使劲撞
再使劲撞

◆ 三个动物？

52 搞笑谜语九

游戏难度 ✿✿✿❀❀
最佳完成时间 **3分钟**

9月28是孔子诞辰，那么10月28日是什么日子？

53 画室的鞋印

游戏难度 ✿✿✿❀❀
最佳完成时间 **3分钟**

在一个画家的工作室发生了一起谋杀案，死者是画家本人。通过初步调查，警方将犯罪嫌疑人圈定在画家的两个助手身上。其中男助手和画家有经济方面的纠纷，女助手和画家关系一直比较暧昧，两个人都有作案的动机。

另外，两名助手都住在工作室的楼上，所以这也增加了他们作案的可能性。

警方进行了现场勘察，除了死者的痕迹以外，只在地上发行了男助手的鞋印，于是警方逮捕了男助手。男助手交代这双鞋是他在3个月前买的，以后每天都穿着。不过案发当天晚上，有人证明他不在现场，所以他是清白的。

虽然女助手也有嫌疑，但是她没有可能偷走男助手的鞋子，嫁祸于他。

因为案发当时男助手正穿着那双鞋，整个案子似乎进入了死胡同。

◆ 凶手到底是谁？采用的究竟是什么样的作案手段？

54 搞笑谜语十

游戏难度 ★★★☆☆
最佳完成时间 3分钟

提问：历史上哪个人跑得最快？

55 独眼的牲口

游戏难度 ★★★☆☆
最佳完成时间 3分钟

天刚麻麻亮，凤山村李村长就起来了。按照往日的习惯，他又开始绕着村子溜达了。当走到村头那座石板小桥时，他不禁惊呆了：谁这么早上这来了呢？李村长一边猜想着，一边走近仓房。忽然，他发现地上有散落的稻谷，再朝仓房里看，开春育苗剩下的一千多千克稻种不见了。不好！稻种一定被人盗走了。李村长急忙来到村部给派出所挂了电话。

十几分钟后，乡派出所老谭和小孟驾驶着摩托车赶到了发案现场。他们对现场进行了仔细的勘察，发现盗窃犯极其狡猾，作案后进行了巧妙的伪装，现场没有留下任何痕迹。

小孟直起腰来对老谭说："这一千多千克稻种一夜之间被盗走，不可能是一个人所为，可能是几个人，或者是一伙人。我想，盗粮的人一定还有运输工具，而且这些稻种没有运出多远，很可能还没出这个村子。"

"我同意你的意见。但是我想，盗窃分子再狡猾，总不可能一点痕迹也不留下。我认为应该对现场再仔细勘察一遍，从微小的痕迹上发现盗窃分子的行踪。"

于是，老谭和小孟又把仓房从里到外仔细查看了一遍。无奈，还是一无所获。盗窃分子没有留下指纹、脚印，连车辙印迹也没发现。怎么办呢？小孟有点失去了信心。

"来，小孟，你看这是什么？"老谭蹲在不远的小路边，高兴地朝小孟喊道。

小孟想，老谭准是有了什么重大的发现，便急忙奔过去。可是到跟前一看，他又失望地叹口气。原来老谭发现的是路边的一片青草。小孟心想，草有什么可看的，只不过路左边的青草尖断断续续短了一些，可这能说明什么问题呢？小孟不止一次跟老谭出现场了，他深知老谭的脾气，每当老谭凝神苦思的时候，你千万别打扰他，否则，他会发脾气的。而当他的"川"字眉松开时，总伴随着一个绝妙的主意问世。果然，很快老谭便对小孟说："走，咱们到村里去抓盗窃犯。"

"抓盗窃犯？"小孟莫名其妙地跟老谭进了村子，挨门挨户地查看起牲口棚来。当他们来到一家牲口棚时，老谭朝牲口棚里看了一眼，便指着一头独眼老牛，惊呼道："就是它！"

独眼牛的主人周大年闻声从屋子里出来，见是派出所的民警在察看自己的独眼牛，心中一惊：糟糕，一定是被他们发现了。可又一想，不可能啊，我连车辙都没留下，他们能发现什么呢？于是，他把悬着的心又放了下去。

"周大年，把盗窃的稻种交出来吧！"老谭厉声喝道。

"什么稻种？我可没偷稻种，你凭什么诬赖好人？"周大年故作镇静地说。

"好吧，请你打开仓房，我们要检查一下。"老谭的目光像两把利剑，刺得周大年低下头去。

"我交代……"周大年的额头上滚落下大粒大粒的汗珠。他如实地交代了伙同弟弟盗窃村里稻种的犯罪事实。很快，从周家的仓房里起出了一千多千克稻种。

案子破了后，小孟向老谭问起了其中奥秘，老谭对他如此这般一说，他才恍然大悟……

◆老谭是根据什么抓到了盗窃犯的呢？

56 谁杀了叔叔

游戏难度 ★★★☆☆
最佳完成时间 3分钟

迪伍德是一位远近闻名的总裁，他的名下拥有着几个大公司和一笔数额巨大的存款。遗憾的是，迪伍德无儿无女。眼看着自己的年龄越来越大，迪伍德经过深思熟虑后，决定把自己的财产全部留给自己的两个侄儿阿萨和塞西尔以及侄女波比。

这天上午，迪伍德召来了律师，当着三个孩子的面，郑重地签署了一份财产继承文件。三个孩子眼看着叔叔的签字就要变成了事实，都显得异常地兴奋。

可是，当天的下午就出事了，律师正在迪伍德的书房里整理文件时，突然听到了一声迪伍德的惨叫声，把一向老成持重的律师吓了一跳，他飞快地跑下楼去。在二楼很少有人走的后楼梯的上面，迎面撞见了阿萨。见律师跑来，阿萨便结结巴巴地说到："声音是从一楼传来的"。

律师快速地走下了狭窄的楼梯，一不小心，脸上撞上了一张蜘蛛网。

他用手捋了一下蜘蛛网，便来到了一楼的厨房。在门口，他往里一瞧：地板明显是刚刚擦过，显得很洁净光亮，立在一旁的餐具柜却是非常地乱。迪伍德就躺在地板上，身上插着一把刀。凭直觉，律师感到迪伍德已经死亡。

聪明的律师马上招呼保姆，要他保护好现场，同时报警。与此同时，他又透过厨房与后花园的连接门上的窗户向花园里看了看，他看到外面泥地上有脚印向厨房走来。不一会儿，两个警察走了进来，开始一一讯问。

塞西尔说："肯定有人从后门闯了进来，我一直坐在主楼梯旁的前客厅，我没看到有任何人进来！""我也是！"波比指着自己鞋上的泥巴说："我一直在厨房后面的花园里散步，我什么也没看见。"

"好了，你们不用解释了，我已经知道谁是凶手了，他就是塞西尔！"律师郑重说道。

◆律师为什么说塞西尔是凶手呢？

57 搞笑谜语十一

游戏难度 ✿✿✿
最佳完成时间 3分钟

狗让猫做饭；猫不做；最后狗做了。
◆猜三种动物？

58 搞笑谜语十二

游戏难度 ✿✿✿
最佳完成时间 3分钟

一个猎人看到一只大猩猩就要把它抓起来，于是便用2支标枪向猩猩仍去。猩猩就2只手分别抓住了1支标枪，并打算向猎人袭击，猎人就跑了。
◆过了一会儿猩猩就死了，为什么？

59 一个令人费解的弹孔

游戏难度 ✿✿✿
最佳完成时间 3分钟

宋生十分富有，虽然60多岁了，又娶了17岁的杨霞为妾。杨霞天姿美丽，很快就取得了他的欢心，因此宋生整日和她在一起。

这一天，是宋生的生日，亲朋好友都来祝寿。客人们离去后，宋生让家人拿出了手枪。他的枪法极好，只见他举枪瞄准了墙头上的麻雀，砰，麻雀应声掉到了墙外。家人急忙跑过去，想爬过墙头把麻雀取回来。可是他刚搭木梯爬上墙头，就惊叫一声掉了下来："强盗！强盗来了！"

这时，前院门附近也响起了呼喊声："快来人啊！强盗抢劫了！"

宋生拎着枪朝前院奔去。谁知他刚跑到前厅，正要搜寻强盗，却被一枪击中了。他一声没哼，便倒在地上。强盗逃走后，宋家人出来查看时，宋生已经断了气。杨霞扑到宋生的身上，悲痛欲绝。

案子报到了警署，警官李景欣来勘察现场。他发现强盗来宋家行抢是有充分准备的，没有留下任何物证。最后，他来到尸体前，仔细地查看了死者的伤口。他发现宋生的脑袋上有一个贯穿弹孔，前面有鸡蛋大，后面有指盖大。于是他向家人问道：

"强盗进到院子里来了吗？"

"进来了，还进到了楼内，你看，窗户都被砸坏了。"

"强盗都抢走了什么东西？"

"都在这上面！"杨霞递过来一张清单，上边列出丢失金银首饰上百件。李景欣看过清单，眼睛一亮，吩咐宋家人："把尸体安葬了吧！"他又对助手说："你立即拿这份清单去附近所有的当铺查一下，看有没有去销赃的，如有立即抓来。"

第二天，助手就在一个当铺里发现了赃物，并抓获了一个可疑人。一审问，那个人承认了去宋家抢劫的事实，但是不承认杀了人。

李景欣对助手说："今天晚上你去宋家杨霞的门前隐藏守候，若有男子去宋家，便给我抓来，那个人就是杀人的凶手。助手果然在当天晚上抓到了年轻人。一经审问，年轻人如实招供，案情大白。杨霞也被逮捕归案。

◆李景欣是怎样断定杨霞与杀人案有关的呢？

第六章

逻辑谜题

　　如果没了逻辑，你可能前言不搭后语，可能以子之矛攻子之盾，可能驴唇不对马嘴，可能"说"都不会"说"了，更可能连思考今天要穿什么衣服都成了问题，这就是逻辑的威力。一个逻辑清晰严密的人，是一个有魅力的人，是深谙自己要做什么的人。

　　我们的口号：每天一道题，聪明中国人！

1 骇人听闻的风俗

游戏难度 ✿✿✿✿✿
最佳完成时间 **3分钟**

从前，有一位哲人漂流到大西洋的一个岛国上。岛上立着两尊神像，一尊称为"真理之神"，另一尊称为"错误之神"。

这个岛国有个骇人听闻的风俗，凡是漂泊到岛上来的外乡人，都要被杀死作为祭品。同样也有一个神圣不可改动的规定：允许外乡人在被杀之前任意说一句话，然后由法官来判定这句话是对的，还是错误的。如果是对的，那么外乡人就在"真理之神"前被杀；如果是错的，那么外乡人就在"错误之神"前被杀。

临行之前，岛上的法官当众向哲人宣布了岛国的规定，然后让哲人随便说一句话。哲人思索片刻，大声说道："我必定死在'错误之神'面前。"

◆听了哲人的话，法官一下子呆住了，他无法断定哲人的这句话是对的，还是错的，因此无法作出这位哲人应该在哪尊神像前被杀的决断。你能说出为什么吗？

2 四只兔子的名次

游戏难度 ✿✿✿✿✿
最佳完成时间 **3分钟**

为了让自己的种族能跑得更快，兔子王国每周都要举行一次赛跑。有A、B、C、D 4只兔子两次都被分在同一组赛跑。上一次比赛中，没有出现两只兔子并列第一的情况，这次也一样，而且上次赛跑的第一名不是C兔。

本次赛跑完毕之后，4只兔子进行了一次交谈，它们的对话如下：

A兔："B上次是第二名。"
B兔："C这次是第二名。"
C兔："这次赛跑中，D的名次比上次上升了。"
D兔："这次比赛中，A的名次上升了。"

这4只兔子的话，有的是真话，有的是在撒谎，名次下降的兔子在撒谎，而名次没有下降的兔子说的是真话。

◆现在，你能根据它们的对话，说出它们两次赛跑的名次吗？

3 篝火边的舞蹈

游戏难度 ✿✿✿✿
最佳完成时间 3分钟

有一次，米莉和很多人一起到郊外露营。晚上举行了盛大的篝火晚会，许多人手拉着手，围着篝火跳起了舞。米莉也在这个圆圈中跳舞。圆圈里，每个跳舞人的两边都是两个性别相同的人。有一个细心的人，发现这个圆圈里有12个男孩。

◆现在要问你了，正在跳舞的女孩有几个呢？

4 共有几名男生

游戏难度 ✿✿✿✿
最佳完成时间 3分钟

三年级一班的50名同学开联欢会，男生都参加了布置会场的工作。女同学开始走进会场，第一个进来的女同学，给每个男同学送了一件小礼物；第二个进来的女同学，除了1名男生外，也给其余的每个男生送了一件小礼物；第三个进来的女同学，除了2名男生外，也给其余的每位男生送了小礼物。照这样下去，最后进来的女同学给9个男生送了小礼物。

◆现在你知道三年级一班一共有几名男生吗？

5 钻石是什么颜色

游戏难度 ✿✿✿✿
最佳完成时间 3分钟

约翰博士有5个不透明的魔球，他在5个魔球中分别装了一块钻石，钻石的颜色分别是红、黄、绿、蓝、黑5种颜色。然后，约翰博士让自己的5个学生A、B、C、D、E来猜一下这5个魔球里装的钻石分别是什么颜色的，如果谁猜中了，就把里面的钻石奖给他。但每人只限猜两种。

5名学生跃跃欲试，纷纷说出了自己猜测：

A说：第二个魔球里面装的是蓝色钻石，第三个里面装的是黑色钻石。

B说：第二个魔球里面装的绿色是钻石，第四个里面装的是红色钻石。

C说：第一个魔球里面装的是红色钻石，第五个里面装的是黄色钻石。

D说：第三个魔球里面装的是绿色钻石，第四个里面装的是黄色钻石。

E说：第二个魔球里面装的是黑色钻石，第五个里面装的是蓝色钻石。

最后，约翰博士说出了正确的答案，大家发现每个人都猜对了一个，而且每人猜对的颜色都不同。

◆现在请你猜一猜，每个魔球里装的都是什么颜色的钻石呢？

6 三种颜色的小兔

游戏难度 ✿✿✿✩✩
最佳完成时间 3分钟

小敏家养了一群小兔，有白色的，有灰色的，还的黑色的，三种颜色的小兔共21只。又知道白色小兔的只数，比灰色的只数比7倍多，比8倍少。

◆现在请你计算，小敏养的三种颜色的小兔各有多少只？

7 田径赛的名次

游戏难度 ✿✿✿✩✩
最佳完成时间 3分钟

A、B、C三人在一次运动会上获得田径比赛前三名。有人问他们谁得了第一名。他们三人各说了两句话，而其中有一人说的全是假话，另外两人说的全是真话。

A说：我在C的前面，B不是第二名。
B说：C不是第一名，A是第二名。
C说：我是第一名，A是第三名。

◆你知道谁说的是假话吗？你能说出A、B、C各人的名次吗？

8 身后的红旗

游戏难度 ✿✿✿✩✩
最佳完成时间 3分钟

甲、乙、丙、丁4人在一张方桌前分别对面而坐，每人身后放着一面彩旗，红色或黄色的。他们都能看到别人身后的彩旗，但看不到自己身后的彩旗。

丁问："你们每人看到了什么颜色的彩旗？"

甲说："我看到了3面黄色的彩旗。"

乙说："我看到了一面红色的彩旗和两面黄色的彩旗。"

丙说："我看到了3面红色的彩旗。"

这三个人的回答中，身后放黄色彩旗的人说了假话，而身后放红色彩旗的人说了真话。

◆动脑想一想，谁的身后有红旗？

9 一家人

游戏难度 ✿✿✿✩✩
最佳完成时间 3分钟

有四个男孩(童童、壮壮、可可、丁丁)，是两对兄弟：童童和壮壮是兄弟，可可和丁丁是兄弟。他们四个人说了如下的话，如果是关于兄弟的话都是真实的；如果不是关于兄弟的话都是假的。

跑步的男孩说："拿着长笛的男孩是可可。"

拿着长笛的男孩说："溜冰的男孩是丁丁。"

溜冰男孩说："拿书的男孩是童童。"

拿着书的男孩说："拿长笛的男孩不是丁丁。"

◆根据以上对话，说出这几个男孩分别是谁，谁和谁是兄弟？

10 案卷上的事实

游戏难度 ✿✿✿✾✾
最佳完成时间 3分钟

德国汉堡警察局。

警官史密斯手持一份卷宗走进了警长格奥格的办公室，将其恭敬地放在上司的桌上。

"警长，4月14日夜12时，位于塔丽雅剧院附近的一家超级商厦被盗走大量的贵重物品，罪犯携赃驾车离去。现已捕获了A、B、C三名嫌疑犯在案，请指示！"

格奥格警长翻开了案卷，只见史密斯在一张纸上写着：

事实1：除A、B、C三人外，已确证本案与其他任何人都没有牵连；

事实2：疑犯C假如没有疑犯A作帮凶，就不能到那家超级商厦作案盗窃；

事实3：B不会驾车。

那么A是否犯有盗窃罪？

格奥格看后大笑，三言两语就把助手的疑问给解决了。

◆请问，格奥格警长是怎样判案的呢？

11 搞笑谜语十三

游戏难度 ✿✿✿✾✾
最佳完成时间 3分钟

提问：茉莉花、太阳花、玫瑰花哪一朵花最没力？

12 搞笑谜语十四

游戏难度 ✿✿✿✾✾
最佳完成时间 3分钟

提问：从1到9哪个数字最勤劳，哪个数字最懒惰？

13 猜成语

游戏难度 ✿✿✿✾✾
最佳完成时间 3分钟

和尚打着一把伞，是一个什么成语？

14 困境下求生

游戏难度 ✿✿✿✾✾
最佳完成时间 3分钟

有一艘货轮，舱里装载着虎豹等猛兽及农副产品。其中蔬菜在C室，老虎在T室，野山羊在G室，小麦在W室，豹子在I室，野水牛在B室，看守员住在A室，可以开关各室的门。平时看守员由A室房顶的舱口进出，意外情况下，G室有一太平门可通向外面。

一天晚上，狂风暴雨大作，舱门被吹开了，情势十分危急。看守员想利用G室的太平门跑出去，但又怕猛兽会伤害他。而且如果他跑了，船舱里的猛兽势必会互相残杀，老虎要吃野水牛，野水牛要吃豹子，豹子要吃野山羊，野山羊和野水牛要吃蔬菜和小麦。

◆假如你是看守员，处在如此危急的情形下，如何冷静应对？如何运用自己的智慧，既能避免猛兽之间的相互残杀，又能安全地逃出去呢？

15 三只八哥

游戏难度 ❀❀❀❁❁
最佳完成时间 3分钟

罗伯特、丽萨、艾米是三只八哥，它们分别来自三个国家。

其中来自A国的八哥一直说真话，来自B国的八哥一直说假话，来自C国的八哥特别有意思，它总是先说真话再说假话。

对于这三只难以对付的八哥，饲养员偷偷地录下了它们的对话，请你根据它们的对话说出这三只八哥分别来自哪个国家？

◆罗伯特说：
"艾米来自C国，我来自A国。"
　丽萨说：
"罗伯特来自B国。"
　艾米说：
"丽萨来自B国。"

16 找花店

游戏难度 ❀❀❀❁❁
最佳完成时间 3分钟

情人节的黄昏，你站在一条陌生的街道上，想要找一家花店为你的她买一大束鲜艳的玫瑰。在你的对面是五家连在一起的店面，都没有招牌也没有玻璃橱窗，你看不到里面的任何东西。

你知道这五家店分别是茶店、书店、酒店、旅店和你要找的花店，并且知道：

茶店不在花店和旅店的旁边；
书店不在酒店和旅店的旁边；
酒店不在花店和旅店的旁边；
茶店的房子是涂了颜色的。

◆你的另一半还在等着你，你没有足够的时间一家一家地进去看，你能在最短的时间里找出花店，为正在等着你的女士买到娇艳的玫瑰吗？

17 小猫搬鱼

游戏难度 ❀❀❀❁❁
最佳完成时间 3分钟

小花猫有4只盘子，其中一个盘子里有3条鱼，另外一只盘子里有1条鱼，还有两个盘子没有鱼。小花猫尽力克制住自己想吃的欲望，把鱼集中到一个盘子里一起吃，但是它每次只会从两只盘子里分别拿出一条鱼放到第三个盘子里。

◆请问：小花猫要搬运几次，才能把所有鱼都集中到一个盘子里面去？

18 都有什么玩具

游戏难度 ❀❀❀❁❁
最佳完成时间 3分钟

多多最喜欢买玩具，她的家简直成了一个玩具世界。

在她的玩具中：扔掉两只之后都是狗；扔掉两只之后都是熊猫；扔掉两只之后都是洋娃娃。

◆请问：多多都有一些什么玩具？

19 休闲的小镇

游戏难度 ✿✿✿✾✾
最佳完成时间 3分钟

某国有一个小镇里的人特别爱好休闲。这个小镇只有一家便利店、一家打折商场和一家邮局。

（1）每星期中只有一天全部开门营业。
（2）每星期这三家单位各开门营业4天。
（3）三家单位没有一家连续3天开门营业。
（4）星期天这三家单位都停止营业。

在连续的6天中：
第一天，打折商场停止营业。
第二天，便利店停止营业。
第三天，邮局停止营业。
第四天，便利店停止营业。
第五天，打折商场停止营业。
第六天，邮局停止营业。

有一个人初次来到这个小镇，他想在一天之内去便利店里买东西，又要去打折商场买衣服，还要去邮局寄信。

◆请问：他该选择星期几出门？

20 意义最相符的话

游戏难度 ✿✿✿✾✾
最佳完成时间 3分钟

◆只是会说外文，不代表就是外国人。

下面所有选项中的句子哪句话和上面这句话的意思相符？

①因为会说外文就可以称得上是外国人了。
②不会说外文就不算是外国人。
③一个外国人只会说外文是不够的。
④一个外国人一定要会说外文。

21 果酒的买主

游戏难度 ✿✿✿✾✾
最佳完成时间 3分钟

有四个不同专业的同学住在一个宿舍中。这天他们一起逛街，各自买了一瓶酒。现在知道：甲是学文秘的；学管理的买了一瓶白酒；学建筑的床铺在乙的右边；乙的床铺在甲的右边；丙买了瓶葡萄酒，丁的床铺在学医学的左面，买葡萄酒的床铺在买啤酒的右面。

◆那么，你知道第四种酒果酒是谁买的吗？

22 宾馆凶案

游戏难度 ✿✿✿✿✿
最佳完成时间 3分钟

某宾馆发现一具尸体，医生对死者进行检查后，说："从最近的距离向心脏打了一发子弹，因此立即死亡。"

警察立刻展开对此事的调查，传讯了三位有嫌疑的人。三人分别作了如下的证词：

甲：死者不是乙杀的，是自杀的。
乙：他不是自杀的，是甲杀的。
丙：不是我杀的，是乙杀的。

后经查明，每个人的话都只有一半是正确的。

◆根据以上信息，说出谁是凶手。

23 猜职业

游戏难度 ✿✿✿✿✿
最佳完成时间 3分钟

有一个小院里住着三户人家，他们是王海、李江和蒋方，其中蒋方住在两家的中间。一个人是木匠，一个人是瓦匠，还有一个是鱼贩，可是谁也不知道他们三人各任什么职业，只是常听说鱼贩在王海外出不在的时候，到处追赶王海饲养的猫。而李江每次带女朋友到家里，木匠总是吃醋，咚咚地敲着李江的墙。

◆你能在五分钟之内分辨出他们三人各自的职业吗？

24 上山与下山

游戏难度 ✿✿✿✿✿
最佳完成时间 3分钟

一位登山运动员登山，他一大早从山脚出发，到达山顶后在山顶上待了一晚，第二天一大早又从山顶原路回到山下。

◆请问，这个人在返途中，有没有一个地方是他前后两天同一时间经过的？

25 兄弟俩买书

游戏难度 ✿✿✿✿✿
最佳完成时间 3分钟

有一本书，兄弟俩都想买。如果用哥哥的钱单买，缺5元钱；如果用弟弟的钱买，缺1角钱；如果两人把钱合起来只买一本书，钱仍然不够。

◆那么，这本书的价钱是多少呢？

26 推断姐妹

游戏难度 ✿✿✿✿✿
最佳完成时间 3分钟

有姐妹二人，一个胖、一个瘦，姐姐上午很老实，一到下午就说假话；妹妹则相反，上午说假话，下午却很老实。有一天，一个人去看她俩，问："哪位小姐是姐姐？"胖小姐回答说："我是。"而瘦小姐回答说："是我呀。"再问一句："现在几点钟了？"胖小姐说："快到中午了。"瘦小姐却说："中午已经过去了。"

◆请问，当时是上午还是下午？哪一个是姐姐呢？

29 虎毒不食子

游戏难度 ✿✿✿❀❀
最佳完成时间 3分钟

有三对母子老虎(所有的三只虎妈妈都会划船,三只小老虎中只有一只会划船)和一条船(一次只能载两只)。三只虎妈妈不吃自己的孩子,但只要另外的两只小老虎没有其母亲守护,就会被吃掉。

◆怎样才能让六只老虎安全地过河?

27 释放谁

游戏难度 ✿✿✿❀❀
最佳完成时间 3分钟

在处理一次盗窃案件的时候,警官逮捕了六个嫌疑犯。这六个人竭力为自己辩解。于是警官又进一步集体审讯了他们。这次,他们分别提供了如下的说辞:

(1)甲说:六个人当中有一个人说谎。
(2)乙说:六个人当中有两个人说谎。
(3)丙说:六个人当中有三个人说谎。
(4)丁说:六个人当中有四个人说谎。
(5)戊说:六个人当中有五个人说谎。
(6)己说:六个人都说了谎。

◆如果只能释放说真话的人,那么该释放哪几个人呢?

30 三位男士

游戏难度 ✿✿✿❀❀
最佳完成时间 3分钟

A先生、B先生和C先生是三个杰出的人士。在他们中间,两个人有很深的学问,两个人有很显赫的家世,两个人有很好的工作,两个人有杰出的贡献,每个人最多只有三项特点。已经知道:

(1)如果A先生有很深的学问的话,那么他也有杰出的贡献。
(2)如果B先生和C先生都有显赫的家世的话,那么他们也都有很好的工作。
(3)如果A先生和C先生都有杰出的贡献的话,那么他们也都有很好的工作。

◆你可以判断出谁没有杰出的贡献?

28 左脚同步

游戏难度 ✿✿✿❀❀
最佳完成时间 3分钟

父亲和儿子一起散步。父亲的跨步大,儿子走3步才能跟上父亲的2步。

◆如果他们正好都用右脚同时迈步,请问儿子走出多少步后,能和父亲同时迈出左脚?

31 不可改变的事实

游戏难度 ✿✿✿❀❀
最佳完成时间 3分钟

◆如果"鱼和熊掌不可兼得"是不可改变的事实,那么以下哪项也一定是事实?

A.鱼可得但熊掌不可得
B.熊掌可得但鱼不可得
C.如果鱼不可得,那么熊掌可得
D.如果鱼可得,那么熊掌不可得

32 谁来给他刮脸

游戏难度 ✿✿✿
最佳完成时间 3分钟

有一个城市里，只有一个理发师。这个理发师在理发店门前的招牌上写着："城里所有不自己刮脸的男人都由我给他们刮脸，我也只给这些人刮脸。"

◆那么，谁来给这个理发师刮脸呢？

33 草原牧民

游戏难度 ✿✿✿
最佳完成时间 3分钟

正是因为有了充足的奶制品作为食物来源，生活在呼伦贝尔大草原的牧民才能摄入足够的钙质。

很明显，这种足够钙质的摄入，对呼伦贝尔大草原的牧民拥有健壮的体魄是必不可少的。以下哪项情况如果存在，最能削弱上述断定？

◆A.有的呼伦贝尔大草原的牧民从食物中能摄入足够的钙质，并且有健壮的体魄。

B.有的呼伦贝尔大草原的牧民不具有健壮的体魄，但从食物中摄入的钙质并不少。

C.有的呼伦贝尔大草原的牧民有健壮的体魄，但没有充足的奶制品作为食物来源。

D.有的呼伦贝尔大草原的牧民没有健壮的体魄，但有充足的奶制品作为食物来源。

34 两个巧匠和他们的儿子

游戏难度 ✿✿✿
最佳完成时间 3分钟

巧手张和巧手李是某城的工匠高手，他们各有一子，全城的铁箍保险箱都是出自他们四人之手。他们都有在完工的保险箱外刻字留言的习惯，所不同的是，巧手张父子刻的句子都是真话，而巧手李父子刻的都是假话。

◆(1)该城有一个铁箍保险箱，上面刻着以下的句子：
"此箱非巧手张之子所制。"
此箱出自谁手？

(2)假如有一个铁箍保险箱，根据上面刻的字句，就能判断出它是巧手李所制，那么，刻在箱子上的，会是什么样的句子呢？

35 连续犯

游戏难度 ✿✿✿
最佳完成时间 3分钟

连续犯是指行为基于数个同一犯罪故意，连续多次实施数个性质相同的犯罪行为，触犯同一罪名的犯罪形态。下列属于连续犯的是：

◆A.某人为了杀害他的仇人甲乙，一次性将毒药放在其食用的饭中，造成甲、乙两人同时死亡。

B.李某与张某因隙生恨，某日持刀冲入张某家，砍死了张某，出门时又将张某的妻子、女儿相继砍死。

C.浙江一通缉犯流窜全国作案，多次杀人、抢劫，无恶不作，最后被警方逮捕归案。

D.某国企出纳员王某一次偶然的机会发现单位财务制度存在疏漏，将5000元公款归为己有，后来又利用该漏洞贪污10000元。

36 驸马爷劝国王

游戏难度 ✦✦✦✧✧
最佳完成时间 3分钟

一个岛屿上有本地居民和外来居民两种。本地居民分为诚实人和骗子，诚实人只讲真话，骗子只讲假话。外来居民有时讲真话，有时讲假话。而且从外表上无法区分这三种人。

如果你作为一个外地人来到这里，爱上了国王的女儿，想娶她为妻。但是，国王不希望把女儿嫁给一个外地人，于是他就对女儿说："你千万不要嫁给外地人，他们总是让人捉摸不透，不可信赖。和一个外来人结婚，你不知道他哪天说的是真话，哪天说的是假话。诚实人和骗子就不同了。对于诚实人，你完全可以相信他的话；对于骗子你只要否定他的话就可以了。"现在假设你不是外来人，你有希望当驸马。

◆但是你必须说服国王相信你不是外来人，你能做到吗？如果不能，为什么？如果能，怎么做？

37 参加舞会

游戏难度 ✦✦✦✧✧
最佳完成时间 3分钟

在一次舞会上，A先生看到B女士一个人站在酒柜旁边。

（1）参加舞会的总共有19人。
（2）有7人是单独来的，其余的都是一男一女成双成对地来的。
（3）那些成双成对来的，或是双方已相互订婚，或是双方已相互结婚。
（4）凡单独前来的女士都尚未订婚。
（5）凡单独前来的男士都不处于订婚阶段。
（6）参加舞会的男士中，处于订婚阶段的人数等于已经结婚的人数。
（7）单独前来的已婚男士的人数，等于单独来的尚未订婚的男士的人数。
（8）在参加舞会的已经结婚、处于订婚阶段和尚未订婚这三种类型的女士中，B属于人数最多的那种类型。

◆尚未订婚的A先生，希望知道B是哪一种类型的女士。在这三种类型女士中，B属于哪一种？

38 谁的房间居中

游戏难度 ✿✿✿✿✿
最佳完成时间 3分钟

甲、乙、丙三个人住在一幢公寓的同一层上。一人的房间居中，与其他两人左右相邻。他们每人都养了一只宠物：不是狗就是猫；每人都只喝一种饮料：不是茶就是咖啡；每人都只采用一种抽烟方式：不是烟斗就是雪茄。他们三人具备以下条件：

甲住在抽雪茄者的隔壁。
乙住在养狗者的隔壁。
丙住在喝茶者的隔壁。
没有一个抽烟斗者喝茶。
至少有一个养猫者抽烟斗。
至少有一个喝咖啡者住在一个养狗者的隔壁。
任何两人的相同嗜好不超过一种。

◆你知道他们三人中谁住在中间的房间吗？

39 报销单据

游戏难度 ✿✿✿✿✿
最佳完成时间 3分钟

以下诸结论，都是根据2005年某学校各院系收到的教职员工报销单据综合得出的。在此项综合统计作出后，有的院系又收到了教职员工补交上来的报销单据。

以下哪项结论不可能被补交报销单据这一新的事实所推翻？

◆A.哲学学院仅有14位教职员工交了报销单据，报销了至少8700元。

B.历史学院最多只有3位教职员工交了报销单据，总额不多于2600元。

C.文学学院至少有4位教职员工交了报销单据，报销了至少2500元。

D.法学院至少有7位教职员工交了报销单据，报销额不比经济学院多。

40 判断专业

游戏难度 ✿✿✿✿✿
最佳完成时间 3分钟

A、B、C三个学生，其中一个出生在纽约，一个出生在东京，一个出生在北京。他们当中，有一个是学物理的，有一个是学汉语的，还有一个是学经济的。现在，已知：①A不是学物理的；②B不是学经济的；③学物理的不出生在纽约；④学经济的出生在纽约；⑤B不出生在北京。

◆那么，你能根据以上条件，推断出A学的是什么专业，出生在什么地方吗？

41 谁说对了

游戏难度 ✿✿✿✿✿
最佳完成时间 3分钟

四姐妹家里来了一位漂亮的女客人，姐妹四个开始对这个客人的年龄议论起来。

老大说："她不会超过25岁。"
老二说："她不会超过30岁。"
老三说："她绝对在35岁以上。"
老四说："她的岁数在40岁以下。"

◆实际上四个人中只有一个人说对了。你知道哪个人说对了吗？

42 高塔公司

游戏难度 ✿✿✿❀❀
最佳完成时间 3分钟

高塔公司是一家占用几栋办公楼的公司，它现在考虑在它所有的建筑内都安装节能灯泡，这种新灯泡与目前正在使用的传统灯泡发出同样多的光，而所需的电量仅是传统灯泡的一半。这种新灯泡的寿命也大大加长，因此通过在旧灯泡坏掉的时候换上这种新灯泡，高塔公司可以大大地降低其总体照明的成本。

下列哪一项，如果正确，最能支持上面论述？

◆A.如果广泛地采用这种新灯泡，这是非常可能的，那么新灯泡的产量就会大大增加，从而使其价格与那些传统灯泡相当。

B.向高塔公司提供电力的公共事业公司向其最大的客户们提供折扣。

C.高塔公司最近签订了一份合同，要再占用一栋小的办公楼。

D.高塔公司发起了一项运动，鼓励其员工每次在离开房间时关灯。

E.生产这种新灯泡的公司对灯泡中使用的革新技术取得了专利，因此它享有生产新灯泡的独家权利。

43 说谎的日子

游戏难度 ✿✿✿❀❀
最佳完成时间 3分钟

王东和李平是两个性情很奇怪的人。王东在星期一、星期三、星期五说谎，李平在星期二、星期四、星期六说谎。其余的日子两人都说实话。有一天，有一个人分别向他们两人提出关于日期的问题。两人都说："前天是我说谎的日子。"以下哪项判断最可能为真？

◆A.这一天是星期五或是星期日。
B.这一天是星期二或是星期四。
C.这一天是星期一或是星期三。
D.这一天是星期四或是星期五。

44 分水

游戏难度 ✿✿✿❀❀
最佳完成时间 3分钟

有两个8升的容器，都装满了水，另外有一个3升的空容器。现在有甲、乙、丙、丁四个人要分这些水给各自的猪喝，但是没有其他工具，就只有这三个容器，且容器都没有刻度。

◆请问，他们要怎样才能平分这些水呢？

45 动物排名

游戏难度 ✿✿✿✿✿
最佳完成时间 3分钟

龙、虎、狗、羊、猴、牛、熊按比赛结果的名次排列情况如下（其中没有相同名次）：

(1)猴得第二名或第三名；
(2)狗比猴高4个名次；
(3)龙比虎低；
(4)虎不比熊低两个名次；
(5)虎不是第一名；
(6)羊没有比猴低3个名次；
(7)龙不比牛高6个名次。

◆上述说明只有两句是真实的，是哪两句呢？试列出七物的名次顺序。

46 狐狸玩牌

游戏难度 ✿✿✿✿✿
最佳完成时间 3分钟

动物王国最近很流行玩纸牌游戏。今天，小狐狸忙完商店的事情后，就和邻居聚在一起玩牌了。小狐狸的牌是这样的：

(1)正好有13张牌；
(2)每种花色至少有一张；
(3)每种花色的张数不同；
(4)红桃和方块总共5张；
(5)红桃和黑桃总共6张。

◆小狐狸的牌中，红桃、黑桃、方块、梅花这四种花色的纸牌各有多少张？

47 机器人

游戏难度 ✿✿✿✿✿
最佳完成时间 3分钟

高先生是一个高级程序员，但是他最近设计的三款机器人却出了一点儿问题：有一个永远都说实话，有一个永远说谎话，另一个则有时说实话，有时说谎话。高先生不知道怎么分辨它们，就请方博士为他帮忙。

方博士随口问了3个问题就知道怎么分辨了。

他问左边的机器人："谁坐在你旁边？"机器人回答："诚实的家伙。"

他问中间的机器人："你是谁？"机器人回答："总是犹豫不决的那位。"

他问右边的机器人；"坐在你旁边的是谁？"机器人回答："说谎话的家伙。"

◆根据上面3个问题及其回答，你能推测它们的身份吗？

48 学者的条件

游戏难度 ✿✿✿✿✿
最佳完成时间 3分钟

一个好的学者要么具有很好的天赋，要么经过了后天长期不懈地努力。李先生致力于学术研究，那么：

◆A.李先生一定是一个杰出的学者。
　B.李先生不是一个好的学者。
　C.李先生不可能成为一个好的学者。
　D.李先生可能会成为一个杰出的学者。

49 正反三个论断

游戏难度 ✿✿✿
最佳完成时间 3分钟

◆下面的三个论断中，哪个是正确的？
　(1)这里正确的论断有一个；
　(2)这里正确的论断有两个；
　(3)这里正确的论断有三个。

◆下面的三个论断中，哪个是正确的？
　(1)这里错误的论断有一个；
　(2)这里错误的论断有两个；
　(3)这里错误的论断有三个。

50 撒谎村来的打工妹

游戏难度 ✿✿✿
最佳完成时间 3分钟

　　晓庆、许薇、杨英三位打工妹在街头相遇。她们中间有一个是撒谎村的人。

　　有人问晓庆："你是撒谎村来的？"她的回答大家都没听清。

　　许薇说："晓庆说'我不是撒谎村来的'，我也不是。"

　　杨英接茬儿说："许薇是撒谎村来的，我不是。"

◆那么，到底谁是撒谎村来的呢？

51 各个击破

游戏难度 ✿✿✿
最佳完成时间 3分钟

　　这是一道比较复杂的电话号码明细题目，可以邀请朋友一起思考。相信头脑风暴法会很快让你们得到答案。

　　张三、李四、王五、赵六、孙七五人，是红、黄、蓝、绿、紫五个公司的业务员。一天上午，他们分别于10点20分、10点35分、10点50分、11点05分、11点20分，在自己的公司里给其他四个公司中的上述某个人打了电话，所打电话号码分别是2450、3581、6236、7904、8769。请根据以下已知条件判断出何人在何时给哪家公司打了电话？所拨电话号码各是多少？每个人各是哪家公司的职员，其电话号码是多少？

◆已知条件：

A.10点50分，一位小姐给黄公司打了电话。这位小姐的电话号码不是2450。

B.红公司的电话号码为7904，王五女士没有打这个电话号码，蓝公司半小时前打了这个电话号码。

C.10点20分所打的那个电话的号码各数之和与张三小姐所打的那个电话号码的各数之和相等。

D.绿公司在11点以前打通了李四女士的电话，这个电话号码的第一个数字是偶数。

E.赵六先生打通的电话的号码是8769，但这个号码不是紫公司的电话号码。

F.孙七先生也打了电话。

52 判断身份

游戏难度 ✦✦✦✧✧
最佳完成时间 3分钟

我毕业于一所政法大学，我的同学（包括我在内）不是做了法官就是做了律师。在一次同学聚会上，有16位同学出席。我统计了一下当时的情况：（1）律师多于法官。（2）男法官多于男律师。（3）男律师多于女律师。（4）至少有一位女法官来参加了聚会。有趣的是，如果不把我计算在内，上述情况也不会发生任何变化。

◆现在请你猜猜看，我的职务和性别分别是什么？

53 煤矿事故

游戏难度 ✦✦✦✧✧
最佳完成时间 3分钟

某煤矿发生了一起事故。现场的人有以下断定：

矿工1：发生事故的原因是设备问题。

矿工2：确实是有人违反了操作规范，但发生事故的原因不是设备问题。

矿工3：如果发生事故的原因是设备问题，则有人违反了操作规范。

矿工4：发生事故的原因是设备问题，但没有人违反操作规范。

如果上述断定中只有一个人的断定为真，则以下哪项可能为真？

◆A.矿工1的断定为真。
B.矿工2的断定为真。
C.矿工3的断定为真，有人违反了操作规范。
D.矿工3的断定为真，没有人违反操作规范。

54 什么关系

游戏难度 ✦✦✦✧✧
最佳完成时间 3分钟

一位驼背的老年人和一位瘸腿的年轻人路过一个陌生的村庄，对面走来一位中年人。好奇的中年人问年轻人："那位驼背的老年人是不是你父亲？"年轻人肯定地回答："是的。"中年人又到前面去问老年人："后面那位瘸腿的是不是你儿子？"老年人否定地回答："不是。"中年人有点被弄糊涂了，又一次问年轻人："那位驼背的老年人是不是你的亲生父亲？"年轻人仍然肯定地回答："是的。"中年人又一次到前面去问老年人："那位瘸腿的年轻人是不是你的亲生儿子？"老年人同样否定地回答："不是。"

◆但事实上老年人和年轻人说的都是真话。想一想老年人和年轻人到底是什么关系？

55 谁被释放了

游戏难度 ✿✿✿✿✿
最佳完成时间 3分钟

有一个牢房，有3个犯人关在其中。因为玻璃很厚，所以3个人只能互相看见，而不能听到对方说话的声音。有一天，国王想了一个办法，给他们每个人头上都戴了1顶帽子，只叫他们知道帽子的颜色不是白的就是黑的，不叫他们知道自己所戴帽子是什么颜色的。在这种情况下，国王宣布两条规定如下：

（1）谁能看到其他两个犯人戴的都是白帽子，就可以释放谁。

（2）谁知道自己戴的是黑帽子，就释放谁。

其实，国王给他们戴的都是黑帽子。他们因为被绑，看不见自己罢了。于是他们3个人互相盯着不说话。可是不久，较机灵的A用推理的方法，认定自己戴的是黑帽子。

◆您想，他是怎样推断的？

56 猜明星的年龄

游戏难度 ✿✿✿✿✿
最佳完成时间 3分钟

4个人在议论一位明星的年龄。
甲说：她不会超过25岁。
乙说：她不超过30岁。
丙说：她绝对在35岁以上。
丁说：她的岁数在40岁以下。
实际上只有一个人说对了。
那么下列正确的是（　　）

◆A.甲说得对
　B.她的年龄在40岁以上
　C.她的岁数在35～40岁之间
　D.丁说得对

57 音乐会

游戏难度 ✿✿✿✿✿
最佳完成时间 3分钟

室外音乐会的组织者宣布，明天的音乐会将如期举行，除非预报了坏天气或预售票卖得太少了。如果音乐会被取消，将给已买了票的人退款。尽管预售票已卖得足够多，但仍有一些已买了票的人已经得到了退款，这一定是因为预报了坏天气的缘故。

下列哪一项是该论述中含有的推理错误？

◆A.该推理认为如果一个原因自身足以导致其一结果，那么导致这个结果的原因只能是它。

　B.该推理将已知需要两个前提条件才能成立的结论建立在仅与这两个条件中的一个有关系的论据基础之上。

　C.该推理仍解释说其中一事件是由另一事件引起的，即使这两件事都是由第三件未知的事件引起的。

　D.该推理把缺少某一事件会发生的一项条件的证据当作了该事件不会发生的结论性证据。

　E.试图证明该结论的证据实际上削弱了该结论。

127

58 一美元纸币

游戏难度 ✿✿✿✸✸
最佳完成时间 3分钟

◆注：美国货币中的硬币有1美分、5美分、10美分、25美分、50美分和1美元这几种面值。请接着看正文吧，挑战你逻辑推理的极限。

一家小店刚开始营业，店堂中只有三位男顾客和一位女店主。当这三位男士同时站起来付账的时候，出现了以下的情况：

（1）这4个人每人都至少有1枚硬币，但都不是面值为1美分或1美元的硬币；

（2）这4人中没有一人能够兑开任何1枚硬币；

（3）一个叫卢的男士要付的账单款额最大，一位叫莫的男士要付的账单款额其次，一个叫内德的男士要付的账单款额最小；

（4）每个男士无论怎样用手中所持的硬币付账，女店主都无法找清零钱；

（5）如果这三位男士相互之间等值调换一下手中的硬币，则每个人都可以付清自己的账单而无须找零；

（6）当这三位男士进行了两次等值调换以后，他们发现手中的硬币与各人自己原先所持的硬币没有一枚面值相同。随着事情的进一步发展，又出现如下的情况：

（1）在付清了账单而且有两位男士离开以后，留下的男士又买了一些糖果。

这位男士本来可以用他手中剩下的硬币付款，可是女店主却无法用她现在所持的硬币找清零钱；

（2）于是，这位男士用1美元的纸币付了糖果钱，但是现在女店主不得不把她的全部硬币都找给了他。

现在，请你不要管那天女店主怎么会在找零上屡屡遇到麻烦，这三位男士中谁用1美元的纸币付了糖果钱？

59 血缘关系

游戏难度 ✿✿✿✸✸
最佳完成时间 3分钟

一天，汤姆叔叔和他妹妹尼萨一起在街上散步，突然汤姆叔叔想起来："对了，小外甥在前面那家店打工，我去看看他，顺便买点东西。"

"噢，我可没有外甥。"说完，尼萨就先回家了。

◆请问：尼萨和那位神秘的外甥是什么关系呢？

60 吃西瓜比赛

游戏难度 ✿✿✿✾✾
最佳完成时间 3分钟

某电视台要举行吃西瓜比赛，邀请了4对情侣参加。决赛前一共要进行4项比赛，每项比赛每对情侣都要派出一名成员参加。

第一项参赛的人是：吴刚、孙全、赵亮、李利、于林；

第二项参赛的人是：郑成、孙全、吴刚、李利、周文；

第三项参赛的人是：赵亮、张落、吴刚、钱佳、郑成；

第四项参赛的人是：周文、吴刚、孙全、张落、于林；

刘某因故没有参加第四项比赛。

◆根据以上信息，说说谁和谁是情侣。

61 单身公寓里的恋爱关系

游戏难度 ✿✿✿✾✾
最佳完成时间 3分钟

杰克、亨利、怀特和布朗住在一家企业的单身公寓里面，住在对面公寓里的是丽莎、梅森、梅莉和莎娜四位漂亮的小姐。

他们各自喜欢着对面公寓的某一个人，同时也被对面公寓的某一个人喜欢着，却一直都没有人能够如愿以偿。

因为：

杰克喜欢的女孩所喜欢的男孩爱莎娜；

亨利喜欢的女孩所喜欢的男孩爱梅莉；

怀特喜欢的女孩希望跟布朗交往；

丽莎喜欢的男孩喜欢的不是梅森；

梅森和梅莉喜欢的都不是亨利。

◆那么，到底是谁在喜欢着杰克呢？

62 圣诞聚会

游戏难度 ✿✿✿✾✾
最佳完成时间 3分钟

5个圣诞老人约好周末参加一次圣诞聚会。他们都不是在同一个时间到达约会地点的：A不是第一个到达约会地点的；B紧跟在A的后面到达约会地点；C既不是第一个也不是最后一个到达约会地点的；D不是第二个到达约会地点的；E在D之后第二个到达约会地点。

◆他们到达约会地点的先后顺序是什么？

63 压岁钱

游戏难度 ✿✿✿✾✾
最佳完成时间 3分钟

洋洋是一个节俭的孩子。刚过完新年，他就把大人们给他的压岁钱都存进了银行。他的4个兄弟姐妹都很想知道洋洋到底有多少压岁钱。

哥哥说："洋洋有500元压岁钱。"姐姐说："洋洋至少有1000元压岁钱。"弟弟说："我猜哥哥的压岁钱不到2000元。"妹妹说："哥哥的存折上最少有100元。"这4个人中，只有一个人猜对了。

◆你能推断出洋洋到底有多少压岁钱吗？

64 关于核电站的争论

游戏难度 ✿✿✿
最佳完成时间 3分钟

反核活动家：关闭这个核电站是反核的胜利，它同时也体现了核工业很迟才肯承认它们不能安全运作这样的发电站的事实。

核电站经理：它并不体现这样的事情。从非核资源可得到便宜的电力，加上强制性的安全检查和安全维修，使继续运作变得不经济。因此，不是出于安全方面的考虑，而是出于经济方面的考虑，才下令关闭了这个核电站。

经理的论证的推论是有缺陷的，因为该论证：

◆A.没有承认即使这家核电站不是出于安全方面的原因而被关闭，电力公司现在也可能会认为核电站是不安全的。

B.忽略了那些可以利用的便宜电力资源本身也可能存在安全问题的可能性。

C.把关闭这个核电站对公众来说体现了什么的问题错认为是经理的关闭理由是什么的问题。

D.把电力工业对待核安全的态度与反核活动家的观点相抵触的态度的观点作为它的一个前提。

E.把由于需要采取安全预防措施而引起的一些费用的上升看作是纯粹的经济上的因素。

65 花瓣游戏

游戏难度 ✿✿✿
最佳完成时间 3分钟

在一个古朴的小岛上，有很多有意思的古朴的风俗，比如说有一种掰花瓣的游戏，就是两个人拿着一朵有13片花瓣的花朵，然后轮流摘去花瓣，一个人可以摘去一片或者相邻的两片，谁摘去最后的花瓣谁就是赢家，他在这一天中将会有好的运气。

◆有一个来旅游的数学家发现，只要按照一种方式，就可以在这个游戏中获胜，那么，这个获胜的人是先摘的人还是后摘的人？他用什么方法呢？

66 航空公司

游戏难度 ✿✿✿
最佳完成时间 3分钟

甲：最近，我被一家航空公司的某一航班拒绝了一个我已经确认过的预订座位，因为这家航空公司超额预定了那个航班。因此，我被迫乘下一班可乘的航班，该航班两个小时后才起飞，我错过了一

个非常重要的商业会议。即使我预定的那个航班在最后一分钟因为天气原因而被取消，航空公司也应该因没能让我乘坐那个航班而给我赔偿。

乙：从道义上来说，航空公司没有给你赔偿的责任，即使你没被拒绝乘坐早一点的航班，无论如何你都会错过你的商业会议。

下面哪一条原则，如果正确，能证明乙对甲的反应，即从道义上讲航空公司有责任赔偿那些在某一航班上确认了预订座位而又被拒绝乘坐该航班的乘客是合理的？

◆A.如果迫使乘坐晚一点航班的唯一原因是航空公司已超额预定了那次航班。

B.只有当乘客被迫乘坐晚一点的航班的原因不是因为天气恶劣而取消了该航班。

C.只有当航空公司没有超额预定最初的那次航班，乘客也没有被迫乘坐晚一点的航班。

D.即使乘客被迫乘坐晚一点的航班的唯一原因是航空公司因为天气不好而取消了最初的那次航班。

E.即使在航空公司没有超额预定最初的那次航班的情况下，乘客仍被迫乘坐晚一点的航班。

67 青少年司机

游戏难度 ✱✱✱✱✱
最佳完成时间 3分钟

社会撰写人：因为青少年缺乏基本的开车技巧，所以应给予青少年的驾驶执照附加限制。尽管19岁和再小一点的司机只占注册司机的7%，但是他们却是超过14%的交通死亡事故的肇事者。

下面每一项，如果正确，都能削弱青少年缺乏基本的开车技巧的论述，除了：

◆A.与其他人开的车相比，青少年开的车较旧，且稳定性也差。

B.青少年司机和他们的乘客使用座带和肩带的可能性不如其他人的大。

C.青少年司机平均每年开车的距离超过其他司机的两倍。

D.青少年引起的交通事故比其他人引起的交通事故严重。

E.青少年开车时的乘客人数很有可能比一般的司机多。

68 川菜和粤菜

游戏难度 ✱✱✱✱✱
最佳完成时间 3分钟

在某餐馆中，所有的菜或者属于川菜系或者属于粤菜系，张先生点的菜中有川菜，因此，张先生点的菜中没有粤菜。

以下哪项最能增强上述论证？

◆A.餐馆规定，点粤菜就不能点川菜，反之亦然。

B.餐馆规定，如果点了川菜，可以不点粤菜，但点了粤菜，一定也要点川菜。

C.张先生是四川人，只喜欢川菜。

D.张先生是广东人，但不喜欢粤菜。

E.张先生是四川人，最不喜欢粤菜。

69 偏头痛

游戏难度 ✿✿✿❀❀
最佳完成时间 3分钟

有确凿的证据显示，偏头痛（严重的周期性头痛）不是由于心理上的原因引起的，而是完全由生理上的原因所致。然而，数项研究结果表明那些因为偏头痛受到专业化治疗的人患有标准心理尺度的焦虑症的比率比那些没经专业治疗的偏头痛患者的高。

下面哪一点，如果正确，最能有助于解决上面论述中的明显矛盾？

◆A.那些患有偏头痛的人，倾向于有患偏头痛的亲戚。

B.那些患偏头痛的人，在情绪紧张时经常头痛。

C.那些患有标准心理尺度的焦虑症且发作率较高的人追求专业治疗的可能性要比那些在同样尺度上发作率较低的人大。

D.在许多有关偏头痛起因的研究中，大多数认为偏头痛是由像焦虑这样的心理因素引起的研究已被广泛宣传。

E.不管他们的医生认为偏头痛的起因是心理方面的，还是生理方面的，大多数患有偏头痛且追求专业治疗的人在他们停止患有偏头痛后仍坚持治疗。

70 今天星期几

游戏难度 ✿✿✿❀❀
最佳完成时间 3分钟

暑假的日子很快乐，因为不上课，所以不记得今天是星期几了。

两个孩子想弄明白到底是星期几，因为星期六有好看的动画片。

吉米说："当后天变成昨天的时候，那么'今天'距离星期天的日子，将和当前天变成明天时的那个'今天'距离星期天的日子相同，"

◆看上去都是比较混乱的逻辑，那么今天到底星期几？他们还能不能看上动画片？

71 喷气飞机

游戏难度 ✿✿✿❀❀
最佳完成时间 3分钟

飞机制造商：我反对你把我们的X-387型喷气机描述为危险的。商业使用的X-387飞机从未坠毁，也未曾有过严重的功能失调。

航空调度员：X-387飞机的问题并不在于其自身，而在于发动起来时会引起空气湍流，给附近的飞行器造成危险的环境。

航空调度员通过下面哪一个对制造者作出了回答？

◆A.把制造商的论断特征描述为来自主观兴趣，而不是来自于对事实的客观评价。

B.把注意力集中于这个事实：制造商对"危险"的阐释太狭隘了。

C.引用一些制造商把它们当作与争论问题无关而明显忽略的证据。

D.引用统计证据以反驳制造商的断言。

E.向制造商对最近空难数量的了解程度提出质疑。

72 石头

游戏难度 ✿✿✿✩✩
最佳完成时间 3分钟

一块石头被石匠修整后，曝露于自然环境中时，一层泥土和其他的矿物便逐渐地开始在刚修整过的石头的表面聚集。这层泥土和矿物被称作岩石覆盖层。在一安迪斯纪念碑的石头的覆盖层下面，发现了被埋藏一千多年的有机物质。因为那些有机物质肯定是在石头被修理后不久就生长到它上面的，也就是说，那个纪念碑是在1492年欧洲人到达美洲之前很早建造的。

下面哪一点，如果正确，能最严重地削弱上述论述？

◆A.岩石覆盖层自身就含有有机物质。

B.在安迪斯，1492年前后重新使用古人修理过的石头的现象非常普遍。

C.安迪斯纪念碑与在西亚古代遗址发现的纪念碑极为相似。

D.最早的关于安迪斯纪念碑的书面资料始于1778年。

E.贮存在干燥和封闭地方的修理过的石头表现，倘若能形成岩石覆盖层的话，形成的速度也会非常地慢。

73 兄弟姐妹

游戏难度 ✿✿✿✩✩
最佳完成时间 3分钟

在小人国里有兄弟姐妹七人。他们在一起过着幸福快乐的生活，有一天，一个画家看见他们在一起快乐的情景，想给他们画一幅画，但是七人都特别调皮。经过商量，他们决定给这位画家出一道难题，如果能算出来就可以画像。

这道题是这样的，他们告诉画家关于他们七人A、B、C、D、E、F、G的情况：

A有三个妹妹；B有一个哥哥；C是女的，她有两个妹妹；D有两个弟弟；K有两个姐姐；F也是女的，但她和G没有妹妹。

◆他们要画家根据这些资料猜出他们中谁是男性，谁是女性？画家作了难，你能帮助他吗？

74 各收藏了几幅名画

游戏难度 ✿✿✿✩✩
最佳完成时间 3分钟

小花、小娟、小叶、小美4人是很好的朋友，她们每个人都有一些灌篮高手的收藏画（数量不同，5～8幅）。有一天，小花送给另外3人中的1人一些收藏画，小娟、小叶、小美也做了同样的事情。结果每人都分别从别人那里得到了收藏画，互相赠送的收藏画数量各不相同，在1～4幅之间。交换后，4人手里的收藏画数量依然不相等。

◆根据以下条件，请推断最初这4人各有几幅收藏画？每人又给谁多少幅？交换后每人又有多少幅呢？

(1)小花最初拿着7幅，送给了小娟几幅？

(2)小娟向某人赠送了3幅。

(3)小叶从别人那里得到1幅。

75 玛瑙戒指

游戏难度 ✿✿✿✿✿
最佳完成时间 3分钟

有4个女子，其中有1人是有妖性的女子，她常常撒谎，其他3人是单纯的女子，从不撒谎。她们每个人都戴着一个戒指，其中的一个戒指是玛瑙戒指，戴着它的人，无论是单纯的女子还是有妖性的女子，都会说谎。

而且，她们互相都知道谁是有妖性的女子，谁是戴着玛瑙戒指的女子。

◆根据以下对话，请推断到底谁是有妖性的女子？谁戴着玛瑙戒指？

拉拉说："我的戒指不是玛瑙戒指。"
奇奇说："天天是妖性女子。"
天天说："戴着玛瑙戒指的是兜兜。"
兜兜说："天天不是有妖性的女子。"

76 体育爱好

游戏难度 ✿✿✿✿✿
最佳完成时间 3分钟

一个办公室中有四个人，他们在谈论体育爱好问题，第一个男士说："韩小姐喜欢保龄球。"第二个先生说："我喜欢篮球，但我不是赵先生。"第三个女士说："有一个男士喜欢足球，但不是王先生。"第四个女士说："孙小姐喜欢网球，但我不喜欢。"

◆你能判断出他们分别喜欢什么吗？

77 选举

游戏难度 ✿✿✿✿✿
最佳完成时间 3分钟

在一次选举中，统计显示，有人投了所有候选人的赞成票。如果统计是真实的，那么下列哪项也必定是真实的？

◆A.对每个候选人来说，都有选民投了他的赞成票。
B.对所有候选人都投赞成票的不止一人。
C.有人没有投所有候选人的赞成票。
D.不可能所有的候选人都当选。
E.所有的候选人都可以当选。

78 复式别墅

游戏难度 ✿✿✿✿✿
最佳完成时间 3分钟

有3户人家合租了一个复式别墅。这3户人家都是三口之家：丈夫、妻子和孩子。他们的名字已在下表中列出来了：

丈夫　老张、老王、老李
妻子　丁香、李平、杜丽
孩子　美美(女)、丹丹(女)、壮壮(男)

现在只知道老张和李平家的孩子都参加了学校的女子篮球队训练；老王的女儿不叫丹丹；老李和杜丽不是一家。

◆你能根据上面的条件说出这每家分别是哪3个人吗？

第七章
智慧博弈

　　智慧的人一定聪明，因为他懂得怎样才能变得聪明，聪明的人不一定智慧，因为他可能不懂如何才能得到智慧。拥有智慧是一个人修为的最高境界，到了这个地步，你不必去表现就会被人称赞，因为你的智慧已经随着你的一言一行悄无声息地流淌出来，像一条永不干涸的小溪，绵绵不绝。

　　我们的口号：智慧无极限！

1 一年生多少人

游戏难度 ✦✦✦✧✧
最佳完成时间 3分钟

刘墉外号刘罗锅，极有才华，深得乾隆皇帝宠爱。

一天，乾隆闲来无事，想要难一难聪明的刘墉。于是，乾隆问道："京城九门，每天出去多少人，进来多少人？"刘墉举起两个指头，说："俩人儿！"

乾隆不解，问道："怎么会只有两个人？"

刘墉纠正说："万岁，我说的不是两个人，而是两种人。一是男人，一是女人。"

乾隆心想，我再难一难你，于是又问道："你说全国一年生多少人，死多少人？"

刘墉又扳起指头，像是在估算着似的，然后说："回禀万岁，全大清国，一年生一人，死十二人！"

乾隆说："照此下去，国家不是就无人了吗？"

刘墉解释一番后，乾隆不禁暗自钦佩刘墉的才华。

◆你知道刘墉是如何解释的吗？

2 绝妙的判决

游戏难度 ✦✦✦✧✧
最佳完成时间 3分钟

法国一对离婚夫妇，为两个亲生骨肉的抚养权和住宅居住权互不相让，最后只好再次对簿公堂。

法官马尔斯庄严地宣布了判决。这份判决，令当事人、公众舆论都大吃一惊。但仔细回味，无不承认这是绝妙的判决。

◆你知道马尔斯法官是怎么判决的吗？

3 数学家的幽默

游戏难度 ✦✦✦✧✧
最佳完成时间 3分钟

一名统计学家遇到一位数学家。统计学家对数学家调侃道：

"你们不是说若X=Y且Y=Z，则X=Z吗？按照这一逻辑，你若是喜欢一个女孩，是不是连那个女孩喜欢的男生也要喜欢？"

数学家笑了笑，说出了一句话，统计学家顿时哑口无言。

◆你能猜出数学家说了怎样一句话吗？

5 愚蠢的贵妇

游戏难度 ❋❋❋✦✦
最佳完成时间 3分钟

德国哲学家拉瓦仪表堂堂，但他的妻子外表却不怎么样，两人走在一起十分不般配，但这并不影响两人之间的感情。

有一天，拉瓦和穿了一身黑衣服的妻子一起出来散步。一位贵妇看到此情形，便大声喊道："看哪，我们的白马王子旁边飘着一朵乌云！"

拉瓦看了看身材臃肿的贵妇，大声说道："_____"

对于这个哲学家来说，旁人羞辱自己的妻子，那就是羞辱自己，因而他必须予以回击。

◆那他是怎么回击的呢？

4 数字也幽默

游戏难度 ❋❋❋✦✦
最佳完成时间 3分钟

现在轻松一下，让我们来看看数字的幽默：

0遇到10十分不解：年纪轻轻的，拄啥拐呀？

0遇到Q大吃一惊：啥时候长尾巴了？

0遇到101，同情地说：哥们，拄上双拐了？

0遇到00说：胖子，怎么不等我就结婚了？

0遇到8，不屑地说：胖就胖呗，还系根裤腰带！

0遇到9，同情地说：兄弟，啥时候截肢了？

2对5说：你也该把肚皮收收了。

7对2说：下跪也没有用，我是不会嫁给你的。

◆顺着以上思路，想象一下6遇到9，会说出一番什么话来？

6 聪明的小猴

游戏难度 ❋❋❋✦✦
最佳完成时间 3分钟

狮子老师对小猴非常伤脑筋，因为小猴太爱打赌，而且总是能打赢。狮子决定把这个学生交给黑熊。

黑熊早就听说小猴爱打赌，一见面就问小猴："你都赌些什么呢？"

"什么都赌！比如，我敢说你胸前有一大撮白毛。如果没有，我情愿输你10元钱！"

黑熊一听，顿时脱去外衣，露出全黑的毛，笑着说："快拿钱来吧！你的狮子老师还说你总能赢呢！"

黑熊赢了小猴10元钱以后，兴冲冲地把这件事告诉了狮子。

没想到狮子听了以后生气地说："别高兴了！你赢的是我的钱，我得给小猴20元钱呢！"

◆你知道这是怎么回事吗？

7 高明的赌术

游戏难度 ❀❀❀❀❀
最佳完成时间 3分钟

有一男子走到酒吧，向酒保说："你要打赌吗？50美元，打赌我能咬我的眼睛。"

酒保认为不可能，就接受了打赌。

那男子把假眼球拿出来，放在嘴里咬。

酒保只得乖乖赔了50美元。

不一会儿，男子又说："要不要翻本？50美元，打赌我能咬我另一个眼睛。"

酒保看那人没用导盲犬，也没拿拐杖，不可能两眼都是假的，于是就接受了。

那男子把假牙拿出来，咬另一个眼睛。酒保只得又乖乖赔了50美元。

男子喝完啤酒，走出了酒吧，不久又回来了，他对酒保说："好了，这次让你有机会翻本，100美元，打赌我能尿进20米外的啤酒杯，一滴也不漏。"

酒保心想："这怎么可能？"于是就接受了。

那男人拉开裤头就撒起尿来，撒得满地都是，一滴也没射进酒杯。

酒保高兴极了，拿回100美元，吹起口哨清理残局。

此时，他看见那男子笑眯眯地在一旁抽烟，很惊讶，于是就问："老弟，我不明白为什么你那么开心，你不是已经把赢来的100美元输回给我吗？"

那人笑着说出一番话来，差点没把酒保气歪。

◆现在请你猜想这句话的大意是什么？

8 聪明的鹦鹉

游戏难度 ❀❀❀❀❀
最佳完成时间 3分钟

有一位爱鸟人士特别喜欢鹦鹉。一天，他经过一间店面，发现里面正在拍卖一只鹦鹉。他看那只鹦鹉毛色很好看，决定购买，于是喊道："我愿意出10元美金买下这只鹦鹉。"

接着有人喊价："我愿意出20元美金。"

这位爱鸟人士不愿把那只鹦鹉拱手让人，又喊了30美元。

另一个声音像是在跟他作对似的，一直到那位爱鸟人士喊到200美元时才停下。

买到鹦鹉的人很高兴，可是没走几步突然又想到：我花了那么多钱才买到这鹦鹉，如果它不会说话，那我不就亏大了吗？

于是，他提着鸟笼回去问："老板，你这只鹦鹉会不会说话啊？"

◆你知道接下来会发生什么吗？

9 巧取九龙杯

游戏难度 ✦✦✦✧✧
最佳完成时间 3分钟

20世纪60年代初期，某一外国贵宾来我国访问，在上海市参观期间，东道主为他举办了招待宴会。

宴会上使用的酒杯是一套价值连城的九龙杯，其形古朴苍劲，玲珑剔透，特别是龙口上那颗光耀夺目的明珠更是巧夺天工。客人被这精美而又珍贵的艺术品深深吸引住了，拿在手上仔细欣赏，赞不绝口，啧啧称奇。也许是由于饮酒过多的缘故，这位贵宾竟将一只九龙杯有意无意地顺手装进了自己随身携带的公文包中。

我方陪同人员见状后，觉得直接索要不太礼貌，甚至还会影响到两国的关系，只好眼巴巴地看着客人夹起公文包兴冲冲地离去。

有关人员及时将这一情况向当时正在上海视察工作的周恩来总理作了汇报。周恩来听后指示：九龙杯是我国的稀有珍宝，一套36只，缺一岂不可惜？不能就这样让他轻易拿走，当然追回也应采取最为合适的办法。当周恩来得知这位贵宾将要去观看杂技表演时，思忖片刻，心生一计，便把有关人员招来，如此这般地吩咐了一番。

晚上，明亮的表演大厅里笑语欢声，热闹非凡。精彩的杂技表演使观众如痴如醉，特别是那位贵宾被中国演员精湛的技艺所折服，一个劲地热情鼓掌。台上表演正值高潮，只见一位魔术师走上舞台，潇洒地将3只杯子摆放在一张桌子上。观众定睛一看，原来是奇光耀眼的九龙杯。再看魔术师举起手枪，朝九龙杯扣动扳机，随着一声枪响，那3只九龙杯转眼间只剩下两只，另一只不知去向。

观众们兴趣热烈，既为魔术师的技艺叹服，又都在纳闷：那只九龙杯到底被藏在了什么地方？

◆你能想象出后来发生的事情吗？

10 一言止逃

游戏难度 ✦✦✦✧✧
最佳完成时间 3分钟

宋代，一天曹玮与宾客下棋，只见一名士兵慌慌张张来禀告："大事不好，有士兵叛逃到西夏那边去了。"曹玮暗暗吃惊，但他稳住情绪，神色镇定地说："不要大惊小怪。"接着他又说了一句话，从此再也没有士兵逃跑的事发生了。

◆什么话这么厉害？你猜到了吗？

139

11 演讲

游戏难度 ✦✦✦✧✧
最佳完成时间 3分钟

马克·吐温到一个城市去演讲，他在演讲之前去了一个理发店理发。言谈之中理发师得知马克·吐温不是这个城市的人，理发师边给他理发边问他说："你喜欢我们这个城市吗？""喜欢，这是一个很好的城市。"马克·吐温答道。"您来得真巧，"理发师继续说，"马克·吐温今天晚上要来发表演讲，我想您一定会去听听他的演讲吧？""是的。"马克·吐温说。"您买到票了吗？""还没有。""那可太遗憾了！"理发师惋惜地说："那您只好从头到尾站着了，因为那里，不会有座位的。"

◆"对！"马克·吐温幽默地反应道。接下来的回答让理发师哑然失笑。你知道马克·吐温说的是什么吗？

12 聪明的小乔治

游戏难度 ✦✦✦✧✧
最佳完成时间 3分钟

英国国王乔治五世小时候是个非常顽皮的孩子，花起钱来大手大脚，每当遇到自己喜爱的东西时，总要千方百计地把它买回来，而从不在意价格是否昂贵。为此，他的祖母，维多利亚女王忧心忡忡，她担心小乔治如果不彻底改掉这个坏毛病，将来就不能治理好国家。

有一天，小乔治又给他的祖母寄出了一封信，信中写道："最亲爱的祖母：昨天下午我在一家玩具店里看见一匹漂亮的小木马，它需要25法郎，我太想得到它了，可是我连一分钱也没有了。我写信给您是想请您寄点钱给我。看在上帝的面上，就请您满足我的这个要求吧。您亲爱的孙子乔治。"

维多利亚女王接到信以后，思忖了片刻，就提起笔来写了一封回信："亲爱的孩子：看到你这样乱花钱，我非常难过。你父亲曾对我说，你一有点钱就花个精光。你的玩具买得实在太多了，而你现在已到了该明白东西真正价值的年纪了。我不能满足你的要求，你要好好听话。你亲爱的祖母维多利亚。"

过了几天，维多利亚女王又收到了小乔治的第二封信。

◆你能猜出聪明的小乔治是如何回答祖母的吗？

13 回文绝对

游戏难度 ✿✿✿❀❀
最佳完成时间 3分钟

从前有位秀才游览桂林斗鸡山。他在山上纵目观望，觉得景色处处怡人，连山名也觉得新奇古怪。他一面游览，一面念念有词，不知不觉地吟成一句上联："斗鸡山上山鸡斗。"

这句上联巧妙的是，从上读到下，或由下读向上，皆成回文句。但是，吟出上联后，他怎么也对不出下联来。正当他苦思冥想之际，前头忽然来了一位白发老翁。秀才定眼一看，来者正是他的启蒙老师，因此非常高兴。师生二人叙礼后，秀才说出内心苦衷。

老师对他说："我刚才游完龙隐洞，你何不以此为下联呢！"接着，老师道出了下联。

秀才听后，兴奋地说："此乃天赐绝对啊！"

◆亲爱的读者，你知道老师的下联是什么吗？

14 兔子和小偷

游戏难度 ✿✿✿❀❀
最佳完成时间 3分钟

由于轻敌，兔子同乌龟赛跑失败了。后来，兔子沉痛地总结了教训，克服了骄傲情绪，在动物奥运会短跑比赛中夺得了金牌。

刺猬对兔子这个短跑冠军不太服气，可又觉得自己的成绩同兔子确实有很大差距，所以也不能公开向兔子挑战。但是，那枚动物奥运会的奖牌，实在太诱人啦！虚荣心很强的刺猬，考虑了很久，决定去偷。一天深夜，刺猬趁兔子熟睡时，把那枚奖牌偷了出来。

兔子发现心爱的奖牌已被刺猬他们偷走，马上蹦了起来，快步追了出来。"哼！你绝对追不上！不信试试！"刺猬拖着奖牌，跑得很快。兔子大怒："哼，我倒要让你瞧瞧我这世界冠军的厉害！"说着，它弓起后腿，发疯似的跑了起来。

这时，大公鸡刚刚出窝。它跳到鸡笼上，正准备引颈啼鸣，看到了飞驰而来的兔子。大公鸡称赞道："兔子先生，你天没亮就锻炼得这么认真，下次的冠军肯定还是您的。""不，不！"兔子激昂地说，"我是在追一个小偷！""那小偷呢？"大公鸡问。

◆你知道兔子是怎么回答的吗？

15 机智的将军

游戏难度 ✿✿✿✿✿
最佳完成时间 3分钟

从前，有个国家，有个将军不小心犯了法，定罪之后，被关在一个特别设计的囚房里。

这个囚房有两个门，都没有上锁。一个门是活门，如果他打开这个门走出去，不但自由了，外边还有美女等他呢；另外一个门是死门，如果他打开这个门走出去，他便完蛋了，因为，门外等他的是一群饥饿的狮子。囚房里有两个守卫，一个十分诚实，从不说假话，另一个则从不说实话。他们两个人，都知道哪一道门是活门，哪一道门是死门。

◆国王特许将军可以问其中一个卫士一个问题。将军最终获得了自由，他是如何问的呢？

16 画家解牡丹

游戏难度 ✿✿✿✿✿
最佳完成时间 3分钟

中国有位著名的国画画家很擅长画牡丹。有一次，一个人慕名买了一幅他亲手绘制的牡丹，回去以后，很高兴地挂在客厅里。

这个人的一位朋友看到了，大呼不吉利，因为这朵花没有画完全，缺了一部分，而牡丹代表了富贵，缺了一角，岂不是"富贵不全"吗？

此人一看，也大吃一惊，认为牡丹缺了边总是不妥，就把画送到画家那儿，希望画家能够重画一幅。画家听了他的理由，灵机一动，给了这幅缺边的牡丹一个解释。那人听了画家的解释，居然高高兴兴地捧着画回去了。

◆你知道画家是怎么解释的吗？

17 难解之谜

游戏难度 ✿✿✿✿✿
最佳完成时间 3分钟

有一次，在美国洛杉矶举行的中美作家联谊酒会上，美国著名诗人金斯伯格请中国作家蒋子龙猜个谜语：把一只3千克重的鸡装进一个只能装1千克水的瓶子里，用什么方法把它拿出来。

蒋子龙立刻答道："……"

◆金斯伯格哈哈大笑，伸出大拇指说："你是第一个猜出这个谜语的人。"

18 机智佛印

游戏难度 ✿✿✿✿✿
最佳完成时间 3分钟

大才子苏东坡一次去找好友佛印聊天。进寺后，他左顾右盼，却不见一人，苏东坡脱口喊道："秃驴何在？"佛印在禅房中听得明明白白，便随口答道："东坡……"顿时，苏东坡放声大笑，暗暗佩服佛印才智过人。

◆请问，佛印是怎么回答苏东坡的？

19 真实的谎言

游戏难度 ✿✿✿
最佳完成时间 3分钟

有一次，马克·吐温与一位夫人对坐聊天。马克·吐温对这位夫人说："你真漂亮。"夫人高傲地回答："可惜我实在无法同样地称赞你。"对于夫人的傲慢无礼，马克·吐温毫不介意地笑笑说："没关系……"

马克·吐温用一句话就委婉地否定了自己刚才的话。

◆你知道他是怎么说的吗？

20 智解弥勒佛

游戏难度 ✿✿✿
最佳完成时间 3分钟

清代第一才子纪晓岚，以博学多才、能言善辩而闻名。有一次，他陪乾隆皇帝观赏弥勒佛像。乾隆忽然问道："这弥勒佛为什么看着我笑？"纪晓岚知道乾隆常常自比文殊菩萨，于是随口应道："佛见佛笑。"乾隆听了很高兴，但又想刁难一下纪晓岚，便又问道："那弥勒佛为什么看你也笑？"聪明过人的纪晓岚对答如流："……"

◆你能猜出纪晓岚是如何应答的吗？

21 机智的维特

游戏难度 ✿✿✿
最佳完成时间 3分钟

维特打开了电视机，播音员正在播报一条消息："今天19点左右，在贝姆霍德花园街，一名79岁的老人在遭抢劫后被枪杀。据目击者说，凶手穿绿色西装。请知情者速与警察局联系。"

花园街正好是维特住的这条街。她感到害怕。正在这时，阳台上的门口突然出现了一个35岁左右的男子，身穿绿色西装，而且衣服上有血。维特吓得脸都白了。

那人让维特把手表和金戒指给他。正在这时，突然有人敲门。那人用枪顶着维特的背，命令道："到门口去，就说你已经睡下了，不能让他进来。"

"谁呀？"维特颤声问道。

"韦尔曼警官。维特小姐，你这儿没事吧？"听到这熟悉的声音，她内心平静了许多。

"是的。"她答道。停了一会儿，她用稍大的声音说，"我哥也在问你好呢，警官！"

"谢谢，晚安。"不一会儿，巡逻车开走了。

"干得不错，太妙了。"那人高兴地大口喝起酒来。突然，从阳台上的门里一下子冲进来许多警察。没等那人反应过来，就给他戴上了手铐。

"好主意，维特小姐。你没事吧？"韦尔曼警官关切地问道。

◆请问，维特的好主意是什么？

22 谁更贪吃

游戏难度 ✿✿✿❀❀
最佳完成时间 3分钟

一次，阿凡提和同伴在一起吃西瓜。由于他刚赶了远路，非常之渴，于是坐下便大吃起来。同伴想取笑他，就偷偷把西瓜皮都扔到了他身边，吃完西瓜后，一个人说道："看！阿凡提的嘴多馋！西瓜皮剩下了一大堆。"于是大家捧腹大笑起来。这时阿凡提不慌不忙地说：（表示他们比自己更馋。）

◆你知道他是怎么说的吗？

23 聪明的选择

游戏难度 ✿✿✿❀❀
最佳完成时间 3分钟

国王命令处死一个罪犯，并允许他选择一种死法。

◆罪犯作出了最聪明的选择，你知道他的选择是什么吗？

24 逐渐减少的灶

游戏难度 ✿✿✿❀❀
最佳完成时间 3分钟

公元前342年，魏国的庞涓率领10万大军，配合1000辆战车，分三路进攻弱小的韩国。韩国一面顽强抵抗，一面向盟国齐国求救。

齐国军师孙膑率6万大军前来救援，孙膑诱敌深入，边打边退。

第一天，魏军发现齐军共有做饭用的土灶10万个。

第二天，魏军发现齐军共有做饭用的土灶减少为5万个。

第三天，魏军发现齐军共有做饭用的土灶只剩下3万个了，而且乱七八糟，连灶台里的柴火都没有熄灭。于是，庞涓立即下令全速前进，企图乘胜追击。可是后来，庞涓所率领的魏军却全军覆没。

◆你知道为什么吗？

25 弹不了的乐曲

游戏难度 ✿✿✿
最佳完成时间 3分钟

莫扎特是海顿的学生。有一天,莫扎特用不到5分钟的时间就创作了一首曲子,并将曲子送到海顿的面前,并且说:"老师,您准弹不了!"

海顿自然不相信。他弹奏了一会儿后惊呼起来:"这是什么呀?我的两只手分别弹向钢琴的两端时,怎么会有一个音符突然出现在键盘的当中呢?这是任何人也弹不了的曲子,因为一个人没有三只手。"

但是莫扎特却想出办法弹奏出了这个音符。

◆他是怎样弹的呢?

26 驯马高手

游戏难度 ✿✿✿
最佳完成时间 3分钟

有个马贩子,吹嘘自己是驯马能手,驯的马不管跟哪一匹参加比赛都能获胜。不少人买了他的马后,故意去和别的马比赛,还真的获胜了。于是马贩子更加吹嘘,并大放厥词说:"每匹马卖1000元。如言过其实,情愿倒贴1000元。"

一个人听了他的话后说:"你的马我买下了,不过,得先让我试它的脚力。"

过了一会儿,这个人又来,牵走了马贩子的第二匹马。

又过了一会儿,马贩子找那个人结账。那个人笑道:"我已跟你结清账了,一分钱也没欠你呀!"马贩子一听,急得嚷道:"两匹马共2000元,你一分钱也没给,怎么说不欠我钱呢?"

◆是呀,这又是怎么回事呢?

27 术士的秘方

游戏难度 ✿✿✿
最佳完成时间 3分钟

相传,杭州吴山,有一术士在大街上摆摊,出售秘法三条:一是持家必发;二是饮酒不醉;三是生虱断根。秘法之"秘",用厚纸密封,郑重其事地摆着,每包标价铜钱三百。

买者拿回家中拆开一看,里面写着6个大字。个个哭笑不得,大呼上当。

◆你能猜出是六个什么字吗?

28 延伸阅读

游戏难度 ✿✿✿
最佳完成时间 3分钟

南宋年间,有一个学子不愿读书,屡试不第,到了年纪老大不小的时候,才得到了潭州清湘主簿的官职。有一天,他想带领全家郊游,但抬轿子的人手不够,就写了一封信向他的上司求借二卒。他以为"卒"字左边还应有"立人"偏旁,就写成了"倅"字。"倅"字是副职的意思,"借二倅"就成了要借两名副职抬轿子。他的上司接信后,知道他写错了字,就给他回了封信,借机嘲弄了他一番。

◆你道知道上司都回了些什么吗?

29 机智的神童

游 戏 难 度 ✿✿✿✿✿
最佳完成时间 3分钟

孔融小时候，一次跟着他父亲到洛阳，去拜会名望很高的李元礼。当时，李家来访的客人多极了，非得说自己是李元礼的亲戚，门上的人才给通报，否则就不让进去。孔融也是这样说了之后才进到里边的。

进去以后，李元礼很奇怪，问道："你跟我有什么亲戚关系？"

孔融答道："您的祖先是李耳，人称老子，我的祖先是仲尼，人称孔子，孔子曾经向老子请教过学问上的事，是师生关系。我和您都是他们的后代，所以，可算是老世交了。"

李元礼和许多客人听了都很惊奇，觉得一个十岁的小孩能说出这样的话，真够聪明的。

过了一会儿，又有一位客人来了，别人就把孔融刚才说的话讲给他听。

这位客人撇撇嘴说："小时候聪明伶俐，大了不一定就有出息。"

孔融马上接着说了一句话，说得那客人面红耳赤，一句话也说不出来了。

◆聪明的读者，你猜孔融说的是一句什么话吗？

30 唐伯虎学画

游 戏 难 度 ✿✿✿✿✿
最佳完成时间 3分钟

明朝江南大才子唐寅，少年时，便爱画山水人物、石头松竹。母亲见儿子有些天赋，便递给他一个行李卷和一包碎银，要他去大画家沈周名下学习深造，以求更上一层楼。沈周见小唐寅俊逸清秀、聪明伶俐，便收下这个徒弟。唐寅学了一年之后，偷偷把自己的画与师傅的作品比了比，感到不相上下，不愿再学下去了，于是提出要回家"孝敬老母"。沈周看出唐寅的自满情绪，就叫妻子做了几样菜，端进东厢一间小屋里。师徒二人坐下，一边饮酒一边谈着话。沈周笑问："学画一年，想念老娘是吗？"

唐寅连连称是。

沈周佯笑道："你的画本来不错，又学了一年，可以出师了。"唐寅拱手施礼："感谢老师大恩。"

沈周笑了笑，说："这酒喝得为师全身发热，你帮为师将窗子全部推开，凉快凉快。"

"遵命。"唐寅应了一声，起身走到窗前，他推了推西窗推不开，又转身推了推北窗，也未推开。唐寅细细一看，大为震惊，扑通一声双膝跪下："师傅，我不想回家了，留下我再学三年吧！"

◆你知道这是为什么吗？

31 强悍的老板

游戏难度 ✦✦✦✧✧
最佳完成时间 3分钟

有一天，在公司会议上，韩老板对他的员工说："我可以打败在这里工作的所有的人。"话音刚落，一个190厘米、曾经做过职业拳击手的新员工就站起来，要和老板较量较量。

◆这个老板会怎么做？

32 莫扎特的话

游戏难度 ✦✦✦✧✧
最佳完成时间 3分钟

有位少年向莫扎特请教写交响乐。

莫扎特答道："您写交响乐还太年轻，为什么不从写叙事曲开始呢？"少年反驳道："可是您开始写交响乐时才10岁呀？"

◆"对"，莫扎特回答道，"……"你知道他是怎么回答的吗？

33 农夫与秀才

游戏难度 ✦✦✦✧✧
最佳完成时间 3分钟

有一天，明代文学家蒋焘的父亲在家待客，客人是位很有学问的人。谈话间，外面下起小雨，点点滴滴淋湿了窗户，客人一时兴起，马上道出了一个上联，让在座的人对答：冻雨洒窗，东二点，西三点。

这句是拆字联，是把"冻""洒"两字拆成"东二点""西三点"，与景物相映，显出奇妙。在座的人都努力思索，左思右想，可是谁也对不上，屋内一片寂静。

这时站在一旁的蒋焘一眼看到父亲用来待客的切好的西瓜，句上心来，脱口而出，对出了下联。大家听了齐声叫好。

◆试问，他对的下联是什么呢？

34 怕馒头的穷书生

游戏难度 ✦✦✦✧✧
最佳完成时间 3分钟

有个穷书生，穷得没饭吃，只好去给人家干活。有一次他跟主人上街，看到饭铺里卖馒头，他很馋，又吃不到，便大叫一声，跌倒在地。主人吃惊地问他原因，他说："我怕馒头！"

主人听了说："岂有怕馒头的道理？"回家后便在一间屋里摆了百十个馒头，将这个人锁在里面，自己则在屋外观察动静。过了一阵，里面静悄悄的，主人很纳闷，便从壁缝向里看，只见那人手捧着馒头，已吃了一多半了。

主人赶紧开门，问他为何敢吃，他答道："我见了这些馒头，忽然不怕了。"

主人知道他是假装的骗馒头吃，便怒斥道："你现在还怕什么！"

◆那人赶紧回答："＿＿＿＿＿"

147

35 聪明的阿凡提

游戏难度 ✤✤✤✦✦
最佳完成时间 3分钟

阿凡提非常聪明，经常用智慧帮老百姓解决问题，还时常捉弄财主老爷。国王很嫉妒他，便和大臣们商量出一个难题，有意要为难他。

国王把阿凡提召入王宫，要他用沙子做一条拴驴的绳子，并限他三天之内必须完成，否则便要抓他坐牢。

老百姓们都很着急，看来阿凡提是难逃这一劫了。但是阿凡提一点也不着急，每天还是笑呵呵地干活。

三天过去了，国王向他要绳子。可是阿凡提却对国王说了一番话，使国王无法向他要绳子。

◆请问，阿凡提对国王说了什么话呢？

36 智捉盗马贼

游戏难度 ✤✤✤✦✦
最佳完成时间 3分钟

华盛顿小时候就聪明过人，在他的家乡威斯特摩兰至今还流传着他智捉盗马贼的故事呢。

有一天，村里的一个老爷爷的马被人偷走了。村民们帮忙四处寻找，终于在牲口市场上找到了那匹马。可是，盗马贼死活不承认这是偷来的马。由于马的主人这时又拿不出有力的证据来，盗马贼反咬一口，说村民们诬陷他，说着骑上马就想溜。这时，华盛顿赶来了。他用双手分别蒙住马的眼睛，紧接着问了盗马贼几个问题，很快就诱使盗马贼在众人面前原形毕露，只好承认自己的丑行。

◆那么你知道他问了什么问题吗？

37 阿凡提买酒

游戏难度 ✤✤✤✦✦
最佳完成时间 3分钟

有一年，阿凡提到南方旅游，结果乐而忘返，几乎把自己的全部积蓄都花掉了，因而不得已到一个财主家去做工。这家财主十分吝啬，甚至吃饭都不让阿凡提吃饱，并且还时常为难他。有一天，财主的酒瘾上来了，给了阿凡提一个空酒瓶去买酒。阿凡提等了一会儿却不见财主给钱，就问："钱呢？"吝啬的财主傲慢地说："拿着钱去买酒谁不会呀，不拿钱买到酒才算有本事。"阿凡提听了，扭头出了门。过了一会儿，阿凡提提着空酒瓶子回来了。财主发现酒瓶还是空的，厉声问道："我要的酒呢？"阿凡提不慌不忙地说："_____"财主听了，被气得满脸通红，支支吾吾说不出一句话。

巧妇难做无米之炊，如果不拿钱就能买到酒，那不是偷就是骗，阿凡提是不会这样做的。

◆那么，阿凡提是怎么回答财主，顺利过关的呢？

38 "及第"还是"及地"

游戏难度 ✿✿✿
最佳完成时间 3分钟

明朝无名氏的《时尚笑谈》中有这么一个故事：从前有个读书人，屡试不第。这次又带仆人挑着行李上京赴试，忽然头巾被风吹落，仆人说："帽落地。"

读书人嘱咐他说："今后说落了什么东西，不要说落地，只说及地（第）。"仆人说："听您的。"说着就将行李牢牢拴在担子上。读书人说："仔细收拾。"仆人说了一句话，书生听完当场气晕过去了。

◆你知道仆人说的是什么吗？

39 体贴又聪明的人

游戏难度 ✿✿✿
最佳完成时间 3分钟

小梅在参加好朋友结婚典礼的时候，穿了自己一向不习惯穿的长裙和高跟鞋。在众人面前，她一不小心摔倒了，当时全场哗然，小梅很是尴尬和害羞。这时旁边一个优雅的男子把她扶了起来，装作很熟悉的样子对着她高声说了一句话，解除了她的尴尬。

◆你能想出那个男子是怎么说的吗？

40 我到哪里去了

游戏难度 ✿✿✿
最佳完成时间 3分钟

南宋时，苏州有个和尚，喝酒滋事，州官下令把他抓起来，派一名解差把他押送边远地方去治罪。交通不便，解差怨恨，因此棍棒不断，和尚叫苦不迭。

几天后，他们宿在一个客店，和尚起了逃跑之心，于是对解差说了一番好话，然后拿出碎银请酒。贪杯的解差立即给和尚卸下枷锁，开怀大饮，不多时即醉成一堆烂泥了。此时和尚就找了剃刀，给解差剃了个光头，把罪衣穿在解差身上，再给他套上枷锁，然后自己越窗而逃。

第二天，解差酒醒，忽然惊叫道："哎呀，和尚不见了！"但再一看自己身上的囚衣，领上的枷锁，对镜一照脑袋也是光溜溜的，又转忧为喜了——要是犯人跑了回去如何交差？

过了一会儿，他一摸自己的光头，醒悟道："虽然和尚还在，只是，＿＿＿＿＿＿？"

◆解差醒悟的后一句话应该是什么？

41 大仲马的帽子

游戏难度 ✿✿✿
最佳完成时间 3分钟

大仲马是法国著名的小说家。但他年轻的时候非常穷困，据说他只身前往巴黎的时候身上只有一枚银币，当然穿的也是破衣烂衫。一天，他在街上一边走路，一边思考，突然听到一个路人讥笑他说："你脑袋上面是个什么东西？能叫作帽子吗？"

◆大仲马回敬道："＿＿＿＿＿＿"

42 有木材的皮箱

游戏难度 ★★★☆☆
最佳完成时间 3分钟

20世纪30年代中期，香港茂隆皮箱行生产的皮箱由于货真价实而生意兴隆。

他们的皮箱不仅占领了香港的市场，还畅销东南亚，各国的订单源源不断。这引起了英国的同行商人威尔士的嫉妒，他发誓要搞垮茂隆皮箱行。

一天，他来到了茂隆皮箱行，郑重其事地订购了3000只皮箱，价值20万元港币。按合同规定茂隆皮箱行必须在1个月内交货，逾期不交或不能按质按量交货，由卖方赔偿货款50%的损失费。

茂隆皮箱行马上开始抓紧时间生产，不到1个月茂隆皮箱行就制作了3000只皮箱。当茂隆皮箱行的经理冯灿带着皮箱准备向威尔士一手交货，一手取钱时，意想不到的事情发生了：威尔士漫不经心地打开了几只皮箱看了几眼，指着皮箱里支撑的木条，怒气冲冲地叫嚷起来："我们定购的是皮箱，现在皮箱中竟然有木材，这还能叫皮箱吗？你们必须赔偿我的损失！"

无论冯灿怎么解释，威尔士就是蛮不讲理。并且，威尔士仗着自己是英国人，香港当时是英国的殖民地，威尔士反而向法院提出起诉，要求茂隆皮箱行按合同赔偿损失。

很快，港英法院偏袒威尔士，企图判冯灿诈骗罪。冯灿在走投无路的情况下，便聘请了一位名叫罗文锦的律师出庭辩护。

法院开庭后，威尔士盛气凌人，非常嚣张。讲述了一大堆冯灿应该赔偿损失的理由。这时，只见罗文锦律师不慌不忙地从律师席上站了起来，胸有成竹地从口袋里拿出一块亮晶晶的大号金怀表，高声问法官："法官先生，请问这是什么表？"

法官看了一眼金表后说："这是一块英国伦敦出品的金表。但是，这与本案有什么关系呢？"

"绝对有关系！"罗文锦回答，然后高举着金表，面对法庭所有的人问道，"这是金表，没有人怀疑吧？我也知道这是块金表，但是请问，这块金表除了表壳是镀金的以外，内部的机件难道都是金制的吗？"

"那还用说，当然不是！"坐在下面旁听的人说。

"这不是全金的表，那么，人们为什么又把它叫作金表呢？"接着，罗文锦又说出了一段话，让法官立时就傻了眼，而威尔士也顿觉理屈词穷，像泄了气的皮球，瞪着眼睛说不出话来。法官在众目睽睽之下，只得宣判冯灿无罪，威尔士诬告冯灿犯了诬告罪，罚款5000元港币。

◆罗文锦律师说了一段什么话就让案子翻了过来呢？

43 不识字的狗

游戏难度 ✿✿✿✿✿
最佳完成时间 3分钟

明朝的宁王年轻时是个花花公子，经常牵着只脖子挂着块"御赐"两字牌子的丹顶鹤，在南昌满街闲逛。

有一天，那只白鹤自个儿踱出门来，被一条狗咬死了。宁王暴跳如雷："我这白鹤是皇上赏的，脖子上挂着御赐金牌，谁家野狗竟敢欺君犯上。"当即命令家奴把狗的主人捆起来，送交南昌知府，要给他的白鹤抵命。

当时的南昌知府名叫祝瀚，对宁王的胡作非为很是不满。听说宁王府的管家前来转达宁王的"旨意"，又好气又好笑，对管家说："你写个诉状来，本府自当审理。"

宁王府管家递上诉状，祝瀚看过，从签筒中拔出令签，命令衙役捉拿凶犯到案。管家忙说："不劳贵差，人已抓到堂下。"

祝瀚故作惊讶，说："这诉状上明明写着肇事凶犯乃是一条狗，本府今日要大堂审狗，抓人来干什么？"

宁王府管家气急败坏地说："那狗不通人言，岂能大堂审问？"

祝瀚见管家既狗仗人势，又说得有点道理，便想了个办法，就把这个案子轻松地判了。

◆请问，祝瀚是如何断案的？

44 雨害怕抽税

游戏难度 ✿✿✿✿✿
最佳完成时间 3分钟

申渐高是南唐时候的一个艺人，敢于为民众说话。南唐建国之初，国力薄弱，军粮储备不足，官府横征暴敛无度。此时久旱不雨，祈雨也不应验。

一天，皇帝在宫苑中同群臣饮酒，便对群臣说："离京城三五十里外的地方都报告说雨水充足，为什么独独京中无雨，是什么缘故？"群臣都答不上来。申渐高进来说了一句话，让皇帝猛然醒悟：是京城中赋税过重了吧？当日就下了诏书，停止一切额外的税收。

◆你猜申渐高说一句什么话？

45 "韭黄"如何"卖"

游戏难度 ✿✿✿✿✿
最佳完成时间 3分钟

宋代杨亿曾经告诫自己的学生：写文章应该避免用俗语。事后不久，杨亿在给皇帝的表章中写道："伏惟陛下德迈九皇。"这是颂扬皇帝的德行超过了上古传说中的九位圣明君主。而杨亿的学生郑戬想起了老师的话，便问老师："_____？"

◆杨亿听后哈哈大笑，挥笔改掉了那句话。

46 怎样才能把丢掉的"脸"找回来

游戏难度 ✦✦✦✧✧
最佳完成时间 3分钟

由于赫鲁晓夫曾经是斯大林非常信任和器重的人，他批评斯大林后，很多苏联人都怀有疑问：既然你早就认识到了斯大林的错误，那么你为什么早先从来没有提出过不同意见？你有没有参与这些错误行动？

有一次，在党的代表大会上，赫鲁晓夫再次批判斯大林的错误，这时，有人从听众席上递来一张条子。赫鲁晓夫打开一看，上面写着："那时候你在哪里？"

这是一个非常尖锐的问题，赫鲁晓夫的脸上很难堪。他很难作出回答。但他又不能回避这个问题，更无法隐瞒这个条子，他也知道，许多人有着同样的问题。更何况，这会儿台下成千双眼睛已盯着他手里的那张纸，等着他念出来。

赫鲁晓夫沉思了片刻，拿起条子，大声念了一遍条子的内容，然后望着台下，大声喊道："谁写的这张条子。请你马上站起来，走上台。"

没有人站起来，所有的人心怦怦地跳，不知赫鲁晓夫要干什么。写条的人更是忐忑不安，心里后悔刚才的举动，想着一旦被查出来会有什么结局。

赫鲁晓夫又重复了一遍他的话。全场仍死一般的沉寂，大家都等着赫鲁晓夫的爆发。几分钟过去了，赫鲁晓夫平静地说了一句话，巧妙地即席创造出一个场面，借这个众人皆知其含义的场景来婉转、含蓄地隐喻出自己的答案。这种回答既不失自己的威望，也不让听众觉得他在文过饰非。

◆你知道赫鲁晓夫是怎样说的吗？

47 为何不宜动土

游戏难度 ✦✦✦✧✧
最佳完成时间 3分钟

有个人酷信风水，凡事都要先问阴阳家是吉是凶。一天，他坐在墙下，墙忽然倒了，他被压在墙下，忙喊救命。家人听见喊救命急忙跑过来。酷信风水的人说："快来救我！"家人没有马上救他，而是说："_____！"

◆你知道家人是怎么说的吗？

48 你会对句吗

游戏难度 ✦✦✦✧✧
最佳完成时间 3分钟

一个姓陆的官员与一个姓陈的官员一起饮酒。陆见陈头发稀少，便出句戏弄他说："陈教授数茎头发，无法（发）可施。"

陈答道："陆大人满脸髭须，何须如此（髭）。"

陆听了大为赞赏，又戏弄道："两猿截木山中，这猴子也会对锯（句）？"

陈不甘示弱，对道："匹马陷足泥内，_____！"

◆你知道姓陈的官员对联的后半句吗？如果没有见过，不妨用学过的对联试着填写完整。

49 纪晓岚智斗和珅

游戏难度 ✿✿✿✿✿
最佳完成时间 3分钟

有一次乾隆出行，由和珅、纪晓岚等人侍驾，乘船沿运河南行，行到沧州地界，距献县才几十里。这里原是九河故道，河汊众多，许多小河注入运河。在一条小河的入口处，两岸土质松软，被水浪冲成许多小穴窝，人们叫它"浪窝"。

但由于那时人缺乏常识，在民间广泛流传着一种说法：说那是乌龟的寄居之所，说得通俗一点就叫"王八窝"。

乾隆在船上看这里浪窝很多，觉得有些奇怪，便问身边的纪晓岚："这两岸的坑穴，是些何物？"纪晓岚正想为皇上解释，和珅却在一旁答道："圣上，这里是纪学士的老家呀！"这是和珅戏弄纪晓岚，将那些"王八窝"，说成是纪晓岚的老家，那纪晓岚岂不成了"王八"！

◆纪晓岚对和珅的意思很清楚，便对乾隆皇帝说道："＿＿＿"巧妙地回敬了和珅。

50 共计100分，究竟是多少

游戏难度 ✿✿✿✿✿
最佳完成时间 3分钟

父亲见儿子从学校拿回成绩单，关心地问："考得怎么样，快念给我听听。"儿子看了父亲一眼，胆怯地打开成绩单念道："语文52，数学48，共计100分。"

父亲对儿子的成绩进行了一番评述后，儿子听了，忍不住笑了。

◆你知道父亲是怎样说的吗？

51 韩信的谋士

游戏难度 ✿✿✿✿✿
最佳完成时间 3分钟

秦末，汉王刘邦的大将韩信功高盖主，受到刘邦的猜忌。韩信有个谋士叫蒯通，竭力劝韩信自立为王，与刘邦、项羽三分天下，否则，在刘邦手下为臣，又有震主之威，一定会招致杀身之祸。韩信却因为感念刘邦对自己有知遇之恩，没有听从蒯通的劝告。

汉王朝建立后，韩信果然被高祖刘邦以图谋反叛罪杀害。韩信在被杀头之前后悔不已，连声说："悔不用蒯通之计。"刘邦得知后，将蒯通抓了起来，并亲自审问："是你当初唆使韩信谋反的吗？"

蒯通也不否认："是的，我当初让他称王，可他不听我的劝告，真是自取灭亡。"

刘邦大怒，命令卫兵将蒯通拉出去烹了，蒯通却大喊冤枉。

刘邦问道："蒯通，你也承认唆使韩信谋反，有什么冤枉？"

蒯通说道："＿＿＿"

刘邦觉得蒯通的话有道理，最后赦免了他的罪。

◆你知道蒯通说了什么话吗？

52 诱骗有方

游戏难度 ✿✿✿✿✿
最佳完成时间 3分钟

朱古民擅长开玩笑。一天，他在汤生书房里闲坐，汤生说："你平素有智谋，多办法，那么我今天坐在屋中，你能把我诱骗到外边去吗？"

朱古民便说："门外寒风凛冽，你一定不肯出去；倘若你先到门外去，我就用屋里的温暖舒服来引诱你，你就会听我的话了。"

汤生走到门外，站在那里说："你想得真美！看你怎么能把我诱进屋里？"

◆朱古民拍手笑道：＿＿＿＿

53 你会反讥吗

游戏难度 ✿✿✿✿✿
最佳完成时间 3分钟

甲乙两个朋友在一家小食店吃饭。桌上有一盅芥末酱。甲以为那是甜酱，他舀了一匙放进嘴里，马上泪流满面。然而，他也想让他的朋友乙上当，所以一点不露声色。乙看到朋友在哭，问道："我亲爱的朋友，你哭什么？"

甲回答说："我想起我的父亲，他在二十年前被送上绞架。"

不一会儿，乙也吃了一匙芥末酱，当他开始扑簌簌地流泪的时候，甲也问他："那你又在哭什么呢？"

◆乙的回答更妙，妙不可言。如果你是乙，你会怎么回答？

54 所出为何相同

游戏难度 ✿✿✿✿✿
最佳完成时间 3分钟

三国时吴主孙权让太子嘲弄诸葛恪，曰："诸葛恪吃马粪一石。"诸葛恪答道："臣能戏君，子能戏父，那么我就让太子吃鸡蛋三百个。"孙权问诸葛恪："别人让你吃马粪，你却让他吃鸡蛋，这是为什么？"

◆你知道诸葛恪是怎样回答的吗？

55 靴子多少钱

游戏难度 ✿✿✿✿✿
最佳完成时间 3分钟

五代时冯道与和凝二人同在中书省为官。有一天，和凝问冯道："我看你穿的靴子是新买的，花了多少钱？"

冯道慢慢举起左脚说："九百。"

和凝性子急，立即回头斥责自己的下属说："我让你给我买的靴子，怎么会用了一千八百钱？"

◆如果你是冯道，对性子急的和凝，你会怎样说？

56 你能分辨"狼"和"狗"吗

游戏难度 ✿✿✿✿✿
最佳完成时间 3分钟

明英宗正统年间，有位侍郎和一位巡按都御史一同饮酒。忽然有条狗跑来，绕着桌子走来走去。左右侍卫要把狗赶跑，侍郎说："别赶，它在这里巡案(按)。"

都御史接过话头说："你看他是狗也是狼(侍郎)。"

无独有偶，清代才子纪晓岚也有一次狼、狗之辩。纪晓岚不仅无书不通，而且为人幽默正直。但他对当时权倾朝野，深受乾隆皇帝宠爱的大奸臣和珅一点也不畏惧。

有一次，纪晓岚和和珅都被邀请到一位官员家作客。同席有一位御史，同时任尚书的和珅是一伙的，总想同纪晓岚过不去。见一只大狗从府内厨房里跑出来，御史便故意问道："是狼？是狗？"那时纪晓岚正是内阁学士兼职兵部侍郎，"是狼"与"侍郎"同音，意思直指纪晓岚。

但纪晓岚很快应答："是狗。"

和珅即问："何以知之？"

纪晓岚的一席话，也用了谐音的手法，不仅回击了御史的挑衅，他的同伙和珅也一并扫了一遍，绝妙地讽刺了和珅和那个御史，两人当场没有话说。

◆你知道纪晓岚是怎么回答的吗？

57 押来蝗虫

游戏难度 ✿✿✿✿✿
最佳完成时间 3分钟

钱穆甫在如皋当县令时，天不作美，闹起了蝗灾。

邻县泰兴也有不少蝗虫，但县令对上级虚报情况："本县境内无蝗虫。"

上司不信，亲自到泰兴踏勘，发现了大批蝗虫，随即对县令严词质问。

县令居然申辩道："本县原来并没有蝗虫，这都是从如皋飞来的。"接着，便派人拿了官府公文通知如皋县令，要求他们加紧捕杀蝗虫，不要让它们侵入邻县。

钱穆甫见后便在公文下方空白处写了一句话，让县令哭笑不得。

◆你知道钱穆甫写的是什么吗？

58 18元8角8分

游戏难度 ✿✿✿✿✿
最佳完成时间 3分钟

周恩来总理是世界著名的外交家，有一次他举行记者招待会，介绍我国建设成就。一个西方记者问："中国人民银行有多少资金？"这涉及国家机密，不可能直言相告。总理眉头一皱，很快答道："_____。"话音刚落，全场响起热烈的掌声。

总理有意回避问题的实质，既堵了外国记者的口，又不损害招待会和谐的气氛。周总理运用曲解，使语言犀利而风趣，充分表现出他过人的应变能力和高超的语言艺术。

◆你知道周总理是怎么说的吗？

59 竹短书长

游戏难度 ✿✿✿❀❀
最佳完成时间 3分钟

有个员外爷，门口有园竹子。他以竹子为题，作了个句子"门对千竿竹"。

凡过往的文人学士，他都酒肉相待，请别人对下联。别人都说上联出绝了，对不上来。他就认为自己是个出对子的高手，感到很风雅，脸上有光。

这一天，来了个放牛娃子，叫敏睿。名如其人，他机智聪慧，颇有文采，自称能对这副对子。员外爷不相信这个放牛娃子能对得上，就站在门口说："上联是'门对千竿竹'，你怎么对？"敏睿还站在门外，随口一说："我对'家藏万卷书'。"员外爷很惊奇，没想到这个放牛娃居然对得上了。他想，自己是当朝名士，出的上联放牛娃子就能对上，岂不让人笑话？决定改动园景，把这个放娃子难倒。

第二天，员外叫人把竹巅子都削掉，看敏睿怎么改。心想，如果对不出来，你的对联就名不副实了。

敏睿得知以后，在对联下各添一字，成为："门对千竿竹短，家藏万卷书长。"

员外见后十分恼怒，命人将竹子连根拔光，敏睿则又各添一字，不但对景，而且深邃。

◆添字后的对联为："_____。"

60 阿凡提至理名言

游戏难度 ✿✿✿❀❀
最佳完成时间 3分钟

有个财主在集市上买了一箱细瓷器，他喊道："哪位给我背回家去，我就教给他三句'至理名言'。"

打短工的人都不愿理他，阿凡提却动了心，他想：钱在哪儿都挣得到，可"至理名言"却是不容易听到的。于是阿凡提背起财主的箱子跟他走了。

走着，走着，阿凡提请财主教他"至理名言"。财主说："好，你听着！要是有人对你说：'肚子饿着比饱好'，你可千万别相信呀！"

"妙，妙极了！"阿凡提说，"那么，第二句呢？""要是有人对你说：'徒步走路比骑马强'，你可绝对别相信呀！"

"对"，阿凡提说，"多么不容易听到的'至理名言'呀！那第三句呢？""你听着，财主说："要是有人对你说：'世界上还有比你傻的短工'，你可怎么也别相信呀！"

阿凡提听完，猛地把手里的箱子摔在地上，对财主说："_____！"

◆你知道阿凡提对财主说了什么话吗？如果你是阿凡提，你会怎样说呢？

61 来生变父

游戏难度 ✦✦✦✧✧
最佳完成时间 3分钟

某财主把欠债人招来，吩咐说："你们谁如果还不起债可对我发誓，说清来生如何还，我就把借据烧掉，免还了。"欠少的人说："我愿来生变马，给主人骑坐，以还宿债。"财主点头，把借据烧了。

欠债稍多的人说："我愿来生变牛。"主人也点头了。欠债最多的人说："我愿来生变你父亲。"

◆ 财主听了大怒，这人连忙解释说："_____"

62 "马路"就是马克思走的路

游戏难度 ✦✦✦✧✧
最佳完成时间 3分钟

我们敬爱的周恩来总理思维敏捷，他回答外国记者的答问都不是提前准备好的，也是事先难以预料到的。周总理不仅回答得巧妙，而是在很短的时间里，几乎是对方刚说完，马上就回答。一次，外国记者不怀好意问周恩来总理："在你们中国，明明是人走的路为什么却要叫'马路'呢？"

◆ 你知道周总理是怎么说的吗？

63 用哪条腿签字的

游戏难度 ✦✦✦✧✧
最佳完成时间 3分钟

美国有位作家某次到一家杂志社去领取稿费。他的文章已经发表，那稿费早就该付了。可是出纳却对他说："真对不起，先生。支票已开好，但是经理还没有签字，领不到钱。"

"早就该付的款，他为什么不签字呢？"作家有些不耐烦了。

"他因为脚跌伤了，躺在床上。"

作家说了一句既表现同情、理解和关爱，又证明他的那条推诿理由是荒谬的。

◆ 你知道作家是怎样说的吗？

64 谁的字最好

游戏难度 ✦✦✦✧✧
最佳完成时间 3分钟

在南朝时，齐高帝曾与当时的书法家王僧虔一起研习书法。有一次，高帝突然问王僧虔说："你和我谁的字更好？"

这问题比较难回答，说高帝的字比自己的好，是违心之言；说高帝的字不如自己，又会使高帝的面子搁不住，弄不好还会将君臣之间的关系弄得很糟糕。

王僧虔的回答很巧妙，既不说违心之言，也给了高帝面子。高帝领悟了其中的言外之意，哈哈一笑，也就作罢，不再提这事了。

◆ 王僧虔是怎样说的呢？

65 奥斯卡的幽默

游戏难度 ✿✿✿❀❀
最佳完成时间 3分钟

美国是个幽默味浓厚的国度。在引人注目的奥斯卡颁奖台上，幽默自然是必不可少的开心果。且不说那些精心挑选的颁奖司仪是如何逗人，光听听获奖者的趣语也足以让人开怀。

奥斯卡金像奖不仅是美国电影界的最高奖，也是世界影坛一个举足轻重的奖项。一年一度的奥斯卡颁奖仪式强烈吸引着全球各地的影迷们。人们在目睹获奖者的迷人风采和高雅举止的同时，也悉心聆听着他们精彩绝妙的致辞，感受着通过其幽默口才得以显示的应变能力。

1984年，音乐片《莫扎特》荣获8项大奖，得奖者莫利·古利笑言："_____。"他的话被评为历届奥斯卡最谦虚的致辞。

◆你知道他是怎样说的吗？

66 用委婉的语气使对方知趣

游戏难度 ✿✿✿❀❀
最佳完成时间 3分钟

1952年，正在苏联访问的美国总统尼克松将去苏联其他城市访问。苏共总书记勃列日涅夫到莫斯科机场送行。正在这时，飞机出现故障，一个引擎怎么也发动不起来。机场地勤人员马上进行紧急检修。尼克松一行只得推迟登机。勃列日涅夫远远看着，眉头越皱越紧。为了掩饰自己的窘境，他故作轻松地说："总统先生，真对不起，耽误了你的时间！"他一面说着，一面指着飞机场上忙碌的人群问："你看，我应该怎样处分他们？"

◆你猜尼克松怎么回答？

67 修女很富

游戏难度 ✿✿✿❀❀
最佳完成时间 3分钟

有个病人对住院处的护士说："请把我安排在三等病房，我很穷。""没有人能帮助您吗？""没有，我只有一个姐姐，她是修女，也很穷。"护士听了生气地说："修女富得很，因为她和上帝结婚。"病人说了一句话，让护士顿时哈哈大笑。

◆你知道病人说的是什么吗？

68 延伸阅读

游戏难度 ✿✿✿❀❀
最佳完成时间 3分钟

英国著名剧作家肖伯纳到莫斯科旅游，在街上遇到了一位聪慧的小女孩，十分投缘，便站在街头天南地北地和她聊了很久，临分别时，肖伯纳说："回去告诉你的妈妈，今天你在街上和世界名人肖伯纳聊了很久。"小女孩看了他一眼，也学着他的口气说了一句话，让肖伯纳大吃一惊，羞愧不已。

◆你知道小姑娘是怎样说的吗？

第八章
快速判断

　　能够在一大堆繁杂的数据中一眼看出答案,就好比在万军之中一刀砍下敌将的脑袋,这是一门绝学,目前只有少数精英分子可以掌握。我们要学的是精准的定位和判断能力,怎样才能拥有这种神奇的能力呢?那就是不断的锻炼。

　　我们的口号:不求最快,但求最准!

第八章

1. 小白兔买裙子

游戏难度 ❀❀❀✿✿
最佳完成时间 3分钟

小白兔、小黑兔、小灰兔在商场各买了一条裙子。三条裙子的颜色分别是白色、黑色和灰色。

回家的路上，一只小兔说："我想了好久白裙子，今天可算是实到了！"说到这里，她好像发现了什么，惊喜地对同伴们说："今天我们可真有意思，白兔没买白裙子，黑兔没买黑裙子，灰兔没买灰裙子。"

小黑兔说："真是这样的，你要是不说，我还真没注意这一点呢！"

◆你能根据她们的对话，猜出白兔、黑兔和灰兔各买了什么颜色的裙子吗？

2. 看见每个人的脸

游戏难度 ❀❀❀✿✿
最佳完成时间 3分钟

在一间空房里，随意坐着4个人，允许他们随意转动身体。

◆请你想一想，这4个人都能看见每个人的脸吗？为什么？

3. 慈善家的谎言

游戏难度 ❀❀❀✿✿
最佳完成时间 3分钟

一个伪善的慈善家洋洋得意地向人们吹嘘道："上个星期，我将50枚银元施舍给了10个穷人，但我并不是平均分给他们的，而是根据他们的困难程度进行施舍。所以，他们每个人得到银元数目都不相同。"

"你在撒谎！"一个聪明的少年听了，气愤地说，"你是个伪慈善家，你说的全是谎话！"

"你凭什么这么说？"伪慈善家气势汹汹地说，"你要是说不出个理由来，我决饶不了你！"

于是，这个少年不慌不忙地说明了原因，周围的人听了，全都骂他是个伪君子。伪慈善家无言以对，只好灰溜溜地走了。

◆你知道这个少年是如何揭穿伪慈善家的谎言的吗？

4. 聪明的小象

游戏难度 ❀❀❀✿✿
最佳完成时间 3分钟

象爸爸想了解小象A和小象B哪个聪明些，一天它出了这样一道题：

我有两块黑布、一块白布，要在你们的背上各放一块，你们只能看到对方背上放的是什么颜色的布，而看不到自己背上布的颜色。象爸爸边说边把两块黑布分别放在它们的背上，让它们猜出自己背上放的是什么颜色的布。

过了一会儿，小象A回答说："我的背上放的是黑布。"

◆请你想一想，小象A是怎样猜出来的？

160

5 收音机的报道

游戏难度 ✿✿✿
最佳完成时间 3分钟

某国发生8级大地震，灾情十分惨重。收音机中不断报道受灾情况以及寻人启事。井上也一直注意收听收音机的报道。有人问井上："你孙子的消息是否会透过收音机播放？"井上回答："没有。但我的孙子平安无事。"

◆请你想一想，井上是如何得知孙子平安无事的？

6 读书计划

游戏难度 ✿✿✿
最佳完成时间 3分钟

一个中学生制订了一个读书计划：一天读20页书。但第三天因病没读，其他日子都按计划完成了。

◆问第六天他读了多少页？

7 测潮水

游戏难度 ✿✿✿
最佳完成时间 3分钟

五一期间，皮皮一家去海边游玩，他第一次看到海，充满了好奇，特别是涨潮落潮，简直看得入了迷。他很想知道，涨潮时每小时海水上涨了多少。

于是，他想了一个办法，在游轮的船舷边上放下一条绳子，绳子上系有10个红色的手帕，每两个相邻的手帕相隔20厘米，绳子的下端还特地系了一根铁棒。放下时，正好最下面的一个手帕接触到水面。

◆涨潮了，皮皮赶紧跑去看绳子上的手帕，并带上表计时；他能测出潮水每小时涨多少厘米吗？

8 明显的谎言

游戏难度 ✿✿✿
最佳完成时间 3分钟

大侦探布里克森，一天在街上遇上了同乡拉平。拉平牵着一条普通的牧羊犬。

为了还赌债，拉平想将此狗高价卖给布里克森。

"老兄，我这条狗的名字叫麦克，它可非同一般啊！"拉平接着绘声绘色地说道，"在我家的农场旁边，有一条沿着山崖修建的坡度很大的铁路。一天，有块大石头滚到铁轨上，此时远远见一列火车飞快冲来。我想爬上山崖发出警告信号，可扭伤了脚摔倒在崖下。在这紧急关头，我这宝贝狗麦克飞奔回家，拽下我晒在铁丝上的红色秋衣，叼着它闪电般冲上山崖。那红色秋衣迎风飘扬，就像一面危险信号旗。司机见了立即刹车，这才避免了一场车翻人亡的恶性事故。怎么样？我这宝贝麦克有智有谋，非同一般吧？"

拉平正欲漫天要价，不料话头被布里克森打断："请另找买主吧，老弟，不过，你倒很会编故事，将来定是位大作家！"

◆请你判断一下，拉平所说的话中，哪一句是最明显的谎言？

161

9 寿比南山松不老

游戏难度 ✻✻✻✿✿
最佳完成时间 3分钟

初唐诗人宋之问，诗文不凡，善于题对。一次，官授考功员外郎的宋之问路过杭州，慕灵隐寺之名，乘夜往游。见寺中殿阁、寺前鹫岭在月色中古朴雄劲，顿时诗兴大发，随口吟出一句："鹫岭郁岩晓，龙宫锁寂寥。"但苦思良久，不能再续下句。

寺中有一老僧见状微微一笑，接续道："楼观沧海日，门对浙江潮。"两句续诗大气磅礴，气势非凡，把灵隐寺开阔的远景鲜明地层示出来。宋之问闻言大喜，于是怀着敬佩之情，拱手向前相问："长老鹤发童颜，神采矍铄，敢问高寿？"

老僧捋须一笑，报了年岁。宋之问一听，不禁一惊，随后命人取过文房四宝，为老僧制成一副贺联："花甲重开外加三七岁月，古稀双庆内多一个春秋。"

◆你能从中悟出老僧历经了多少个春秋吗？

10 谁搞错了

游戏难度 ✻✻✻✿✿
最佳完成时间 3分钟

三个人在一起散步。第三个人说：第二个人是第一个人的孩子。但第一个人反驳说：我不是第二个人的妈妈，他也不是我儿子。

◆他们的话都是事实，是谁搞错了吗？

11 哪个能够更快冷却

游戏难度 ✻✻✻✿✿
最佳完成时间 3分钟

◆在同样的条件下，把两杯不同温度的牛奶放到同一个冰箱里，温度高的一杯与温度低的那一杯哪个冷却得快？

12 快速反应

游戏难度 ✻✻✻✿✿
最佳完成时间 3分钟

有一间小房里的四周全部布满镜子，所有的墙面、地面甚至门，没有不是镜子的地方。

◆你走进去，关紧门将会看到什么现象？

13 哪桶水能喝

游戏难度 ✻✻✻✿✿
最佳完成时间 3分钟

有一个村庄，这里的村民一部分说假话，一部分说真话。一个晴朗的午后，村里来了一位陌生人。陌生人十分口渴，恰好他发现前面有一桶水。他正想喝，却又怕这水不能喝。就在这时，一位当地的村民从这里路过，陌生人便向他打招呼："今天天气不错啊！""是的。"村民没有多话。"请问这水可以喝吗？"陌生人直入正题。"可以。"村民冷淡地说。

◆聪明的你，能判断出这个村民说的是真话还是假话吗？

14 罕见的动物

游戏难度 ✻✻✻✿✿
最佳完成时间 3分钟

◆有种动物，大小像只猫，长相又像虎，这是什么动物？

17 找出次品

游戏难度 ✿✿✿❀❀
最佳完成时间 3分钟

一家玩具公司生产的一盒玩具球中有4个小球，每个小球都是按照标准的重量制造的。

在质检过程中，工作人员发现其中一个小球是次品。

现在知道那个次品的重量要比其他合格品重一些。

◆如果让你用天平只称量一次，你知道如何判断哪个小球是次品吗？

18 修理后的列车

游戏难度 ✿✿✿❀❀
最佳完成时间 3分钟

在A地和B地之间，新增开了一趟"和谐号"列车，给两地的居民出行带来了许多方便。列车每天早上6点从A地出发，到达B地的时间是9点10分。可是有一天，列车检查员发现列车的行驶有点异常，当天夜里修理了很久才解除了问题。第二天，这趟列车作为"光明号"列车，早上6点35分从B地出发，10点35分到达A地。

◆那么这趟列车能否和"和谐号"列车一样，在相同的时间，通过相同的地点呢？

19 触电

游戏难度 ✿✿✿❀❀
最佳完成时间 3分钟

强子和妹妹一起去放风筝，不料天空突然电闪雷鸣，倾盆大雨直泻下来。强子急忙带着妹妹到屋檐下躲避。本来在屋檐下是不会触电的，但是强子的妹妹却被雷电击中。

◆你认为这是为什么？

15 能实现吗

游戏难度 ✿✿✿❀❀
最佳完成时间 3分钟

有甲、乙、丙、丁四个清洁工负责一条环绕着正方形公园的四条公路上的清洁工作，但是他们四个人只有一套清洁工具，并且他们每个人竭尽全力也只能完成其中一边路段的清洁任务。所以他们的工作总是不能让领导满意。

于是，一个清洁工想出了一个办法：他们四个人分散在公园的四个角上，先由甲拿着清洁工具开始清理，清理完一条边后到达乙的位置就把工具交给乙，乙就开始清理，甲休息。乙再清理完一条以后丙开始工作，乙休息。以此类推。当丁做完之后再把工具交给甲，他们就可以一直不停地循环下去了。

◆你觉得他们的想法真的能实现吗？

16 江水上涨

游戏难度 ✿✿✿❀❀
最佳完成时间 3分钟

有一个小朋友站在船梯离江面42厘米的位置上，如果江水以每小时40厘米的速度上涨。

◆经过多长时间，这个小朋友可能被淹？

20 商店打烊

游戏难度 ✿✿✿
最佳完成时间 3分钟

◆某商人刚关上店里的灯，一男子来到店堂并索要钱款，店主打开收银机，收银机内的东西被倒了出来而那个男子逃走了，一位警察很快接到报案。仔细阅读下列有关故事的提问，并在"对""不对"或"不知道"中作出选择：

（1）店主将店堂内的灯关掉后，一男子到达？
（2）抢劫者是一男子？
（3）来的那个男子没有索要钱款？
（4）打开收银机的那个男子是店主？
（5）店主倒出收银机中的东西后逃离？
（6）故事中没有提到收银机里具体有多少钱？
（7）抢劫者向店主索要钱款？
（8）索要钱款的男子倒出收银机中的东西后，急忙离开？
（9）抢劫者打开了收银机？
（10）店堂灯关掉后，一个男子来了？
（11）抢劫者没有把钱随身带走？

21 最大的影子

游戏难度 ✿✿✿
最佳完成时间 3分钟

◆你知道世界上最大的影子是什么吗？

22 左边的左边

游戏难度 ✿✿✿
最佳完成时间 3分钟

左边和右边是一个很简单的问题，可往往有人会把它们弄混。请试试下面这个问题：林林的左边是佳佳，佳佳的左边是花子，花子的左边是沙沙。

◆请问：沙沙永远都在林林的左边吗？

23 酒精的问题

游戏难度 ✿✿✿
最佳完成时间 3分钟

卡特和麦迪到野外度假。卡特不小心划破了手臂，麦迪连忙从包里拿出一个小瓶子："我这里有酒精，消消毒，可以防止感染。"随后的几天，卡特每天都用麦迪的酒精擦洗伤口。可是，卡特的伤口非但没有愈合，反而化脓了。卡特不禁埋怨麦迪："你的酒精一定失效了，要么就是装的瓶子不干净。"

◆麦迪感到很冤枉：这些酒精可是出来前专门到药店配的最纯净的酒精，瓶子也是药店给的，怎么会不干净呢？

24 漆黑的公路

游戏难度 ✿✿✿✿✿
最佳完成时间 3分钟

有一辆没有开任何照明灯的卡车在漆黑的公路上飞快地行驶，天还下着雨，没有闪电，没有月光，也没有路灯。就在这时，一位穿着一身黑衣的盲人横穿公路！在这千钧一发之际，汽车司机紧急刹车，避免了一次恶性事故的发生。

◆为什么会是这样呢？

25 安静的士兵

游戏难度 ✿✿✿✿✿
最佳完成时间 3分钟

打仗时拿破仑高喊："冲啊！"但他的士兵却原地不动。

◆请问：这是为什么？

26 转述广告

游戏难度 ✿✿✿✿✿
最佳完成时间 3分钟

有四个中国人：小杨、小李、小王和小张，他们一起去瑞士旅游。小黄会说拉丁语和德语，小李会说德语和法语，小王会说法语和英语，小张会说西班牙语和英语。这天他们在饭店里看到一张用拉丁语写的旅游广告，小杨读后用德语告诉了小李。

◆怎样才能把广告内容告诉小王和小张？

27 蜻蜓点水

游戏难度 ✿✿✿✿✿
最佳完成时间 3分钟

夏天我们会看到蜻蜓在水面上飞来飞去，还不时地轻点水面，蜻蜓是用哪个部位点水的？

◆A.头部　　B.腹部　　C.尾部　　D.脚

28 相对反义词

游戏难度 ✿✿✿✿✿
最佳完成时间 3分钟

相对反义词：也称极性反义词。这类反义词在意义上互相对立，肯定甲必否定乙，肯定乙必否定甲；但是，否定甲不一定就是肯定乙，否定乙也不一定就是肯定甲。

根据上述定义，下列属于相对反义词的一组是：

◆A.生——死　　B.曲——直
C.多——少　　D.有——无

29 猜牌

游戏难度 ✿✿✿✿✿
最佳完成时间 3分钟

甲、乙、丙、丁四人玩扑克，他们一共抓了9张牌，每人抓了2张，还剩下1张，已知甲抓的两张牌之和是10，乙抓的两张牌之差是1，丙抓的两张牌之积是24，丁抓的两张牌之商是3。

◆请问，如果这9张牌是1～9中的数字，你能猜出他们四人手中抓的是什么牌吗？剩下的又是哪张牌呢？

30 生命之火

游戏难度 ✿✿✿
最佳完成时间 3分钟

◆什么时候我们会甘心熄灭自己的生命之火?

31 用力划船

游戏难度 ✿✿
最佳完成时间 3分钟

一天,劳拉约朋友去一条湍流的河中划船,奇怪的是,他们乘着小船划行时越来越吃力,不管用多大力划,还是越划越慢,后来小船竟然停住了。

◆请问,你知道这是怎么一回事?

32 奇异水果

游戏难度 ✿✿
最佳完成时间 3分钟

这种水果说来平常,但也奇异。

在没有吃它之前,它是绿色的;在吃下去后,它就是红色的;吐出来后,它又变成黑色的。

◆你知道这究竟是什么水果吗?

33 一半路途

游戏难度 ✿✿
最佳完成时间 3分钟

小明和小刚一起去登山,下山的时候,他们从山顶的缆车车站沿小路下山步行去山谷的缆车站,这条小路恰好在缆车下方。

途中休息时,小刚说:

"真巧,我们现在正好在半山腰处。"

小明不解地望着小刚,好一会儿才想明白是怎么一回事。

◆请问,你知道小刚为什么这么说吗?

34 寄钥匙

游戏难度 ✿✿✿
最佳完成时间 3分钟

老李出差的第一天,就发现家里的信箱钥匙居然在自己衣兜里,想起妻子每隔三天都要开一次信箱,要是没有找到钥匙一定会又着急又失望。于是,老李赶紧把钥匙放在信里寄回家了。

妻子知道这件事后哈哈大笑,打电话对老李说:"真是糊涂啊。"

◆请问,你知道妻子为什么这么说吗?

35 为何紧闭车窗

游戏难度 ✿✿✿
最佳完成时间 3分钟

在世界上最炎热的地方之一,即使是没有什么冷气设备的车开起来的时候也都会把门窗关得严严的。据说这并不是为了防止灰尘和沙粒,也不是为了防止有毒的气体及恶臭等空气污染。

◆那么,这到底是什么原因呢?

36 中奖概率

游戏难度 ✦✦✦
最佳完成时间 3分钟

假设有两种抽彩票的方法，一种是在10张中抽出2张来；另外一种是让你从100张彩票中抽10次，每次抽出2张来，但是每抽完一次就要把抽出的彩票再放回去。

◆那么请问，这两种方法哪一种抽中大奖的概率大一些呢？

37 语言逻辑

游戏难度 ✦✦✦
最佳完成时间 3分钟

某地有一名热心的理发师，他只给村子里的所有不给自己理发的人理发，而村子里所有不为自己理发的人都来找这位理发师理发，则这位理发师（　　）

◆A.给自己理发
　B.叫人为他理发
　C.从不理发
　D.不存在这样的人

38 何出此言

游戏难度 ✦✦✦
最佳完成时间 3分钟

两人正在谈生意，其中有位满头金发、面孔黝黑、下巴呈古铜色的青年兴冲冲地对另一人说："昨天我才从沙漠探险归来，洗尽一身尘垢，刮去长了好几个月的络腮胡子，修剪好乱的头发，美美地睡了一觉。最值得庆幸的是我的化验分析报告，证实那片沙漠地带有个储量丰富的金矿。假如您愿意对这有利可图的项目投资的话，请到我公司细谈。"

◆听罢此言，另一人讪笑着说："你若想骗傻瓜的钱，最好还是把故事编得真实一些！"另一人何出此言？

39 阿凡提的问题

游戏难度 ✦✦✦
最佳完成时间 3分钟

阿凡提出去旅行来到一个奇怪的地方，这个地方有两个国家，一个是正常国，一个是反常国。

正常国没有什么，反常国却大不相同，他们只用点头或摇头来回答。而且外地人要问他们一件事必须给钱。阿凡提很想知道他所在的是何国。他怎样才能提一个问题便判断出这是何国呢？

◆请问，你能想到阿凡提是怎样来判断的吗？

40 交通事故

游戏难度 ✦✦✦
最佳完成时间 3分钟

据交通部门的统计，大多数汽车发生事故都是在中速行使的时候，很少有事故发生在高速行车的时候。

◆那么，这是否可以表明，高速行车比中速行车更安全呢？

42 哪种方法最好

游戏难度 ✿✿✿
最佳完成时间 3分钟

长颈玻璃瓶装满了水，要想把水尽快地倒出来，以下三种方法，你认为哪种方法最好？

◆(1)瓶口朝下，一动不动地往下倒；
　(2)瓶口朝下，上、下来回摇着往外倒，
　(3)瓶口朝下不停地旋转瓶子往外倒。

43 不会再慢的时钟

游戏难度 ✿✿✿
最佳完成时间 3分钟

老李家的时钟坏了，每天都会慢一个小时，老李修了几次都没能修好，所以特别郁闷。有一天，老李的一个朋友来家里做客，看到了这个时钟，他只是静静地看了一会儿，并没有拨弄时钟的指针，却很有把握地说："这个时钟从现在开始不会再慢了。"老李将信将疑，后来发现朋友说的果然没错。

◆这是什么原因呢？

41 闻名的建筑

游戏难度 ✿✿✿
最佳完成时间 3分钟

◆妞妞和丁丁是班上的百事通。一天，老师决定考考他们，便给他们列了一组举世闻名的艺术建筑物，要求他们把国家列在后面。你能迅速地回答出来吗？

1. 白宫——
2. 圆明园——
3. 泰姬陵——
4. 吴哥窟——
5. 布达拉宫——
6. 比萨斜塔——
7. 仰光大金塔——
8. 莫斯科红场——
9. 巴黎圣母院——
10. 悉尼歌剧院——
11. 埃菲尔铁塔——
12. 古罗马角斗场——
13. 帕特侬神庙——
14. 金字塔——
15. 白金汉宫——
16. 雅典娜女神——
17. 凡尔赛宫——

44 信鸽

游戏难度 ✿✿✿
最佳完成时间 3分钟

信鸽即使被带到千里之外的地方去放飞，也能很快、很准确地飞回自己的窝里，它是靠什么来确定飞行方向的？

◆A.嗅觉　B.地球的磁场　C.太阳　D.直觉

45 怪事

游戏难度 ✿✿✿
最佳完成时间 3分钟

◆一个手无寸铁的人钻进了狮子笼里，为什么太平无事？

46 牙齿的颜色

游戏难度 ✿✿✿✿✿
最佳完成时间 3分钟

◆黑人和白人生下的婴儿，牙齿是什么颜色的？

47 不劳动者不得食

游戏难度 ✿✿✿✿✿
最佳完成时间 3分钟

甲、乙、丙三人在讨论"不劳动者不得食"这一原则所包含的意义。

甲说："不劳动者不得食"意味着"得食者可以不劳动"。

乙说："不劳动者不得食"意味着"得食者必须是劳动者"。

丙说："不劳动者不得食"意味着"得食者可能是劳动者"。

◆A.甲的意见正确，乙和丙的意见不正确。
　B.乙和丙的意见正确，甲的意见不正确。
　C.乙的意见正确，甲和丙的意见不正确。
　D.丙的意见正确，甲和乙的意见不正确。

48 神通广大

游戏难度 ✿✿✿✿✿
最佳完成时间 3分钟

某人头一上有一个伤痕，所以他终年戴着顶帽子，而且很少在别人面前把帽子摘下来，但是，每当他去见一个人的时候，他总是乖乖地摘下帽子。

◆你知道谁有这么神通广大吗？

49 目的

游戏难度 ✿✿✿✿✿
最佳完成时间 3分钟

人们常发现，老鼠将家具、衣服，甚至房屋的柱、梁等坚硬的东西咬坏，但是它并不吃这些东西，这么做是为了：

◆A.用声音做联系暗号　　B.磨牙
　C.故意搞破坏　　　　　D.吓人

50 讨水

游戏难度 ✿✿✿✿✿
最佳完成时间 3分钟

某人在旅游途中见到一个农村妇女正在屋前乘凉，就向她要点凉水喝。农村妇女取来一个泥罐，往里面装水，又用湿毛巾把泥罐包起来，放到太阳光下曝晒。旅游的人想：太阳会把水越晒越热，怎么喝呀？一会儿，农妇把泥罐取回，一喝，水却是凉凉的。

◆你能讲出其中的道理吗？

51 倒霉的男人

游戏难度 ✿✿✿✿✿
最佳完成时间 3分钟

小王因工作需要常交际应酬，虽然每天都很早回家，可妻子还是抱怨不断。

◆这为什么？

52 正面与反面
游戏难度 ✿✿✿✣✣
最佳完成时间 3分钟

有一座庙宇，据说里面的菩萨很灵验，所以每天都有很多人来这里祈福。每个来祈福的人都要向祈福箱里扔一枚硬币，如果正面朝上的话，就说明菩萨会帮助他达成这个愿望；但是如果硬币的背面朝上的话，就说明菩萨也帮不上忙。

庙里的和尚为了让箱子里正面朝上的硬币多，就作了一个规定：只有扔进箱子的硬币是正面朝上的时候，人们才可以继续扔硬币；如果是背面朝上，则不可以再扔钱。

这样下来，久而久之，箱子里正面朝上的硬币就会比背面朝上的硬币多。

这的确是一个好主意，但是出乎意料的是，过了一段时间之后，和尚们发现箱子里正面朝上的硬币竟然和背面朝上的硬币的数量差不多。

◆这是为什么呢？

53 不生跳蚤的狗
游戏难度 ✿✿✿✣✣
最佳完成时间 3分钟

◆老詹养了一只狗，并且从来不帮狗洗澡，为什么狗不会生跳蚤呢？

54 这是什么病
游戏难度 ✿✿✿✣✣
最佳完成时间 3分钟

老人梅友并到医院去做检查，结果医生告诉他说要看开一点。

◆请问他得了什么病？

55 神奇的地方
游戏难度 ✿✿✿✣✣
最佳完成时间 3分钟

◆地球有两处地方，昨天可以是今天，今天可以是明天，那地方是哪里？

56 广告
游戏难度 ✿✿✿✣✣
最佳完成时间 3分钟

广告是指为了商业目的，由商品经营者和服务提供者承担费用，通过一定媒介和一定形式，如通过报刊、电视、路牌、橱窗等，直接或间接地对自己推销的商品或者提供的服务所进行的公开宣传活动。按照定义，下列属于广告范围的是哪个：

◆(1)建材公司的经理为了更好地销售水泥，向邻县的包工头送礼十万元。

(2)克林顿为了当选总统，不惜重金在电视和报刊上发表演说。

(3)李宁公司赞助中国体育代表团出征奥运会，获得良好的社会效应和经济效益。

(4)老板规定员工上班一律要戴胸卡。

57 是否放风筝

游戏难度 ✿✿✿
最佳完成时间 3分钟

若风大，就放飞风筝；若气温高，就不放飞风筝；若天气不晴朗，就不放飞风筝。假如以上说法正确，若放飞风筝，则以下哪些说法是正确的（　　）

(1)风大；
(2)天气晴朗；
(3)气温高。

◆A.(1)　B.(2)　C.(3)　D.(1)和(2)

58 爬楼梯

游戏难度 ✿✿✿
最佳完成时间 3分钟

皮皮和琪琪两人同住一幢楼，皮皮住第8层，琪琪住第4层，每层楼的楼梯一样高。琪琪于是对皮皮说：每天我们同样上楼，你要比我多爬一倍的楼梯呢！

◆请问，琪琪说的话对吗？

59 姐妹兄弟

游戏难度 ✿✿✿
最佳完成时间 3分钟

男孩米琪的姐妹与他拥有的兄弟一样多。他的姐姐米莉拥有的姐妹却只有她拥有的兄弟数量的一半。

◆请问他们家共有多少孩子？

60 孔变大还是变小

游戏难度 ✿✿✿
最佳完成时间 3分钟

一枚硬币中间钻了一个孔，如果将硬币加热，孔径是变大还是变小？

有人说："金属受热后膨胀，就把有孔的地方挤小了。"

◆你说，他说得对吗？

61 说谎的孩子

游戏难度 ✿✿✿
最佳完成时间 3分钟

老张家有一块西瓜地，离家有1千米，这天老张让两个孩子去看看西瓜的长势，大儿子回采说："西瓜已经有碗口那么大了。"二儿子回来说："西瓜只有碗底那么大。"

一个星期后，老张自己去西瓜地，发现西瓜长得果然有碗口那么大了。

◆那么，他的两个孩子哪个说谎了呢？

62 严重的错误

游戏难度 ✿✿✿
最佳完成时间 3分钟

小梅带着厚厚的眼镜，但这次的视力测验，她有把握双眼的测试结果都在2.0以上，因为她事先把视力表给背了下来。

但是，检查开始的时候，她才发现，她犯了一个严重的错误，虽然视力表和她背下来的是一模一样的。

◆聪明的读者，你知道这个错误是什么吗？

171

63 一分钟答题

游戏难度 ✿✿✿✿✿
最佳完成时间 3分钟

（1）当您从西向东行走，不久向左转270°角行走，再向后转走，接着，又向左转90°角走，最后又向后转走。请问，最终您是朝哪一个方向行走的？

（2）在20世纪有这样一个年份，把它写成阿拉伯数字时，正看是这一年，倒过来看还是这一年。请问，这是指哪一个年份？

（3）用3根火柴要摆成一个最小的数（不许把火柴折断或弯曲），这个数是多少？

（4）有一个又高又狭窄的玻璃筒，筒里放着一只鲜鸡蛋。如果不许把玻璃筒倾斜，也不许用任何夹具把鲜鸡蛋夹起，那么，您有什么办法取出鲜鸡蛋？

（5）英国伦敦某公司采购员杰夫经常出差去法国巴黎，而且每次都是乘坐火车去的。有一次，他又要出差去法国巴黎，但他前一半路程是坐飞机去的，这比他平常坐火车去的速度要快8倍；而他后一半路程是坐火车和汽车到达法国巴黎的，速度比他平常坐火车要慢一半。请问，他这一次出差去法国巴黎，是否比他平常坐火车去节省时间？为什么？

（6）一只走着的挂钟，它在24小时里，分针和时针要重合多少次？

（7）有一根铁线，如果用钳子把它剪断后，它仍然是一根与原来长度相等的铁线。请问，这是一根什么形状的铁线？

（8）宇航员卡特在乘宇宙飞船进入太空前，正用他所带的自来水笔为来访者签名留念。当他进入太空以后，他正忙着用这支笔写日记。您相信吗？

（9）有12个人要过河去，河边只有一条能够载3个人的小船。请问，这12个人都过河，需要渡几次？

64 顺序推理

游戏难度 ✿✿✿✿✿
最佳完成时间 3分钟

如果所有的妇女都有大衣，那么漂亮的妇女会有（　　）

◆A.更多的大衣
　B.时髦的大衣
　C.大衣
　D.昂贵的大衣

65 提示猜想题

游戏难度 ✿✿✿✿✿
最佳完成时间 3分钟

我说五句话，你能找出我说的是什么吗？A.用中文表达是5个字。
B.地理名词。
C.900万平方千米。
D.三毛。
E.干草原、沙丘、矿质荒漠。

◆现在知道了吗？

69 聪明的局长

游戏难度 ✿✿✿✿✿
最佳完成时间 3分钟

1950年，哈尔滨警方在一次查户口时，发现了一个很像日本战犯的嫌疑人。经过审讯，此人说他是牡丹江附近李家庄的农民叫李胜利。由于这个村庄的其他人都被日本人杀死了，所以没办法辨别真伪。

为了查明真相，市公安局的宋局长亲自将他安排到牡丹江附近的农民家中参加劳动。李胜利同农民很谈得来，而且知道很多这一带的事情，农活也干得很在行。

一天，宋局长将他带到一间密室，经过一番审讯后，对身边的侦察科长用日语说："明天，将他带到刑场枪决。"局长本来想观察李胜利有什么反应，但他无动于衷。宋局长在心里犯起了琢磨，难道李胜利真的不懂日语，不是犯下滔天罪行的日本战犯？

又过了几天，宋局长决定使出杀手锏。李胜利再次走进了宋局长的办公室，里面显得特别安静，宋局长正聚精会神地批阅文件。看见李胜利走了进来，宋局长抬起头，用日语对李胜利说了一句话。李胜利听后舒了一口气，露着微笑转身准备离开。门口的两位警察堵住了他的去路，李胜利知道刚才一时失态露出了破绽，只好老实地招供了。

◆你知道宋局长说了一句什么话吗？

66 有一种书

游戏难度 ✿✿✿✿✿
最佳完成时间 3分钟

◆什么书买不到？

67 鬼迷路

游戏难度 ✿✿✿✿✿
最佳完成时间 3分钟

一天晚上，3个探险家为了抄近路，决定从宽4千米的山谷中穿过。他们走了很久，按时间计算应该到达目的地了，但每次总是莫名其妙地回到出发点附近。这就是人们经常所说的"鬼迷路"。

◆你知道是怎么回事吗？

68 多长时间吃完

游戏难度 ✿✿✿✿✿
最佳完成时间 3分钟

医生给了你三颗药丸，要你每半个小时吃一颗。

◆请问吃完需要多长时间？

70 老虎的难题

游戏难度 ✿✿✿✿✿
最佳完成时间 3分钟

◆一头被10米绳子拴住的老虎，要如何吃到20米外的草？

173

71 小顽童的把戏

游戏难度 ✿✿✿✧✧
最佳完成时间 3分钟

小顽童最喜欢搞些自以为是的小把戏，常常把大人们逗得乐翻了天。一天，他摆出这样一个把戏：在一个睡着的小猫的背上放上一根杠杆，在杠杆的左边放一只足球，杠杆的右边放一枝正在燃烧的蜡烛，此时杠杆正好平衡。

◆假设在蜡烛燃烧尽之后猫还没有醒来，也没有动一下，或者翻一下身，足球将滚向左边还是右边？

72 搞笑谜语十五

游戏难度 ✿✿✿✧✧
最佳完成时间 3分钟

当哥伦布一只脚迈上新大陆后，紧接着做什么？

73 前胸与后背

游戏难度 ✿✿✿✧✧
最佳完成时间 3分钟

南宋时，江西一带食盐缺乏。有一天，有位盲人买了1千克盐，正提着往家走，忽然被人猛地从手中夺走了。盲人大喊："捉贼！"听到有人跑去捉贼，盲人便顺声音追去。追不远，就听到四五个人的叫喊声，和两个人的厮打声。等盲人走近，就听到一人说："你为什么抢人家的盐？"另一个人说："是你抢了人家的盐，还动手打人！"两人互相指责，又互相谩骂。盲人也无法分辨谁是好人，谁是抢劫犯。

众人正在七嘴八舌的议论时，恰巧湖襄提刑宋慈路过这里，见许多人围观争吵，便令人上前问明情况。宋慈手下有个办事干练的小吏，听后马上说："这事不难，古代有现成的案例，符融就曾经安排两人赛跑，谁跑赢了，谁就是好人。"宋慈看见两人已经互相打得鼻青脸肿，伤痕累累了，说二人赛跑赛不出真实的成绩，便说不行。

小吏忙回答说："大人如果担心负伤后，跑的速度不真实，不如将二人押解回衙，等二人养好伤。再跑也不迟啊。"宋慈笑了笑说："何必这样麻烦呢？我自有办法。来人，将二人上衣脱掉，查看伤势！"手下人一拥而上，将二人衣服脱掉。只见一人鼻子流血，前衣襟洒满鲜血，胸部被打得青紫一片；另一个人被打得后背发青，还有指甲抓伤的痕迹。宋慈便冲那后背负伤的人说："这个就是抢劫犯，给我捆上带走！"众人一起上前，去绑那后背负伤的人。围观的人都用疑惑的目光看着这位提刑官。后来一审问，果然那人就是抢劫犯。

◆提刑官是凭什么断定此人就是抢劫犯呢？

74 起火的玻璃房

游戏难度 ✿✿✿✿✿
最佳完成时间 3分钟

在伦敦郊区的农庄里，有一位叫作詹姆雷斯的庄园主，他种植着闻名全国的玫瑰。詹姆雷斯对他的玫瑰爱如珍宝，专门盖了自动调节温度的玻璃房，让玫瑰在最好的环境里成长。

盛夏的一天，詹姆雷斯生怕玫瑰给太阳烤坏了，便拿出冬天储存下来的干草铺到玻璃房里，又在草上放上大量冰块，玻璃房的温控系统也调到最低。看着温度表上的22摄氏度，忙活了一天的詹姆雷斯终于松了口气。

到了傍晚，忽然下起了淅淅沥沥的小雨。雨越下越大，一直下到天亮。詹姆雷斯望着难得的雨水，心里充满了喜悦。这真是及时雨啊！气温一下子下降了好几度，再也不用怕玫瑰给晒坏了。他想乘这时候去买点肥料回来，便在中午时分套上马车出去了。

马车刚刚出庄园。他忽然看到庄园里腾起一股黑烟，接着，红色的火苗也蹿了上来，看方位，正是玻璃房所在的地方！他大惊失色，连忙全速赶回去。只见玻璃房的干草已经被点燃，滚滚黑烟将珍贵的玫瑰完全吞没了。等火完全扑灭后，玫瑰也烧得差不多了。

"天啊，是谁放了火？"詹姆雷斯大哭起来。

这是多么惨重的损失啊！他忙着给老朋友亨利探长打电话说："无论如何，请你一定把那个该死的纵火犯找出来！"

探长立刻带领警察赶到现场，可奇怪的是，在现场只有詹姆雷斯自己和两个赶来救火的仆人的脚印，此外连个鞋印子都找不到。

"奇怪了，刚刚下过雨，到处是湿漉漉的泥，怎么说也应该留下一些脚印吧。"一个警察说。

探长接着询问在附近劳作的仆人，他们也说起火时玻璃房里没有人。詹姆雷斯悄悄地向探长询问："怎么会这样，难道是幽灵来放火？"探长摇摇头，围着玻璃房绕了一圈。

忽然，探长注意到玻璃房顶部有一圈圆形的凹槽，这些凹槽围绕着房顶边缘排列，非常整齐好看。"这些是透水孔。"詹姆雷斯见探长注意，便在一旁解释道，"是用来让房顶积水流下来的。"

探长沉思了一会儿说道："纵火犯找到了，并不是什么幽灵，而是这些圆形凹槽！"

◆ "为什么？"詹姆雷斯无论如何也想不通，自己耗费巨资修建的玻璃房，怎么就成了害死玫瑰的凶手呢？

75 首相的化装舞会

游戏难度 ✿✿✿
最佳完成时间 3分钟

安全部门已经警告过首相，要求他取消今年的化装舞会。但在这个面积狭小的公国，化装舞会有两百多年的历史，已经成了一种传统，尽管受到了叛乱者的种种威胁，一年一度的化装舞会还是如期举行了。

舞会前，首相为了安全，做了大量工作。化装成装着假腿的海盗的客人交出了他的剑，化装成土耳其苏丹的客人交出了他的大弯刀。除了允许一个化装成棒球队员的人带进了一根球棒，没有任何钝器被带进会场。大家认为不会有人使用钝器威胁自己的生命了。

但还是出了事。一个80岁的大公爵被棒击致死。警察勘察了现场，看到公爵装扮成一个农民，躺在一块大石头上，血还在淌着，滴到了旁边的一个黑洞洞的缝隙中。

"快！"探长对离他最近的一个人说，"关上大门，通知警卫。"

旁边的这个人正是装扮成海盗的州长。他大步跑着离开了主会场。

探长的助手说："我们需要找到凶器。"

化装成棒球手的客人是首相的一个政敌，他说他的球棒在楼上。警察果然在楼上男浴室外的痰盂里找到了球棒。

"把证据带走，"探长喊道，"拿回去化验，一定要找到刺客。"

"不一定要去化验，"命案发生后，首相第一次发了话，"我知道是谁杀了公爵！就是那位州长！"

◆首相为什么说州长是凶手呢？

76 姓名标志牌

游戏难度 ✿✿✿
最佳完成时间 3分钟

有四个学生住在相邻的四间房子里，每个门上都有一个牌子写着住在里面的人的名字。但是有一天一个淘气的小孩调换了四个姓名标志牌。如果有两个姓名牌是正确的，另外两个是错误的，那么，发生这种情况的方式有多少种？

◆如果三个是正确的，一个是错误的呢？

77 出国旅行

游戏难度 ✿✿✿
最佳完成时间 3分钟

小李和父母一起出国，他们在中途转机的时候，在那个国家停了一段时间，因为他们三个人都不会那个国家的语言，所以出现了一些不便的事情，小李的父母显得有些不知所措，但是小李并没有什么特别的感觉，也没有感到丝毫的不方便。

◆你知道这是为什么吗？

78 盖字识盗

游戏难度 ★★★☆☆
最佳完成时间 3分钟

唐朝河阳县城里有个很大的粮仓，粮仓里储存着几十万担官粮。

一天，一个黄脸皮的中年人来到粮仓，把一个叫吕元的管粮人叫到了僻静处，轻声对他说道：

"有人要买粮食，咱们搭伙再干一次！"

"现在可不比从前了，新调来的那个库官冯忱可厉害了，又精细得很，一点儿荤腥都不沾。"

"那有什么可怕的，大不了犯事都推到他身上。"

"能行吗？"

"行！只要你听我的。"

"黄脸皮"附在吕元的耳朵上嘀咕了几句，吕元露出两排大黄牙笑了。

原来，"黄脸皮"和吕元想出了一个十分阴险的计策。他们先假造了冯忱批示的卖粮信，又由"黄脸皮"拿着假信买走了几千担粮食。

半个月后，冯沈发现粮食被人盗买，气得浑身发抖，他拿着那封假造的买粮信说："盗买了粮食不算，还来诬陷本官。"他决定就是冒着受冤丢官的危险，也要把盗买粮食的人查出来。

冯忱到官府报了案。可他并不知道，这时吕元已恶人先告状，把一纸状词递到了官府。

县尉张族受理了此案。他问冯忱道：

"你说那封信不是你写的，可是实话？"

"下官办事清白，绝写不出那种信！"

"可那信上的字很像你写的！"

"是这样。可我也不明白这是怎么回事。"

张族边问边观察着冯忱脸上的表情变化。他发现冯忱神态自然，不像是在说假话，便又问道："盗买粮食的人把那封信交给谁了？"

"是吕元经手的。"

"吕元？"张族思忖了一下，对一名差役说道，"去把吕元传来。"

不一会儿，吕元被传来了。

张族问道："吕元，这封信是一个什么样的人交给你的？"

吕元眨了眨眼睛，回答说："大人，这个人远在天边，近在眼前，就是冯大人。"

"什么？你说什么？"冯忱愣住了，转而愤怒地瞪着吕元骂道，"你这个混蛋，怎么敢血口喷人！"

"住口！"张族止住了冯忱，又问吕元，"你写的状词可是实情？"

"请大人放心，绝无半句戏言，我敢用脑袋担保。"吕元提高嗓门喊道。

冯忱站在一旁十分气愤，心想，都说张族办事公平，今日却为何偏听偏信？

177

这时，张族拿过一张纸，盖住两头，只留中间一个字，问道："吕元，你仔细看看，这是你写的字吗？"

吕元看了看，答道："大人，这字不是我写的！"

张族又拿出一张纸，照样盖住两头，只留中间的一个字问道："吕元，你再看看这个字是不是你写的？"

吕元又看了看，故作镇静地答道："大人，这字才是我写的呢！"

张族听了吕元的回答，朗声大笑："你中计了。"说着，把那两张纸放在了吕元的面前。吕元看后面如土色，只得低头认罪。

张族立即派人把"黄脸皮"也抓获归案了。

◆张族是怎样推断的，又先后拿出两张什么纸，才迫使吕元认罪的呢？

79 错在哪里

游戏难度 ✿✿✿✿✿
最佳完成时间 3分钟

◆在本题中有一个很明显的错误，细心的你能够找出来吗？

甘拜下风
自暴自弃
天翻地复
一筹莫展

80 审问石头

游戏难度 ✿✿✿✿✿
最佳完成时间 3分钟

一天，包公访客途经一个小县城。忽然一个卖油条的男孩子在大街上拦住了包公，哭喊他的钱被偷了。男孩说他把油条卖完后，数了一数，一共100个铜钱。铜钱放在篮子里，他靠在路边的这块石头上睡着了。醒来后，铜钱被别人偷走了。

包公听完后，想了一想，对男孩子说："一定是这块石头偷走了，我来审一审它。"于是就命令跟随的差役重责石头40大板。差役们抡起大板，噼噼啪啪打得石头火星四溅，附近的人见状纷纷围拢过来。包公见人越来越多，便示意差役们住手。

包公对大家说："这个男孩子丢了卖油条的钱，怪可怜的，我判在场的每个人给男孩1个铜板。"然后，他命令差役端来一盆水，率先将1个铜板扔进了盆里。看热闹的人本来就很同情这个孩子，又见包公带了头，就自觉排好队，一个挨一个往盆里扔铜钱。扔着扔着，有一个人刚把铜钱扔到盆里，包公立刻命令差役："把他抓起来！"然后指着这个人说："就是你偷了小孩儿卖油条得来的钱！"

◆那个人吓得马上撒腿想跑，不想却被众人围住，绑了回来。有人问包公："你凭什么说这个人就是偷钱的人呢？"包公向众人说出了一番话，大家才恍然大悟。

场进行了审问。

第一个嫌疑犯说："当时我在银行对面,听到有人抢银行,才过来看热闹的。"第二个嫌疑犯说："雨停了以后,我站在马路边欣赏彩虹,可是阳光太刺眼了,我看到银行隔壁有一家眼镜店,就准备去买墨镜。"第三个嫌疑犯说："我走过银行的时候,外面下起了雷雨,只好在里面躲雨,没想到碰上了抢劫案。"高斯警长做完了笔录,让三个人都签了名,然后对身边的警员说："这三个嫌疑犯人当中,有一个人在撒谎,暴露了他的罪犯身份,我已经知道谁是真正的罪犯了!"

◆高斯警长说的罪犯是谁呢?

81 雨后的彩虹

游戏难度 ✦✦✦
最佳完成时间 3分钟

一个炎热的夏天,太阳好像一个大火球,大街上的人都是脚步匆匆的,人们尽量躲在家里,一边吹着电风扇,一边在责骂着:"老天呀,你就发发善心下一场大雨吧,热得受不了啦!"

也许真是老天发了善心,随着一道闪电,只听到轰隆隆一声炸响,天上噼里啪啦下起了雷阵雨。火辣辣的太阳不见了,躲到了乌云后面,豆大的雨点砸在屋顶上、马路上、窗户玻璃上,溅起一朵朵小小的水花,真是好看!过了一会儿,雨停了,空气一下子变得那么凉爽。雨后的天空,出现了一道美丽的彩虹。人们纷纷走出家门,呼吸着新鲜的空气,大街上渐渐热闹起来。

忽然,一家银行的报警器响了,有个蒙面人闯入银行抢劫,银行员工偷偷按响了报警器,抢劫者抢了一点钱,赶紧逃出来,混进了大街上的人群里。警察火速赶到,封锁了现场,并且根据目击者说的外形特征,抓住了三个嫌疑犯。高斯警长当

82 作案时间

游戏难度 ✦✦✦
最佳完成时间 3分钟

一天早晨,在东京附近的山林中,发现一具被人用绳子勒死的女尸,该女子是一家公司的经理,据初步推断,凶案发生在3天前夜间零点左右。

通过侦查,发现了名叫黑田高木的人欠受害人一笔巨款,很有嫌疑。于是,刑警盘问他3天前夜间零点左右在哪里,黑田高木答道:"在东京港发出驶往鹿儿岛的'赤日五号'轮上。如果是深夜12点左右,我正在一等舱睡觉。船应该是通过纪伊半岛海域的。'赤日五号'是一艘车辆渡轮,从东京起航直到鹿儿岛,中途是一站不停的呀,所以我不会去京都杀女经理的。"

后经核实情况,正如高木所言。"赤日五号"的侍者也清楚地记得高木是住一等舱的乘客。但当刑警见到那艘停靠在码头上的"赤日五号"轮船时,马上识破了黑田高木的诡计。即使航行时高木在船上,也是能杀人的。

◆请问,探长怎么知道是高木杀的人呢?

83 能说话的尸体

游戏难度 ✦✦✦
最佳完成时间 3分钟

东汉的时候,有个县城里正在举行庙会,大街上人山人海,商人卖东西的叫卖声,大人寻找走失的小孩的叫喊声,还有牛马鸡鸭的叫声,闹成了一片,真是太热闹了。

有个叫周纡的县官,带着几个随从,穿着便服也来逛集市。他站在一个卖画的摊子前,正拿着一幅国画慢慢欣赏,忽然,听到西边有人惊叫:"不好啦!有人被杀啦……"人们一听,都往那边奔过去。周纡心头一震,马上放下画卷,跟着人们跑过去。

在县城的西门边上,躺着一个男子的尸体,围观的人里三层外三层,大家纷纷议论说:"刚才我进城门的时候,怎么没有看到他啊?"也有人说:"你们就别瞎议论了,快去报官吧!"周纡大声说:"别去报了,本县官已经来了。"人们看见县官来了,就让开了一条路。

周纡挤进去一看,那尸体穿得破破烂烂,好像是个乞丐,脑袋上有一个大窟窿,血迹已经干了。周纡高声说:"诸位请肃静,本官要亲自审问尸体,查出凶手!"众人大吃一惊:难道尸体会开口说话?大家都停止了议论,看县官怎么审问,周纡朝尸体大喝一声:"是谁把你害了,快从实招来。"然后凑近尸体耳朵,好像在和尸体说悄悄话呢。

过了一会儿,周纡大声宣布:"尸体已经告诉本官真相了!"他叫来守城门的士兵,问他:"刚才有谁运过稻草进城?赶快把他抓起来!"

◆尸体当然不会真的自己说话,那么,周纡为什么能"听"到尸体说出真相呢?

84 移花接木

游戏难度 ✦✦✦
最佳完成时间 3分钟

晶晶死在卧室里,尸体是被来访的记者朋友发现的。他立刻拨打了110,警察和法医以最快的速度赶到了现场。

大约过了一个小时。"死因和死亡时间出来了吗?"警察问法医。

"是他杀,大概已经死了二十三四个小时了,但现场没有作案的痕迹。"法医回答。

"那就奇怪了。"

警察忽然注意到桌子上的蜡烛在燃着,他顺手打开日光灯,却发现停电了。猛然,他意识到了什么。

"原来这尸体是从别处移过来的。"

◆请问,警察是凭什么作出推理的?

答 案

第一章 奇思妙想

1 谁更聪明些

◆小花先开红、黄两船过去，用去3分钟；乘黄船返回，用去2分钟；搁下黄船，开蓝、绿两船过去，用去9分钟；乘红船返回，用去3分钟，最后开红、黄两船过去，又用了3分钟。这样前后只用了20分钟。

2 什么东西

◆电话簿。

3 爱迪生救妈妈

◆爱迪生把梳妆台的大镜子放在灯后，让光线反射到床上，这样医生就能动手术了。

4 兔妈妈称药粉

◆兔妈妈把20克的砝码放进天平秤的一个盘里，然后把70克的药粉分开放进天平秤的两个盘里，使天平平衡。这样，一个盘里是45克药粉，放砝码的盘里是25克药粉。再从25克药粉中称出20克，剩下的正好是5克。然后，用这5克药粉作砝码，就可以把其他药粉分成5克一小包了。

5 如何安全过桥

◆此铁链的总重量虽然很大，但是整个重量是分布在全部长度上的。所以，可以把铁链放在地上，由汽车拖着过桥，使分摊在桥上的重量不超过桥的载重。等过了桥，再把铁链装到车上。

6 哪一件最重要

◆镜子。也许有人会说保留食物，但在无边无际的大海上，即使有再多的食物也不可能支撑到获救的那一天。唯一的希望就是利用镜子的反光向过往的船只求救。

7 车轮的疑问

◆假如我们拿一根尺子量一量圆周上任何一点到圆心的距离，就会发现，它们都相等。这个相等的距离，叫作半径。把车轮做成圆形，车轴安在圆心上，车轴离开地面的距离，总是等于车轮半径那么长。这样车轮在地面上就容易滚动了。而且坐在车子上，将平稳地被车子拉着走。假如这个车轮于是方形、三角形的，从轮缘到轮子圆心的距离各不相等，那么，这种车子走起来，一定会忽高忽低，震动得很厉害。因此。车轮都是圆的。

8 将来时

◆我哥哥的儿子去学校。

9 亚当与夏娃的遗憾

◆没人来喝喜酒。

10 谁割断了进油管

◆是亨利。根据有两条：一、亨利是药店的老板，竟然不知道款冬这种常用的草药具有的疗效。这说明亨利并不是真正的老板。二、在17：02时，吉力尔船长见屋外有人影一闪，这肯定是一名游客，因为除游客外，4位工作人员都在屋内。待吉力尔等人回到古堡，9名游客全在。在短短8分钟内，这位游客要跑过杂草丛生的小路去上船把发动机油管割断，然后再回到古堡，一来一回奔跑约1400米，这只有26岁的亨利这样身强力壮的年轻人才能做到。

11 商人分袜子

◆把每双袜子都拆开，分成两份，同时，把商标标签也分为两份。由于袜子不分左右脚，所以这样分一点都不会搞错。

12 谁安放的录音机

◆是清洁工，他穿的是网球鞋，录音带上不会留下脚步声，而女秘书穿的是高跟鞋，如果是她作案，录音带上一定会留下皮鞋的脚步声，因为她最终要取走录音机，不会担心脚步声被录下来而轻轻走路。

13 吹不翻的纸桥

◆这是因为当你往桥洞吹气时，空气就会以一定的速度从桥洞流过。这时，桥洞里的空气压力要比桥上的空气压力低得多。你吹气的力气使得越大，气流流得越快，桥下的压力就越小，而桥上的压力相对就越大。所以，小桥就被牢牢地吸在桌面上了，任凭你怎样吹，它也不在乎。

14 女扮男装的修女

◆麦克马克发现玛丽修女说话咽唾沫时脖子上的硬领子一跳一跳的，麦克马克立刻推测出玛丽修女实际上是一个男人，跳动的领子表明这个人脖子上有喉结，因为男人才有突出的喉结。穆摩就是被一个假扮成修女的男人杀死的。

15 聪明的过桥人

◆他想出的过桥办法是：从东往西过桥，走了两分半后即转过脸来往东走。当看守发现时就命令他回走，这样就可以掉转头来过桥了。

16 怪异的问题

◆身体内有两颗心脏的是孕妇；一个人当然只有一只右眼，另一只是左眼。

17 哪里出了问题

◆医生也可能生病，精神科医生也可能去找内科医生看病啊！

18 最小的东西

◆细菌的儿子。

19 如何取出乒乓球

◆由于乒乓球很轻，可可用嘴对着杯子使劲吹一口气，乒乓球就能跳出来。

20 巧换粮食

◆先把袋子上半部分的小麦倒入空袋子，解开袋子上的绳子，并将它扎在已倒入小麦的袋子上，然后把这个袋子的里面翻到外面，再把绿豆倒入袋子。这时候，把已倒空的袋子接在装有小麦和绿豆的袋子下面，把手伸进绿豆里解开绳子，这样小麦

183

就会倒入这只空袋子，另一个袋子里就是绿豆。

21 巧称体重

◆先称皮皮、琪琪和皮皮弟弟3人的总重量，然后称皮皮和弟弟2人的重量，最后称皮皮和琪琪的重量，这样就可很快算出3人各自的体重了。你是这么想的吗？好简单哟！

22 影星之死

◆洗洁剂中含有四氯化碳。四氯化碳是一种无色无味的液体，作为油脂类液剂，被用于衣服的干洗等。但是人饮酒过度时，一旦吸入这种气体，就会导致死亡，其死因不留明显的证据，所以往往被误作酒精中毒死亡。为了让麦克尔吸入这种气体，史密斯故意在他领带上溅上调味汁。酒醉了的麦克尔用这种洗洁剂擦拭领带上的污迹时，吸入了足量的四氯化碳有毒气体，导致死亡。

23 梦想成真

◆其他男人都被变得比亚当还难看了。

24 变凉

◆心静自然凉。

25 重要证据

◆波特吐在格林家门口的口香糖，上面有波特的齿型和唾液。

26 狠心的丈夫

◆你绝对错怪他了！他的妻子是外科医生，正在给病人做手术。

27 不会摔伤的人

◆虽然是20层的大楼，但没有说那个人是从哪一层的窗户往下跳的，可以从20层大楼的第一层的窗户往下跳，这样就不会摔伤。

28 笼子外的死老鼠

◆笼子外的两只老鼠看到同伴竟然笨得被抓住而活活笑死。

29 奇怪的病人

◆他来看一直摇头的毛病。

30 毛毛虫的话

◆毛毛虫说："爸爸，我要买鞋。"

31 镜子里的你

◆在你面前把两面镜子置放成像一本打开的书。这时，从镜子里看到的，将完全是一个真实的你。这是为什么呢？

设想另一个人和你面对面看着你，这时他看到的当然是一个真实的你。为什么呢？这是因为，他的左眼直接看到的是你脸部的右边部分，而右眼看到的是你脸部的左边部分。而你在镜子里看到的是一个左右反置的你，是因为你的左眼直接看到的是你脸部的左边部分，而右眼看到的是你脸部的右边部分。而在如图所示的两面镜子里，你脸部右边部分的映像由右边镜子折射到左边的镜子，再由左边的镜子折射到你的左眼，因此，你左眼看到的是你脸部右边部分的映像。同样的道理，你右眼看到的是你的脸部的左边部分，就如同一个和你面对面看着你的人所见到的那样。

32 窗户全朝北

◆把房子建在南极点上,这样每个窗户都是朝北的。

33 三根头发

◆他想做三毛的哥哥。

34 海水

◆鱼流的泪太多了。

35 麦克被关在哪个国家

◆麦克被关在新西兰。在北半球的夏威夷宾馆里,拔下澡盆的塞子,水是由左向右呈顺时针方向旋转流进下水道。而在这个禁闭室,水是由右向左逆时针流下去的。所以,麦克弄清了当地是位于南半球的新西兰。水的漩涡受地球自转的影响,北半球水的漩涡是由左向右顺时针旋转,南半球则相反。

36 永不消失的字

◆舒克从自己家中用幻灯机里的强光把"违章建筑"四个字打到那个厚木板上,这么一来,只要这个木板不拿走,不管是擦、覆盖,或者挖掉,都无法让这四个字消失。

37 诚实的人

◆原来,谋士在光线暗淡的走廊里放了好几筐金币,凡是单独穿过走廊拿了金币装在自己衣袋中的人,都不敢跳舞。因为一跳舞,衣袋中的金币就会叮当作响。因此,不敢跳舞的人就是不诚实的人。相反,诚实的人在单独过走廊时,不会把金币私自装入腰包,当然就不怕跳舞了。

38 最早的姓

◆"人之初,性本善"。

39 金子呢

◆没了。

40 少一只牛角

◆其中一只是犀牛。

41 游泳比赛

◆因为比赛规则是:只许狗刨,不许蛙泳!

42 如果只有一种语言

◆地域歧视现象减少。学生不用学第二、第三外语了,功课的负担大大减轻了。外文书店、外国语学院,一律停办。译制片厂倒闭了,配音演员失业了。除了用来考古,只存在一种字典。世界最终走向大统一。外语教师失业了。旅游业得到进一步的繁荣。不同民族的通婚率大大提高了。书店老板发财了。混血儿增多了。文化统一的趋向更明显了。世界将成立报业集团,每日出版一份"世界日报"。翻译家仅仅为了考古、历史而存在。电子辞典被淘汰了。"国家"的概念越来越淡薄。文学的多样性逐渐衰竭……

43 胖妞怕什么

◆多多保重。

44 耐穿的衣服

◆最不喜欢的那件。

45 怎样撞车

◆卡车司机在步行。

46 叼走的骨头
◆骨头被别的狗叼走了。

47 掉落的小鸟
◆舞厅声音太大，小鸟用翅膀捂住了耳朵，结果……

48 画师与财主
◆画师用笔在财主画像的脖子上添了一个枷锁，并大书一个"贼"字，然后拿到大街上去卖。街上的人看到这幅画后，都认出是财主。于是一传十，十传百，大家都纷纷围着画看，开心极了。财主知道后很气愤，但又没有办法，只好出很高的价钱把画买回家，并丢到灶里烧了。

49 不淘金也能发财
◆矿山里气候干燥，水源奇缺。亚默尔就挖渠引水，经过过滤处理，变成清凉可口的饮用水，再把水装进桶里、壶里卖给找金矿的人。由于来这里淘金的人很多，所以买水的人也很多，亚默尔生意兴隆，就这样发了财。

50 穿越沙漠的狗
◆因为沙漠里没有电线杆(尿憋死的)。

51 蜈蚣过臭水沟
◆因为水沟太臭，蜈蚣用那两只脚捂着鼻子。

52 国王的军舰
◆造船专家说的缺点是：只要它一下水，就会立刻沉入海底，如同一只铅铸的鸭子一般。

53 三人过桥
◆罗锅弓着腰，伸手指着前方地上，高叫："老鼠，老鼠！"跑着追过了桥；摇头左右乱看，嘴里高喊："哪呢，哪呢？"也跑着跟了过去；瘸腿，一条腿使劲跺着，高喊："踩死它，踩死它！"也跑了过去。

54 小鸟的麻烦
◆恐高症。

55 跳水运动员
◆因为那天水池里没有水。

56 捉拿归案
◆事后张某才知道，由于晚间看不清，加上他性急慌忙，把那封信投到举报箱里去了。

57 谁可能是罪犯
◆因为罪犯是侦探本人。

58 结2个橘子
◆因为这根本不是橘子树，是苹果树。苹果树怎么会结出橘子呢？

59 挨枪的歹徒
◆因为不动较好打。

60 硬币跳舞
◆"硬币跳舞"的原因，是手上的热量把瓶里的空气焐热了，热空气膨胀，瓶内空气压强增大，一次次地顶开瓶口的硬币，放出一部分空气。甚至当手离开瓶子后，硬币还会跳上几次。

61 测量山脉
◆那人是在海底做山脉测量。

62 龟兔赛跑
◆比仰卧起坐。

63 谁倒霉
◆苍蝇。

64 为什么不让座
◆因为车上还有空座位。

65 跨不过去的地方
◆纪晓岚把书放到了墙角。

66 在路上撒了什么
◆银元财物。清兵贪财,为争抢捡拾银元而加速前进。

67 奇怪的事
◆因为他在照片中。

68 两个电话
◆这个问题的答案有好多种。例如在晚上11点57分左右,第一个朋友问他:"今天足球赛的结果如何?"然后过了12点进入新的一天后,另一个朋友打来电话问同样的问题。

69 蚂蚁为什么没有死
◆玲玲穿的是高跟鞋。

70 伤心的管理员
◆他在想:"什么时候才能挖好坑啊!"

71 睡美人的担心
◆失眠。

72 绳断杯不落
◆在绳子中间打一个活结,使其多出一个绳套来,从绳套中间剪断,杯子就不会落下来。

73 上课说话的人
◆讲课的物理老师。

74 还剩什么
◆还剩下一个洞。

75 老婆婆报时的秘密
◆因为这个大葫芦挡住了远处钟楼上的大钟,老婆婆只要稍微推开它一些,就可以看到准确的时间了。

76 高血压的症状
◆怀特是一只长颈鹿,长颈鹿的平均血压是人类的3倍,因为长颈鹿必须把血液打上长长的脖子。

77 父亲与儿子的野鸡
◆他们的关系是祖父、父亲和儿子,一共3人,所以一共猎得3只。

78 读书的时间
◆是8小时,他从星期一晚上11点开始读到星期二凌晨1点,一次就读了两天的份。周三和周五也这样读,再加上周日的两小时,所以只用读8个小时。

79 乘电梯的人
◆他个子太矮了,在电梯中,最多只能按到去12楼的那个按钮,所以后面的楼层他只能爬上去。

80 她的脚印
◆那个女孩是倒着走路的。

81 人的性格
◆他们是同年同月同日同时结婚的。

82 超速度的头条新闻
◆报社编辑知道这个审判是今天的大新闻，所以事先就准备了两种版本的报纸，一种是宣判有罪，一种是宣判无罪，事件发生后，他只要立刻送出正确的版本即可。

83 这是什么官
◆新郎官。

84 熄灭蜡烛
◆答案：3支。
分析：如果是多数人在竞猜这道题，一定会有3种答案，7支、1支不剩和3支。说7支的人显然没有看清楚问题，回答1支不剩的人已经在进一步思考这个问题了。但不够全面。未被风吹灭、一直点燃着的7支蜡烛，最后自然要烧尽，可是被风吹灭的3支蜡烛是一定会剩下的。

85 特异功能
◆这个人是一个盲人。

86 星星的个数
◆有11颗星星，有5颗在木板的一面，6颗在木板的另一面。

87 奇怪的偷车贼
◆因为那辆车是他自己的。

88 解决方法
◆这个算式的答案是0，因为(66-66)=0。

89 付钱坐出租车
◆王先生应付65元，张先生付20元，李先生付35元。

90 匪夷所思的数
◆任何数。这个奇妙的组合算出来的数遮住后面的"00"，得到的永远都是最初的数。

91 延伸阅读
◆把"屡战屡败"改为"屡败屡战"。"屡战屡败"，实属无能，很有贬义；而"屡败屡战"，却是顽强不屈，贬义全无。这么一改，一个常败将军竟变成了一个百折不挠的将领了。

92 还有多少个苹果
◆5个。

第二章 快乐演算

1 游戏中的智慧

◆1024一半一半地取，取到第10次时，就是"1"。根据这个道理，连续提10个问题，就能找到所需要的数。

2 快速求积

◆A。

本题也不需要直接计算，而应利用乘法凑整法，只需分解一下即可：
125×437×32×25
＝125×32×25×437
＝125×8×4×25×437
＝1000×100×437
＝43700000

3 小花猫与小白猫

◆小花猫一共钓了12条鱼，只要知道草鱼、鲫鱼各几条，那么要求出钓了几条鲤鱼就容易了，难就难在不知道有几条草鱼，也不知道有几条鲫鱼。想想小花猫还说了什么话？小花猫说，随便拿出三条鱼，就一定会有鲤鱼。解答这题就从这里突破。小花猫的话可以这样理解：至少有一条鲤鱼，含意是也可能有2条鲤鱼，或者3条都是鲤鱼。这就是说，小花猫钓到的三种鱼中，草鱼、鲫鱼是各有1条，其余的12-11=10条都是鲤鱼。要是钓到的草鱼和鲫鱼合起来是3条或是比3条多行吗？肯定不行！要是合起来是3条或是比3条多，那么随便拿3条就不一定有鲤鱼了。

4 篮子里的蘑菇

◆准备走出森林时，甲有32只；乙有18只；丙有14只；丁有8只。走出森林后，甲、乙、丙、丁各16只。总共64只。

5 互送贺年卡

◆解答这类题型最好采用倒推的方法。三人互送贺年片后，每个人手里都是8张。明明是最后一个送贺年片的。要是明明不送给玲玲和聪聪，该是什么情况呢？玲玲手里有8张贺年片，这8张中有原来的4张，还有明明送给的4张。

要是明明不送给玲玲，那明明就要从玲玲那里要回4张来。聪聪手里也是8张，那明明也要从聪聪那里要回4张来。这时明明手里就有8+4+4=16张贺年片了。

还是这样想下去，要是聪聪不送给明明和玲玲呢，那聪聪就要从玲玲手里的4张中，要回2张来；从明明手里的16张中要回8张来。这时聪聪手里的贺年片就是4+2+8=14张了。

最后再想，要是玲玲不送给聪聪和明明呢？那玲玲就要从聪聪手里的14张中，要回7张来；从明明手里的8张中要回4张来，这样，玲玲手里就有2+7+4=13张，聪聪手里还有7张，明明手里还有4张。这就是他们三人原来的张数。

6 强盗分布匹

◆这类问题就是我国数学史上有名的盈亏问题。它有一个固定的公式：(盈+亏)/分差=人数(单位数)。所以，这道题的算法就是：(8+5)÷(7-6)=13(强盗人数)，13×6+5=83(布匹数)。

答案是，共有13个强盗，83匹布。

7 冰和水

◆1/11。假设现在有12毫升的冰，这冰融化后，变成水，体积减小1/12，也就是只剩下11毫升的水。当这11毫升的水再结成冰时，则又会变成12毫升的冰，对于水而言，正好增加了1/11。

8 有多少对兔子

◆共有233对兔子。

可以这样设想：第一个月初，有1对兔子；第二个月初，仍有一对兔子；第三个月初，有2对兔子；第四个月初，有3对兔子；第五个月初，有5对兔子；第六个月初，有8对兔子……把这些对数顺序排列起来，可得到下面的数列：1、 1、2、 3、 5、 8……

观察这一数列，可以看出：从第三个月起，每月兔子的对数都等于前两个月对数的和。根据这个规律，推算出第十三个月初的兔子对数，也就是一年后养兔人有兔子的总对数：1、1、2、3、5、8、13、21、34、55、89、144、233。

9 两个计时沙漏

◆两个沙漏同时开始计量，待6分钟的沙漏落沙完成时，立即把8分钟沙漏颠倒过来，此时开始计时。有了这2分钟的待流沙子和8分钟沙漏，即可计量出10分钟时间。

10 徒步横穿沙漠

◆最少需要15天。

在旅程中共有落脚点4个，把这4个落脚点分别设为A、B、C、D。

第1天：带3天的食物和水，用1天的时间赶到A点，路上用了1天的食物和水。

第2天：把1天的食物和水放在A点，然后原路返回，其间用了剩下的食物和水。

第3天：带3天的食物和水，到达A点时，还剩2天的食物和水。

第4天：把1天的食物和水放在A点，这时A点有2天的食物和水，然后再原路返回。

第5天：带3天的食物和水，到达A点。

第6天：把1天的食物和水放在A点，这时A点有3天的食物和水，然后原路赶回。

第7天：带3天的食物和水，到达A点。

第8天：把1天的食物和水放在A点，这时A点有4天的食物和水，然后原路返回。

第9天：带3天的食物和水，到达A点时，还剩2天的食物和水。这时，A点共有6天的食物和水。

第10天：从A点带3天的食物和水到达B点，这时，还剩2天的食物和水。

第11天：把1天的食物和水放在B点，然后赶回A点。

第12天：从A点带走剩下的3天食物和水，赶到B点时，还剩2天的食物和水。现在B点有3天的食物和水。

第13天：从B点带上3天的食物和水，赶到C点，还剩2天的食物和水。

第14天：带着剩下的2天的食物和水，从C点赶到D点。这时，还剩1天的食物和水。

第15天：带着1天的食物和水，再用一天的时间穿过沙漠。

11 赔款有多少

◆共580元。

12 既简单又复杂的趣题

◆8站。确实很简单吧，但你是不是在费尽心思计算车上还有多少人呢？注意力是有选择性的，当人们注意某项活动时，心理活动就指向、集中于这一活动，并抑制与这一活动无关的事物。所以，我们在做一件事情的时候，要把注意力集中到主要的任务上，这样才能事半功倍。

13 羊有多少只

◆设原来那群羊的只数为1，那么，原来那群羊只数的(1+1+1/2+1/4)倍正好是99只，所以可列下式计算：(100－1)/(1+1+1/2+1/4)=36只。

14 牛奶有多少

◆先把牛奶瓶正放，用直尺量出瓶子里牛奶的高度；再把瓶子倒过来，量出从牛奶的液面到瓶底的高度。牛奶在瓶子圆柱形部分的高度和第二次量的空出部分占瓶子圆柱形部分的高度相加，就是整个牛奶瓶容积的圆柱体高度。这样，就可以用牛奶的高度占整个牛奶瓶高度的百分比算出牛奶占整个瓶子容积的百分之几了。

15 分橘子

◆在必须帮丙打扫的3天中，甲多打扫2天，即2/3；乙多打扫1天，即1/3。因此，甲家得6千克橘子，乙家得3千克橘子。

16 爬楼梯

◆第5层。如果同时从1楼开始，甲到第9层时实际是跑了8层，而乙是跑了4层，恰到第5层。

17 需要几只鸡

◆5只鸡。

18 消失的钱

◆与付账是吻合的。

3个人开始拿出30元钱，后退回3元钱，其结果是3人负担27元钱。

其27元钱的清单是会计收取25元钱和服务员私吞的2元钱，正好与付账的钱一致。服务员私吞的2元钱，包含在3人负担的27元钱内。

会计收取的25元钱+服务员私吞的2元钱：3人负担的27元钱。

因此，3人负担的27元钱；加上服务员私吞2元钱的29元钱的数字，实际上没有任何意义。所以说，30元钱与这29元钱的差额的1元钱是无意义的。

19 快速算法

◆第一个数和末尾那个数相加、第二个数和倒数第二个数相加，它们的和都是一样的，即1+100=101，2+99=101……50+51=101，一共有50对这样的数，所以答案是50×101=5050。

20 煎饼的切法

◆第一刀和第二刀相互垂直地切，就切成了4块，然后把这4块煎饼叠起来，用第三刀把它们一分为二，就成为8块。

21 冠军的艰辛

◆你当然可以通过列出比赛程序表，从中数出所有比赛的场数，但这并不是本题所要求的。

以下的思路可能会使你感到出乎意料的简

明：32个参赛者中，除了一个冠军外，其余31个都是失败者。这31个失败者，每人至少输了一场，也至多输了一场。因此，全部比赛共进行了31场。显然，全部进行过的比赛不可能比31场多，否则就会有一场比赛没有失败者；也不可能比31场少，否则就不会有31个失败者。

22 淘金者

◆假设有五个人A、B、C、D、E在一起分这堆金沙。A首先分出他认为占1/5的一小堆，并且愿意这就作为他的一份。下面轮到B。如果B认为A分出的一份不多于1/5，就不变动它；如果认为多于1/5，B就有权利把他认为多出的部分去掉，放回原金沙堆。C、D、E三人依次具有这种权利。最后一个作出变动的人就把变动后的一小堆金沙作为自己的一份。按这种方式，这小堆金沙的分得者不会觉得吃亏，因为他确信自己的份额不少于1/5，其他的人也不会觉得吃亏，因为他们确信这小堆金沙不会多于1/5。这样，问题便划归为四个人分剩下的金沙，同样的方式，问题划归为三个人，最后划归为两个人，即一个人分，另一个人挑选。

上述方法，原则上可以推广到任意个人。

23 杯子与碟子

◆玛丽在星期六以每只13美分的代价买进10只盆子，她在星期天将盆子退货，换进18只碟子(每只3美分)与8只杯子(每只12美分)，总价1.50美元(她是按每只15美分的价钱退回那10只盆子的)。在星期六，她的1.30美元可以买到13只杯子，每只价钱为10美分。

24 美术学校的雕塑课

◆(1)至少需要25千克黏土。
因为制作1个小动物雕塑需要1千克黏土，所以由25千克黏土，可直接制成25个小动物雕塑；又因为每制成5个小动物雕塑，剩下的下料黏土，又够制作一个小动物雕塑，所以，在制成上述25个小动物雕塑时剩下的下料黏土，又够制作5个小动物雕塑；而在制成这5个小动物雕塑时剩下的下料黏土，又够制作1个小动物雕塑。这样，正够制成31个小动物雕塑。
(2)最多可以制成42个小动物雕塑。

25 不叫的鸡

◆他养了一群母鸡。

26 死囚犯越狱案

◆首先，我们注意到，每道门两次开启的时间间隔都是35秒的倍数。令35秒为一个时间单位，则第一道门是每3个时间单位开启一次，第二道门是每2个时间单位，第三道门是每5个时间单位，第四道门是每4个时间单位，第五道门是每一个时间单位。这样，五道门同时开启的时间间隔是60个时间单位，即1、2、3、4和5的最小公倍数。也就是说，从警卫的离开算起，要过60个时间单位他才会重新出现。越狱犯穿过五道门的时间最多只允许有4个时间单位(2分20秒)，因为5个时间单位(2分55秒)将会惊动报警器。由于不可能一次穿过两道门，因此，要在4个时间单位中穿过五道门，只有在一种情况下才有可能，这就是说，从第一道门开启算起，按顺序每两道相邻的门之间的开启间隔是一个时间单位，例如，如果第一道门在1点15分开启，第二道门就须在1点15分35秒，第三道门就须在1点16分10秒，等等。在0和60个时间单位之间，即在警卫两次相邻出现的时间间隔内，五道门按顺序间隔一个时间单位连续开启的情况是存在的，并且是唯一的，这就是：33、34、35、36、37，它们分别是3、2、5、4、1的倍数。

因此，越狱犯一定是在从警卫离开时算起的33个时间单位后穿过第一道门，而后每过一个时间单位穿过一道门，在37个时间单位时逃脱，比警卫的再次出现早23个时间单位。

27 冷饮花了多少钱

◆冷饮花了5角。

28 穿过隧道的火车

◆如果你的答案是15分钟，那你就犯了粗心大意的错误。

正确答案是约等于15分33秒。

如果把两盏壁灯之间的距离当作一个距离单位，那么，从第一盏壁灯至第十盏壁灯的距离是9个距离单位(而不是10个)。由条件，火车从第一盏壁灯至第十盏壁灯匀速行驶了10分钟，因此，该火车行驶一个距离单位需要10/9分钟。从第一盏壁灯至第十五盏壁灯的距离是14个距离单位，因此，行驶这段距离所需要的时间是：10/9分钟×14≈15分33秒。

29 火柴搬家

◆从后面推算上去：

	第一堆	第二堆	第三堆
拿动后	16	16	16
第三次拿动前	16-8=8		16+8=24
第二次拿动前	8	16+12=28	24-12=12
第一次拿动前	8+14=22	28-14=14	

所以，原来第一堆有22根火柴，第二堆有14根火柴，第三堆有12根火柴。

30 几朵兰花

◆只有一朵兰花。

31 合理分钱

◆每个人500元。因为农场主"让甲、乙各承包一半的土地"，所以他们开垦和种植的土地的面积是一样的。

32 及时回去

◆能。首先，让士兵甲跑步，士兵乙和丙骑车子，骑到全程2/3处停下，士兵乙再骑车子回去接甲，士兵丙这时跑步往营地赶。士兵乙会在全程1/3处接到甲，然后他们骑着车子往营地赶，他们最后可以和士兵丙同时赶到营地。按这种走法，他们需要用时50分钟，所以可以提前2分钟赶回去。

33 药水挥发

◆注意力转移，转移到第三天是原来的多少，1/2×2/3＝2/6＝1/3。第四天是原来的多少：1/3×3/4＝3/12＝1/4。科学归纳类推：第n天时还剩1/n瓶。
直觉：计算完第三天就直接抓住本质，第n天还剩下1/n瓶。不再计算。故：正确选顶项是C。

34 两壶取水

◆先用6升的水壶取6升水，然后从6升壶往5升壶倒满水，那么6升壶还剩下1升水。把5升壶的水倒光，再把6升壶里的1升水倒入5升壶里。再把6升壶取满水，往5升壶里倒水，倒满时，6升壶里还剩下2升水。把5升壶的水倒光，再把6升壶里的2升水倒入5升壶里。用6升壶取满水，往5升壶里倒水，倒满时，共往5升壶里倒了3升水，6升壶里还剩下3升水。就得到了3升的水。

35 量杯的困惑

◆在量杯中大约装2/3全容量的水。然后倾斜量杯，使水慢慢溢出，直到水平面正好达到量杯底部翘起的一端，这时量杯中的水，正好是全容量的一半，即重50克。

36 导弹的距离

◆1000千米。

37 嘴笨的夫人

◆刚开始一共到了45个客人。

38 吃苹果占便宜

◆能。
当两枚硬币抛向空中落地后可能出现的情况概率为：两个都是正面的概率为1/4；两个都是反面的概率为1/4；一个正面，一个反面的概率为1/2(1/4+1/4)；因此，一正一反的情况出现的可能性是其他两种情况的2倍。所以，甲占到了便宜。

39 鞋印的证明

◆天晴的时候，阳光直接照射到土地，在让泥土变干的同时，也会让留在泥土上的鞋印收缩，一双40号的鞋印，大约会收缩半号。
因此，如果鞋印模型和吉恩的鞋子完全吻合的话，只能说明吉恩是清白的，凶手应该穿比吉恩大半号的鞋子。

40 考试题

◆C。
设没做或做错的题为X，则做对的题为100－X道。由题意列方程得：
(100-X)×1－0.5X＝91，得X＝6，所以，正确答案是C。

41 打对的概率

◆后四位四个数字可能的排列有4×3×2×1，等于24，所以他打到家的可能性是1/24。

42 还钱的问题

◆乙、丙、丁每个人各自拿出10元钱给甲，就可以解决问题。所以只要动用30元钱就可以了。

43 胡夫金字塔有多高

◆挑一个好天气，从中午一直等到下午，当太阳的光线给每个人和金字塔投下阴影时，就开始行动。在测量者的影子和身高相等的时候，测量出金字塔阴影的长度，这就是金字塔的高度，因为测量者的影子和身高相等的时候，太阳光正好足以45度角射向地面。

44 马驮大米

◆假设大型马x匹、中型马y匹、小型马z匹，那么有：

x+y+z=100

3x+2y+1/2z=100

所以5x+3y=100。所以必然y应该是5的倍数。

如果y=5，则x=17，z=68

如果y=10，则x=14，z=76

如果y=15，则x=11，z=74

如果y=20，则x=8，z=72

如果y=25，则x=5，z=70

如果y=30，则x=2，z=68

所以一共六种情况：大型马、中型马、小型马分别为：2、30、68或5、25、70或8、20、72或11、15、74或14、10、76或17、5、68。

45 酒鬼喝酒

◆共买了129瓶啤酒。假设先买了161瓶啤酒，喝完了这161瓶啤酒后，空瓶子就可以换回32个啤酒瓶（161÷5=32……1），若把这些酒瓶子退掉的话，发现只要买129瓶酒。检验：先买129瓶酒，就可以用其中的125个空瓶换25瓶酒，喝完25瓶酒后，又可以换5瓶啤酒。然后再用这些空瓶换1瓶啤酒，最后用剩下的4个瓶子加上1个瓶子又可以换一瓶啤酒，那样，就有129+25+5+1+1=161瓶啤酒。

46 几点出发

◆5点06分出发。前40分钟以时速90千米前进，剩下的就是80千米，时速60千米需要80分钟，因此共需要120分钟，再加上20%的宽限时间，共需要144分钟。

47 谁坐马车

◆可以算出，财主在这段时间内走过的路程要比乡绅多，因此坐马车的是乡绅。

48 五中的成绩

◆3胜1负。

49 饰品的价钱

◆因为在价格中，小数点后最多只有两位，而加法算出6.75小数点后有两位，所以说至少有一个价格是有两位小数的。再由于乘法算出6.75小数点后也只有两位，那么可以判定：

1.只有一个价格是小数，且其他的价格都是奇数。 条件给出了其中一件是1元，非零数乘以1等于它本身，而另外两个数乘以0.75后得到的小数部分依然是0.75，那么在1、3、5中并没有两个数相乘可以达到这样的效果的，可以排除。

2.两个价格是小数，一个形如a.25，一个形如b.5，另一个为偶数，因为有一个是1元，所以偶数只有2和4，如果偶数是2，那么可以得出另外两个数为1.5和2.25；如果偶数是4，由于4乘以第一个小数得到的是整数，因此不可能。

所以结论是，1、2、1.5、2.25。

50 住房问题

◆1、2、3、4、6。

51 买家畜

◆牛5头、羊1只，猪94头。可用下列式子求解：C=牛，S=羊，P=猪，10C+3S+0.5P=100，C+S+P=100。

52 鲍勃分苹果

◆最后结果是每人8个苹果，显然这是库克留下的数，那库克分苹果前是16个苹果，而当时凯特和鲍勃手中应各有4个苹果，由此推出凯特分出苹果前有8个苹果，而鲍勃的4个有2个是凯特分出的，另2个是他第一次分配所余的，最初鲍勃的数就知道了是4个。凯特得到鲍勃的1个成为8个，凯特最初是7个，库克自然是13个苹果。每人再加3岁，鲍勃7岁，凯特10岁，库克16岁。

53 紧急援救

◆飞机在空中飞行了2小时。注意：已知飞行员在路上一共用了22小时，如果他一直是以每小时20千米的速度前进，那他只能前进：20×22＝440(千米)。而实际上他前进了840千米，多走了400千米，因为飞机的速度每小时比船快：220－20=200(千米)。由此可知，飞机在空中飞行了：400÷200＝2(小时)。

54 盐水的浓度

◆关键在于求出最后盐水中盐的质量。最开始杯中的含盐量是：100×80%=80(克)，第一次倒入清水后的含盐量是：80－40×48%=48(克)，盐水的浓度是：48÷100×100%=48%，第二次倒入清水后的含盐量是：48－40×48%=28.8(克)，盐水的浓度是：28.8÷100×100%=28.8%，第三次倒入清水后的含盐量是：28.8－40×28.8%=17.28(克)，盐水的浓度是：
17.28/100×100%=17.28%。

55 再次相会

◆60天。

56 同年同月同日生

◆至少有2个。
全单位共有52×30＝1560人，1978－1980年出生的人有1560×90%＝1404人，这三年中共有1096天，因此可以推出至少有两人同年同月同日生。

57 用多少时间

◆32小时。这个洞的容积是第一个洞的8倍。因此12个人来挖的话需要的时间是原来的8倍，6个人来挖就需要原来的16倍。

58 奔忙的狗

◆660米。99÷(5-3)×20=660。

59 泄密的秘书

◆清洁工鲍比是H公司的经济间谍，他让昂奈先生跌成骨折，又把玻璃酒杯放在桌子上，酒杯好像放大镜，把很小的文字放大了，鲍比离开很远，也能看清楚。

60 迟到的人

◆在1：10的时候，两人离家的距离是：
甲：80米/2分×10分=800米。
乙：100米/2分×5分=500米。
也就是说，两人之间的距离（间隔）为300米。
从那个时候到两人碰面为止：
300÷(100+80)＝1分40秒。
甲把返回的距离和时间又走了一次，往返浪费的时间，迟到的时间：1分40秒×2=3分20秒。

61 一张借条

◆柳清吩咐差役将纸笔分给原告孙贵、证人金平和龙六成，说："你们3人分开站好，张乾借钱时间是上午还是下午或是晚上，写在纸上，不得交头接耳！"
这一下，孙、金、龙愕然失色，拿着纸不知如何下笔。片刻之后，孙、金、龙沉不住气了，纷纷跪下磕头认罪。
原来，孙、金、龙三人嫉恨张乾买卖兴隆，于是合计坑害他。由金平仿照张乾的手笔，在一张假借据上署了名，不想"铁判官"智胜一筹，用计在公堂上揪住了狐狸的尾巴。

62 一只烧鸡

◆鸡身重0.8千克，鸡腿重0.2千克。

63 足球赛

◆96。多支球队竞赛，大多采用单败淘汰制度，而无论球队多寡，若要每场比赛都分出胜负，直到产生最后优胜者的话，其比赛场数固定为实际参赛球队数减一。

64 两列火车

◆两列火车从相遇到离开所走的路程和就是两列火车的长度之和，即362+295=657(米)。这个路程和除以两车的速度和，所得的商就是两车从车头相遇到车尾离开的时间。
客车的速度：73800÷3600＝20.5(米/秒)
货车的速度：57600÷3600＝16(米/秒)
车头相遇到车尾离开所需的时间：657÷(20.5+16)＝18(秒)

65 警察与小偷

◆1分零50秒。

66 天平称重

◆31种。可以称1～31克中的任何一个重量。该题为组合问题，5选1有5种，5选2有10种，5选3有10种，5选4有5种，5选5有1种，合计为31种。

67 破译的概率

◆3/5。

68 巧翻硬币

◆将其分为一堆10个、另一堆13个，然后将10个那一堆所有的硬币翻转就可以了。其实就是取了个补数。

69 宰相的女儿

◆贾雅什丽让人把这4个人安置在四个房间里。然后，贾雅什丽把自己打扮得漂漂亮亮的，她先来到王子房间里，说："王子，我对你一见钟情。我想嫁给你。只要你先给我父亲一份定金，我就是你的了。"王子回答："你很美，我也对你一见钟情。不过我现在没有分文。待案子解决，我回国后给你送来。"贾雅什丽断定王子确实没有珍珠，就去见婆罗门的儿子。婆罗门的儿子一见姑娘就爱上了。姑娘向他要彩礼。他回答说："我父亲要钱有钱，要土地有土地。我回到家以后，一定给你送来。"姑娘看出这一个也确实没有偷珍珠。于是，他去见木匠的儿子。木匠儿子说："我身边一个钱也没有。这桩官司了结后我马上回家取钱。"

贾雅什丽又去见商人的儿子。商人的儿子一见这般美貌的姑娘，灵魂早已出了躯壳。他迫不及待地从大腿里取出了四颗珍珠，作为彩礼要娶贾雅什丽。贾雅什丽马上把四颗珍珠交给了父亲，并指出商人的儿子就是私吞珍珠的贪污犯。

70 各行了多少千米

◆8000千米。车有4个轮子，也就是4个轮各行了10000千米，4个共行了40000千米。如果5个轮胎均匀使用，即40000/5=8000千米。

71 求救信号

◆飞行员吉米假装害怕，借着手忙脚乱的假象在空中按照三角形的路线飞行，如果飞三角形，基地雷达就会发现，并马上派出救生机紧急前往进行搜索。这是航空求救信号。当飞机在飞行中通信系统出现故障时，就采用这种飞行方法求助。

72 家有多远

◆小白兔家离大森林有8千米。

分析：设小白兔家离她们第一次休息地点距离是x千米，那第一次休息地点到小河的距离即为3x千米。设第二次休息地点到大森林的距离为y千米，那从那儿到小河就是3y千米。全程距离是4x+4y千米。两次休息地点之间的距离是3x+3y千米，所以有3x+3y=6，那么x+y=2，所以4x+4y=8。

73 假扮阎王

◆当夜三更的时候，在狱中的郝妻突然被两个蓬头小鬼将一条铁链子套住她的脖子，将她押到一个阴森森的大殿，殿两旁凶神恶煞张牙舞爪，牛头马面如狼似虎。大殿正中端坐着阎王。郝妻见到如此的场面，霎时吓得脸都变了色。

在幽暗的烛光下，从殿后走出了一个年轻鬼魂，突鼓着两眼对着郝妻叫道："你这贱人，还我命来！"郝妻一见，那人竟是自己的丈夫郝广友。这时，阎王开口说道："郝广友，你有何冤屈可如实禀告。"郝广友马上呈上了一份状纸，说道："我的冤屈全写在状纸上，请大王审阅。"阎王看完状纸，对着郝妻大声喝道："大胆泼妇，与人私通，谋害亲夫，还不从实招来！"

郝妻已经吓得不能自己，连忙从实招供是自己与孙坤私通之后，在端午节那天趁丈夫酒醉熟睡之际，用钢针害死了丈夫的犯罪事实。

阎王命令道："立即画押！"郝妻便画了押，待画完押之后，大殿上忽然灯火通明，堂上坐的阎王，原来是狄仁杰假扮的。原来狄仁杰见郝妻相信因果报应和阴间阎王的迷信之说，便巧妙地利用这些破了案。

74 牲口交易

◆甲有11头牲口，乙有7头牲口，丙有21头牲口。

75 救命的指南针

◆从回形针上拗下一段，在丝织手巾上用力摩擦，这样针就具有磁性。把针在额头上擦两下，沾上一点油，再放入水中。油的张力能让针浮在水面上，而磁极的作用会让针尖摇晃，当摇晃停止后，针尖所指示的方向就是北方。当然，针尖所指的磁场的北极，和地理上的北极是有误差的，距离北极圈越近，误差就越大。

76 老管家买牛

◆这个问题有两种答案
第一种：公牛18头，母牛4头，小牛78头。
第二种：公牛11头，母牛8头，小牛81头。

77 谁是真正的贼

◆荷融说道："假如你跑得快的话，你怎么会被过路人追上捉住呢！"

78 买糕点

◆老张有三个女孩三个男孩，孩子们每人得到两块一元可以买三块的糕点和一块一元可以买两块的糕点。

79 大老粗卖猪

◆他一共卖了7头小猪。

80 被偷走的海洛因

◆罪犯是实习医生。被盗的药瓶写有海洛因化学式的标签。一看到这个化学式就知道它是海洛因的人，只能是实习医生。

81 树的年龄

◆最早那10棵树的年龄是24岁，最后一批树的年龄是3岁，所以小敏现在的年龄是34岁。

82 宠物店的生意

◆这七只动物是5只小猫和2只鹦鹉。商人共买了44只小猫和44只鹦鹉。

第三章 文字游戏

1 不可能的改变
◆去掉一个不字。

2 智斗铁公鸡
◆老学究在字据上加上了标点，成为："无鸡，鸭也可；无鱼，肉也可。"

3 说出两个理由
◆妈妈说："好，给你两个理由：第一，你今年52岁了，第二，你是校长。"

4 桶量游泳池的水
◆阿凡提说："那要看桶的大小了，如果桶是和水池一样大的，那么就只有一桶水，如果桶只有水池一半大，那么就只有两桶水，如果桶只有水池的三分之一大，那就是三桶水……"

5 八窍已通七窍
◆"高山响鼓、闻声百里"乃"不通！不通！"八窍已通七窍则为"一窍不通！"

6 两枚硬币
◆这两枚硬币，一枚是五角，一枚是五分。其中，五角的那枚硬币肯定不是五分。

7 电报暗语
◆取电文每个字上半部分连成一句话："五人八日去九龙取金。"

8 修理电话亭
◆这道题很简单，如果第八座电话亭不需要维修，主管会说"前七座电话亭里有5座需要维修"。

9 你的异性交友观
◆选择A的人：
你是属于相亲派，因为你很怕麻烦，觉得靠自己找对象不保险，万一被骗了，受伤的人是自己，透过相亲的话至少能掌握对方的状况与家世背景，遇人不淑的可能性就可降低。
选择B的人：
你是标准式的自由恋爱派，认为只有自己才最清楚自己喜欢什么样的人，你会努力地寻找人生伴侣，就连睡觉做梦时也在想这件事。一旦发现了理想对象马上会展开行动，虏获他(她)的心。

10 接头暗语
◆周末、点心(周字的末尾是"口"，点字的中心是"口")。

11 妙语守秘密
◆基辛格反问道："不是保密的吗？那你说是多少呢？"

12 数字谜
◆这是宋代才女朱淑真的《断肠谜》，写一个被遗弃的妇人对无情"王孙"的谴责，倾诉哀怨之情。有趣的是这首词可猜"一"至"十"10个数字，令人拍案叫绝。"下"去"卜"就是"一"字，"天"去"人"就是"二"……

13 成语接龙

◆今是昨（非）同小（可）望不可（即）以其人之道，还治其人之（身）体力（行）若无（事）在人（为）所欲（为）富不（仁）至义（尽）心竭（力）不胜（任）重道（远）走高（飞）沙走（石）破天（惊）天动（地）利人（和）睦相（处）心积虑。醉生梦（死）去活（来）去自（如）花似（玉）树临（风）调雨（顺）手牵（羊）肠小（道）听途（说）长道（短）兵相（接）二连（三）言两（语）重心（长）驱直（入）不敷（出）其不（意）气风（发）扬光（大）材小（用）兵如（神）采飞（扬）眉吐（气）象万（千）军万（马）到成（功）败垂（成）干上（万）古长（青）红皂（白）日做（梦）寐以（求）同存（异）想天（开）天辟地。

14 回音联

◆万岁，臣讲的是"水上一鸥游"。

15 好听的字母

◆CD。

16 仁者见仁

◆第一个梦：居高临下；第二个梦：冠（官）上加冠（官）。

17 速记绕口令

◆略。

18 智赚玉麒麟

◆吴用在这四句卦歌里，巧妙地把"卢俊义反"四个字暗藏于四句之首，官府看了，当然要兴师问罪了。

19 你给人的第一印象

◆选A的人：
男孩：给人感觉不太好，有把自己看成女人的倾向。
女孩：选择猫则具有积极性，她总是想引起大家的注意，能给人留下强烈的印象。
选B的人：
不易给人留下强烈的印象，稍有不慎，就会被混到众人堆里去。
选C的人：
说明你理想高远，你会努力给人留下好印象。
选D的人：
有问题，把自己比做牛，是说明自己很耐力呢，还是说明自己有牛脾气？你常给人很强烈的印象，但大多未必是好印象。

20 县官智断遗产案

◆七十老翁产一子，人曰："非"，是也，家业尽付与，女婿外人，不得干预。

21 重组回文诗

◆香莲碧水动风凉，水动风凉夏日长，长日夏凉风动水，凉风动水碧莲香。

22 知府妙计除恶霸

◆知府在案卷上写道："杀人犯龙司，无故将人杀死，欲予斩首示众，特报请审批。"将案卷送到京城。吏部侍郎见了，没有细看案卷中的内容，就挥笔批了"同意处斩"四个字。批文回来后，知府在"龙"字上添了三笔，又在"司"字旁加了个"（嗣的左半部）"字，使之变成"杀人犯庞嗣"，这个不可一世的大恶霸终于伏法了。

201

23 你会发挥魅力吗

◆选A的人：
一般地来说，双手自然下垂的动作很难做得洒脱。如果你的习惯就是如此，并不是刻意或是不感到别扭的话，表明你很具有魅力，很会发挥自己的优势。

选B的人：
有这种动作的人说明你的魅力一般。一个人在情绪激动的时候，手足无措是很正常的，但你总会想方设法找点动作来掩饰或吸引对方的注意，这种做法其实痕迹很重。你会这样做表明你还有发展潜力。

选C的人：
有这种做法的人说明你的魅力较差，缺乏自制力。当你刻意地去吸引对方时，就表明你已经被对方克制住了，你的魅力根本就没法发挥。

24 测测你的人缘

◆选择A的人：
这种类型对朋友相当好，具有"哥们儿"义气，可以为了朋友"两肋插刀"。只是有时你太敏感，甚至有点儿神经质。你非常在意周围人的言行，可能是朋友无意识的举动或是某一句话，你都会认为跟你有关。所以你要放开心胸，让别人多去了解你，给自己的生活多添加点幽默和轻松，这样你会拥有更多的好朋友。

选B的人：
你性格比较开朗，很容易就和陌生人打成一片，成为无所不谈的好朋友。但是随着双方的了解和熟悉，你反而不会处理和朋友之间的关系。有可能你把对方当成好朋友，有什么困难都直接找他，反而让对方感觉你是个比较找麻烦的人，甚至认为你喜欢对他颐指气使。

选择C的人：
你的个性属于心直口快的类型，而且对自己非常自信，甚至达到了自负的程度。你总认为自己做什么都是对的，所以在团队中你经常会居于主动领导的角色，但不懂得谦虚。久而久之，周围的人便会认为你是个刚愎自用的人，使得你的朋友或周围的人都是敢怒而不敢言。所以，你要常常听取别人的意见，学会尊重他人，相信你的人气指数一定会更上一层楼。

选择D的人：
虽然你一直都是个很受欢迎的人，但正是因为你有一张连自己都无法管住的嘴，你总会口无遮拦地说一些让他人无法忍受的刻薄话，因此，常常使你周围的人对你心生反感。同时，你对于这样的状况还不自觉，总是一副无所谓的态度，从来不会主动沟通道歉，给周围的人留下目中无人的印象。其实，幽默并不等于讥讽他人，虽然你的动机只是想引人注意，但还是换个不伤人的方式相信效果会更好些。

选择E的人：
从你的性格来看，你不属于人缘不好的人，如果你感觉你的人缘不好，那只是因为你周围的朋友太少。其实这跟你的个性也有很大关系。通常你从不主动交朋友，以随缘的态度对待人际关系。当你和朋友之间发生矛盾或是冲突时，也不善于解释，无形中朋友自然多不起来。建议你可以专攻一项才艺，并适时地介绍自己，就算是不主动也能吸引许多对你仰慕的人争着跟你做朋友。

25 海上奇遇测测你的性格缺陷

◆选择A的人：
你是个非常细心的人，粗心大意的错误很少会发生在你身上。至于麻烦别人的事当然会有，但通常都是别人先向你求救。正因为如此，你经常过着精神紧张的生活。你非常不喜欢吊儿郎当的人，已经到了无法容忍的地步了，可见你已经变得很神经质了。再这样下去是会被人讨厌的！所以对于他人的错误，还是持一些宽容的态度吧！

选择B的人：
你是一个迷糊的人，经常会犯一些大小不同的失误，而且你经常会重蹈覆辙，你虽然给周遭的人添了很多麻烦，但他们接触你之后，就了解到你的粗枝大叶，渐渐地也就能接受。所以平常要小心谨慎，减少犯糊涂的几率！

选择C的人：
你最容易犯的就是"祸从口出"的毛病。常将别人的秘密说出来，或是用漫不经心的言语去伤害对方。虽然你没有恶意，但在得意忘形中，常会把话说得过分些，这种错误所带来的困扰，是心理方面的损害，所以非常严重。因此，你要养成深思熟虑之后再说的习惯，不要不经过大脑的思考就把话说出来。

选择D的人：
你常会因粗心而犯错。因为你的个性很开朗，所以不管什么样的失误都能应付自如。当然这也会给周围的人添麻烦，可是你都会以笑容来获得别人的谅解，你应该可以获得最佳演技奖。但是，若光用撒娇来处理过失的话，总有一天，灵丹妙药也会失效的！

选择E的人：
你是个很可靠的人，几乎没有粗心大意的毛病，但只要稍一健忘，就会发生很大的过失。周遭的人万万没想到你会发生问题，所以麻烦就特别大。故在完成重大事项之前，请特别注意放松的那一刻。

选择F的人：
你是属于对自己缺点了如指掌的人。你的失误是因为你很健忘，会发生丢三落四的事情！至于给周遭的人所带来的麻烦则要视情况而定，但都比不上自己的损失大。如果你真的常会忘记一些事情的话，就要养成做笔记的习惯！

26 欧阳修的年龄

◆55岁。

27 巧用标点

◆下雨天，留客天，留人不留？（疑问句）
下雨天，留客天，留人？不留！（问答句）
下雨天，留客，天留，人不留。（陈述句）

28 住在哪里

◆船上。
张融家住在东山附近，没有固定的住处。暂且将一只小船牵上岸边，全家人住在里面。

29 你能把握住机会吗

◆选A的人：
说明你是个善于利用机会的人。人生何处不相逢，这是一种缘分，你能借此同行，可以说你是个做事负责的人，也能替对方着想，懂得尊重别人。

选B的人：
你总是把自己的事和别人的事分得很清

楚，但不会只告诉人家方法，而喜欢自己得到摆脱。你总喜欢跟在别人的后面以求安全，但正因为如此；反而使你得到许多成功的机会。

选C的人：
是个只顾自己，自求满足的人。你无视对方的困难，而一味强求，因此会制造对手；但因为你的态度强硬，也有不少人会跟着你走，是属于领导者型的人。

选D的人：
你是个意志软弱的人，讨厌被别人误解或低估。一旦别人请求你帮忙，你又会觉得是一种负担，感到心烦意乱。你是个作风相当独特的人，既没有意气相投的朋友，也没有对手。

30 诅咒

◆阿凡提说，他比皇帝早一天死。皇帝怕阿凡提死后轮到自己死，所以不敢绞死他。

31 隐去了什么

◆上联隐去"八"，暗含"王八"之意；下联隐去"耻"，暗含"无耻"之意。

32 趣味对联

◆蚕为天下虫。

33 从对联的内容，你能知道歌颂的是谁吗

◆(1)孟子；(2)屈原；(3)项羽；(4)司马迁；(5)苏武；(6)王昭君；(7)诸葛亮；(8)陶渊明；(9)李白；(10)杜甫；(11)白居易；(12)陆游；(13)韩愈；(14)苏洵父子；(15)范仲淹；(16)沈括。

34 两个半小时

◆两个半小时加起来就是一个小时。

35 小和尚解谜

◆小和尚说："龛去龙字是'合'字，时隐日字是'寺'字，敬的文字不在是'苟'字，碎去了石字是'卒'字，连起来为'合寺苟卒'四个字。"

36 点戏

◆苏东坡、黄庭坚、佛印和尚点的戏分别为"单刀会""断桥""火烧赤壁"。

37 为画题诗

◆食尽皇家千钟禄，凤凰何少尔何多？

38 坚固的鸡蛋

◆铁锤当然不会破了。

39 三两漆与三两七

◆县官对衙役说："去！到他家取三两七金子来。"

40 王羲之的三副春联

◆王羲之在上联后半部添了"今朝至"三个字，在下联后半部添了"昨夜行"三个字。

41 饶舌的句子

◆正确的标点是："知止而后有定，定而后能静，静而后能安，安而后能虑，虑而后能得。"

42 动物诗

◆①鸳鸯②蝴蝶③蝙蝠④骆驼⑤鹦鹉⑥蜻蜓⑦凤凰。

43 走了的人
◆离开的学生名字叫全部。

44 拿破仑的推断
◆秘书利用毛玻璃的特性，偷走了10枚金币，毛玻璃不光滑的一面只要加点水或唾沫，使玻璃上面的细微的凹凸变水平，就变得透明了，能清楚地看到失主在房中所做的一切。而在左边的房间毛玻璃的一面是光滑的，就不可能这样。

45 佛印对下联
◆佛印对的下联是："女卑为婢，女又可称奴。"

46 保不褪色
◆色褪不保。

47 奇怪的箱子
◆可能，因为这个箱子足够大，张小姐可以进到箱子的里面，所以她可以同时看到箱子相对的两面。就像我们在屋子里面可以看到相对的两面墙一样。

48 标点的妙用
◆《三角》《几何》共计九角。《三角》三角，《几何》几何？
《几何》书价是六角。

49 巧写奏本
◆原来，高邑城北有个"五百村"，地势低洼，挨了水淹。"五百村"村头有个姓"万"的百姓，房屋顺水漂走。赵南星所奏确是事实。

50 飞行员的姓名
◆就是你的名字。

51 纪晓岚巧连真假句
◆皇上坐在龙椅上讲公鸡生蛋。

52 著名挽联的断句
◆登百尺楼，看大好河山，天若有情，应识四方思猛士；
留一口土，以争光日月，人谁无死，独将千古让先生。

53 神童戏弄财主
◆小孩的下联是：粗毛野兽石先生。

54 求救对联
◆这副对联，上联无"一"下联无"十"，横批无"东西"，谐音即为"无衣无食无东西"可谓叫苦有方。

55 成语加减法
◆(1)成语加法
(2)龙戏珠+(1)鸣惊人=(3)令五申
(0)敲碎打+(1)来二去=(1)事无成
(3)生有幸+(1)呼百应=(4)海升平
(7)步之才+(1)举成名=(8)面威风
(2)成语减法
(10)全十美-(1)发千钧=(9)霄云外
(8)方呼应-(1)网打尽=(7)零八落
(6)亲不认-(1)无所知=(5)花八门
(2)管齐下-(1)孔之见=(1)落千丈

56 戴最大号帽子的人
◆是头最大的那个人。

57 秀才出联讽刺富家子
◆这副对联的意思为"好奴才（芦柴），拍马屁"。

58 王勃的哪个字值千金
◆王勃说："对呀！是'空'（kōng）字，'槛外长江空自流'嘛！"。

59 把谚语补充完整
◆(1)一寸光阴一寸金；(2)有苦说不出；(3)不怕没柴烧；(4)没安好心；(5)一窍不通；(6)礼轻情意重；(7)尽是书（输）；(8)照旧（舅）；(9)一清二白；(10)一个愿打一个愿挨；(11)姜太公钓鱼；(12)学海无涯苦作舟；(13)不进则退；(14)只要工夫深；(15)匹夫不可夺志；(16)不经高温不成钢；(17)马是骑出来的；(18)智慧里边有智慧；(19)智慧藏在脑子里。

60 读错了哪个字
◆家庭塾师把"是何言舆（与）"的"舆（与）"字错读成"舆（兴）"了。

61 燃烧的汽车
◆调查人员从被烧毁的汽车发现，该车油料表的指针正指向接近零处，也就是说，该汽车在翻落前，油箱几乎没油了（这也是文中所述"车子翻了两三次，撞到了岩石上停了下来"而没有发生爆炸的原因）。所以，即使翻落山谷，引燃汽油着火，也不至于燃烧到将尸体和车体烧成灰烬的地步。

62 三件礼物
◆老人要的三件礼物其实都很普通，"骨头肉包"是指核桃："纸包火"是指灯笼，而"河里的柳叶沤不烂"指的就是鱼了。

63 书法家巧补哪四个漏字
◆费老在落款处补了"酒后失话"四个字。

64 究竟是"倒楣"还是"倒霉"
◆老师说的和晓玲说的都有道理。"倒楣"是江浙一带的方言，指事不顺利或运气坏。后来，这个词被愈来愈多的人用于口语和书面语。在运用这个词语过程中，人们常把这两个字写作"倒眉"或"倒霉"，这是由于不懂得它的来源的缘故。"倒霉"为"倒楣"的异形词，2001年国家语文文字改革委员会颁布的《第一批异形词整理表》，规范使用"倒霉"。

65 讼师改字为哪般
◆讼师把诉状中的"大"字改为"犬"字。于是"从大门而入"便改为"从犬门而入"，当然罪就轻多了。

第四章 疑案推理

1 逃犯的方向

◆这是一个简单的常识：人体血液中盐的含量远远超过动物血液中盐的含量。西科尔只要用他敏感的舌尖品味一下两行血迹的味道，即可迅速判断逃犯的方向。

2 幸运石谋杀案

◆凶手是4月出生的模特儿。因为洛明喜欢在女友生日时，送一枚含有象征意义的戒指。钻石是4月出生的人的幸运石，而现场遗有一枚钻石戒指，由此推断，凶手正是那位模特儿。

3 分头与大背头

◆服务员的建议是：把该人带到美容院剃成光头，三七开式的分界线就会明显地暴露出来。因为盛夏在海滨住了半月以上，分界处的头皮和面部一样会受到日光的强烈照射，头发剃光后，光头上就会出现一条深色的分界线。

4 罗曼遇害真相

◆凶手上午把罗曼绑在树上，用生牛皮在他脖子上绕了三圈，但没有紧到令人窒息的程度，然后凶手就离开了现场。生牛皮在烈日的照射下逐渐干燥，渐渐紧缩，罗曼终于在下午四点左右死去。

5 谁是真凶

◆议员是真正的凶手。他进诊所时，陌生人已经换上了干净的衣服，并且吊着手臂，他不应该知道陌生人是背部中弹。

6 一个人影

◆房中只有一盏电灯，一个人只有一个影子，不能够同时出现在两侧的隔屏上。如果两侧的隔屏上同时出现一个人的影子，就可以断定当时中间房子里是两个人。

7 绘画的女子

◆拇指应该是晒黑了的。画油画时，因一只手端着颜料板，被板遮住晒不着。但是，拇指是露在颜料板外面的，照理是应该挨晒的。而美保子的左手五个指头都像白鱼一样白，所以才引起团侦探的疑心。

8 犯罪现场

◆刑警看到蜡烛后产生了怀疑，再加上停电，蜡烛一直没有熄灭。假如亚美是在自己屋里被杀的，过了24个小时，蜡烛早就燃尽了，一定是有人夜里把尸体弄来，走时忘了灭蜡烛。

9 悬赏启事

◆启事中没有哈林的地址，如果莫西光看启事的话，他是不可能知道当事人的地址的。莫西一定是偷了哈林的怀表，并一路跟踪找到哈林家的住址，然后等待报上的悬赏启事。

10 "盲人"算命

◆因为此"盲人"根本不瞎，他在给富人"算命"时，看到富人背后有人身穿大衣，手持手枪不怀好意，便暗示给富人听，但富人不相信，没有防备。结果，第二天就被人杀害了。

此题乍一看起来似乎很邪乎，如果你把思维局限于盲人是位神算，自然是想破脑袋

答案

207

也想不出答案。事实上，算命的即使算得再精准，也不会连凶手的特征、开枪的方式都描写得这么详细。所以，这位算命先生肯定是在大街上装瞎算命，他目睹了凶手持枪尾随富人的情景。

11 谁偷了画册

◆是菲儿太太偷了画册。因为她忘了戴眼镜，连自己手中的纸币都看不清楚，又怎么能看清10米以外画册上的书名呢？

12 掉包

◆题目中有这样的字眼，"假装往邮筒中投信"，说明邮筒就在附近。那么窃贼事先准备好若干个信封，上面写好自己的地址，然后贴好邮票，他从精品屋里出来后，就直接将这些纸币分装在信封里，寄给自己。

13 真假之辨

◆死者脚底板的伤痕是从脚趾到脚跟，是纵向的，若他真是爬树时从树上摔下来的，那么脚底板不会有纵向的伤痕。因为爬树时要用双脚夹住树干，脚底受伤也只能是横向的。

14 张开花瓣的郁金香

◆细心的人一定会发现，郁金香的花瓣有变化！开始的时候，它是闭合的，而到人们要离开的时候，花瓣却张开了。原来，郁金香能够感应到光线的变化，它在受到光照的时候会张开花瓣，而在黑暗中会把花瓣闭起来。

商人口口声声说自己在看书，可是人们进来的时候，郁金香的花瓣是闭合的，说明不久之前这里是一片黑暗。有谁能在黑暗里看书呢？所以，商人在撒谎，他很可能就是小偷。

15 弹壳的位置

◆如果真像她所讲的那样，歹徒是在门外朝她丈夫开枪的，弹壳就不会落在房间里，也不会落在左侧，因为从自动手枪里飞出的弹壳，应该落在射手的右后方处。

16 离奇的杀人案

◆其实，细心的人会发现，整个案件有如下疑点：第一，张三到王五家的时候并没有看到小云本人，也没有听到小云切菜的声音，后来突然就传来了小云切菜的声音；第二，张三只听到了小云说一句话"你先吃吧，我就来。"这显然也不合常理，因为小云应该知道王五请了张三来喝酒，就应该说"你们先吃吧"；第三，最关键的一点，从小云被杀到张三和王五冲下楼，可能最多也就十几秒的时间，而在这短短的时间内，现场竟然血流满地！这显然不符合逻辑，死者应该是提前被杀的；第四，王五家的厨房，同时也是小云被害的地方，竟然放着录音机。如果动脑筋想前面的问题，就会发现，这录音机的用处是用来自动播放有人提前录制好的小云的声音的，即播放那句"你先吃吧，我就来"。而王五急着想把录音机扔掉，显然是企图毁灭证据；第五，王五和小云平时关系很不好，而恰恰在请张三喝酒时小云被杀，这很难让人不怀疑。综合以上的分析，可以推出：这一切都是王五的计划，他邀请张三来家吃饭，为的是让张三证明他不在犯罪现场。同时，他提前为小云录了音，并在张三来之前杀死了小云，把录音机设置为自动播放，故意放在厨房的角落，让声音从厨房传出来。

17 自投罗网

◆到了天黑，县令把老妇人放走，命令手下人秘密跟踪，看谁与这老妇人说话。这样反复三天，发现都有同一个人找老妇人。于是，县令又把有关的人都召集起来，从中找出与老妇人说话的人，并对他严加审讯，那人供认，因与店主的妻子通奸，乘机用小王的刀杀死了店主。因他作案心虚，见每天都留下老妇人一人，就急忙打听虚实，正好中了主审官的圈套。

18 雪夜查案

◆比利是深夜3:30接到查理夫人电话的，40多分钟后才赶到现场。而查理夫人声称自己在发现丈夫被害的同时，就发现窗户大开。但是，比利赶到现场时，发现查理夫人还穿着睡衣，屋子又很暖和，因而窗户不可能打开了那么长的时间，从而判断她并没有说出真相。

19 被窃的珍品

◆当探长发现科隆已经转移了赃物时，立即想起他当初曾朝晒谷场投去一瞥，那里肯定是他转移铁箱的地方。可是晒谷场这么大，要通通挖掘实在太难了。干的泥土地，渗水一定很快。但是，如果下面有只大铁箱，渗水的速度比其他地方慢，它上边的泥土积了水，颜色肯定与其他地方不同，这就是探长很快找到赃物正确地点的方法。

20 溺水事件

◆被水溺死的人身上不太可能有那么多横七竖八的刀痕。而且，即使是螺旋桨搅伤的，也能是有规律的三道一组的伤痕。

21 巧抓扒手

◆梅丝是根据犯罪心理来判断的，如果泼到别人，别人一定会大叫，可是对方默不作声，正是因为作案后心虚而怕暴露。

22 匾联缺字，你能补出所缺的字吗

◆裘、吉、生。

23 强盗和吊车

◆强盗中途利用吊车改变了路程。在立体交叉路口，用吊车把强盗的车吊起，放置

在高架式公路底下的另一条公路上，这样一来，强盗的车不必经过乙地就能安然逃走。

24 谁是匪首

◆克莱尔探长问："真狡猾，你们的头目衣服怎么穿反了？"土匪们一时没有反应过来，都朝一个人看去，那个人就是土匪头子。

25 失火的原因

◆走电失火决不能用水灭火，只能用喷射四氯化碳或二氧化碳的灭火机灭火。会计说自己是用水把火扑灭的，又肯定说火灾系走电引起，这显然违反常规。

26 手枪哪里去了

◆他用木屐的带子拴住手枪，一起扔进了河里。枪被木屐拖着，顺着水流漂走了，当然不在警察搜索的范围内了。

27 死人河

◆在水下通过一条2米长、口径为3厘米的胶管呼吸，吉恩将很快窒息，因为他吸入的正是他呼出的二氧化碳，而没有氧气。这简单的医学常识多克当然懂得。

28 雪茄

◆一般吸雪茄的习惯是吸到一半时，可以先挤熄它，然后再点燃。阿玉利用这个特点，预先在烟灰缸上涂毒，待富商挤熄雪茄离去，毒已在雪茄上。
当富商在车上又掏出雪茄来点，吸入毒后身亡，有毒的部分烧去，所以事后雪茄验不出毒来。

29 破绽在哪里

◆张某只更换了车头的车牌，却忘了更换车尾的车牌。

30 小木屋藏尸案

◆警方经细查，断定凶手是C。他假装正午离开小屋，于1点30分D和E都离开后，再等A与B通过电话，便进入小屋杀了他，凶器为登山用的攀岩锤。
C行凶之后离开小屋之时为2点10分，随即从东边往下跑，跑到半山腰，便偷了E放在那儿的滑板，一口气滑向山庄，所以4点40分就到达了目的地，因此1点30分出发的E点到达半山腰时，找不到滑雪用具。

31 诈骗犯之死

◆如果是跳车，那么尸体和两个旅行包应该距离很近，实际情况并不是这样，何况当时火车上并没有警察要抓拉福特，他完全没有必要跳车。而且，从现场看，死者是头朝下着地的，跳车者一般不会取这种姿势。这只能说明死者是被人抛下火车的，其他东西又陆续被抛下来。

32 螳螂捕蝉，黄雀在后

◆时髦小姐。因为如果是另两个人的话他们应该连那位小姐的钱包一块偷走才对，就算他们不全偷，他们也不知究竟哪个钱包是羽根的。

33 找出破绽

◆雷进去开灯，尸体横在门口，他却没有被绊倒，说明他早已知道那里有具尸体。

34 装哑取证

◆琼斯觉得金发女人眼熟，终于想起这是个通缉在逃的诈骗犯。

在厕所里，他装作聋哑人，让女诈骗犯把自己要钱的话写在纸上。于是，他以此为证据抓住了这个女诈骗犯。

35 招兵抗倭

◆范贾看了大牛的尸体，马上联想到本地区是倭寇曾经出没的地方，便想到了一个计策，故意说大牛是被倭寇杀死的，好让听到此话的人再传出去，这样凶手就一定会听到，误以为杀人之事不可能再追究到自己身上。当招乡勇布告贴出之后，在重金的赏赐的引诱下，凶手就自己主动地送上了门，尽管为了掩盖血迹，反穿棉袄，还是被范贾认出。

36 失而复得的官印

◆当黄县令将封好的官印盒子交给胡狱吏时，胡狱吏就面临着两难选择：或者当场打开盒子，说明盒中无印；或者拿回盒子，送还时，再说明盒中无印。如果选择前者，说明他早知道盒中无印，他有偷印的嫌疑；如果选择后者，得承担丢印的罪名。胡狱吏为了摆脱罪名，只有将偷来的官印，再放回盒中。

37 贪财的瞎子

◆这块布明明是红布，县官故意说是白布，算命的看不见，也跟着说是白布，终于露馅了。

38 上校的秘密

◆华蒙托夫平时身体健壮，心脏健康，他的猝死显然是非正常死亡的，而且身体没有任何伤痕，所以不能排除他杀的可能，考虑到他死在观察同盟国军队的时候，因此死前接触到的最后一件东西很可能是望远镜，而望远镜同样可以成为杀人利器！被买通的警卫只要把一根毒针和调节焦距的旋钮连在一起，就能让华蒙托夫自己杀死自己！当他扭动旋钮的时候，毒针刺中眼球，导致心脏猝停。

而华蒙托夫在被刺中的刹那，自然本能地将望远镜扔掉。他身处悬崖边，这一无心的举动毁灭了最后的罪证，所以，探案专家凭着神奇的逻辑推理能力就将此案澄清了。

第五章 开心谜语

1 美味零食

◆花生酥，巧克力棒。

2 心中明似镜

◆灯笼。

3 串门

◆葛秀才字谜诗的谜底是："特来问安。"朋友答字谜诗的谜底是："请坐奉茶。"

4 苏东坡错怪苏小妹

◆谜底是木匠用的墨斗。

5 王安石选书童

◆谜底是个"用"字。

6 字谜

◆腻。

7 意外解题

◆两个成语是：调虎离山、放虎归山。

8 聪明的木匠

◆鲁班说的"一百一十一座庙"，原来用的是谐音，意思是："一柏，一石，一座庙。"

9 染血的航海图

◆从蜡烛的溶解情况来判定被害时间。由蜡烛的上端溶解部分呈水平状态来看，船在触礁而倾斜时，蜡烛还在燃烧着。海水的涨潮和退潮，其间总是隔着六个小时，轮流变化着，这艘船被发现的时候是上午9点左右，此时恰好刚退潮，由此可知，此次退潮至上一次的退潮，其间只涨过一次潮，以此可推论船是在昨晚9点左右触礁倾斜的，凶手也是在此刻下手的。

10 搞笑谜语一

◆谜底： 梅花、野梅花、草莓、杨梅。

11 李清照以谜难赵明诚

◆"偃"字。

12 失算的财主夫人

◆镰刀、石头、磨、花椒。

13 秃头秀才与村妇

◆秃头秀才的诗谜谜底是"雪花"，王嫂的诗谜谜底为"秃驴"。

14 搞笑谜语二

◆答案：等于小白兔。原因：小白TWO。

15 巧对成巧谜

◆上联为油灯，下联为一杆秤。

16 曹操制谜考二子

◆八。

17 徐九经的为官诗

◆谜底是"刨子"。

18 李白吃醋
◆何等好醋！我要回去。

19 巧撑秦桧
◆两句话各打一字，合起来就是"滚蛋"。

20 搞笑谜语三
◆回答：压它一下。
原因：鸦雀无声（压雀无声）。

21 摇钱树
◆是手。

22 汪洙拜师
◆先生的上联，后四个字是谐音，说他希望汪洙"连科及第"，顺利通过层层科举，而考中进士。汪洙的下联，后四个字也是谐音，表示他一定不辜负的教导，做到"金榜题名"。

23 书生猜谜
◆米。

24 夫妻俩买的东西
◆蜜、牛奶。

25 三谜同底
◆墨斗。

26 李秀才的谜语
◆张知县的谜底是：十分好笑。李秀才的谜底是：幽。

27 狼狈的秀才
◆井。

28 医生为何能获匾
◆店主答道："不！小店的生意向来清淡，可自从他行医以来，我的生意马上有了起色，所以送块匾给他，以表示不敢忘记他的好处！"

29 搞笑谜语四
◆答案：　因为他不在车

30 王冕画画
◆虾。

31 搞笑谜语五
◆虾（瞎）、对虾（对瞎）、龙虾（聋瞎）。

32 搞笑谜语六
◆谜底是：玫瑰（霉龟）、野玫瑰（也霉龟）。

33 丞相的谜语
◆晶。

34 你见过聪明的杏花村姑娘吗
◆"半边林靠半坡地"，就是一个"杜"字，"一头牛同一卷文"是一个"牧"

字。你能把你自己的名字隐藏在一副对联或一首诗中吗？试一试。

35 药方

◆只要把药方中每味药的第一个字连起来读，你就明白了。李时珍在药方中隐的话是：柏木棺（官）材（柴）一（益）副（附），八人抬（台）上山。

36 关于时间的谜语

◆(1)刻不容缓；(2)一日千里；(3)百年大计。

37 画师

◆各国军队列"阵"，托桃寓"脱逃"，合起来就是讽刺西太后当年"临阵脱逃"，跑到西安。

38 一箭双雕

◆表面意思是"向里飞"，实际上是指官僚们"向李妃"。

39 搞笑谜语七

◆救命。

40 丫鬟考秀才

◆丫鬟姓"郭"。

41 一首词谜

◆凹凸。

42 三个举人

◆"天下"为"大"，"第一"者为"头"，"味"也可当"菜"讲，所以"天下第一味"是指"大头菜"。

43 谜语大聚会

◆(1)黑板(2)天下奇才(3)巧言令色(4)金鱼(5)蜘蛛(6)荷花(7)西瓜(8)铅笔(9)凸、凹(10)春夏秋冬(11)蝉(12)风筝(13)子弹(14)围巾(15)西红柿

44 巧骂财主

◆针。

45 碑文之谜

◆谜底为："忠""孝""节""义"。

46 猜一猜

◆蜜蜂。

47 猜一猜地名

◆连云港，宁波，福州，洛阳，开封，长沙，无锡，武汉，蚌埠，烟台，天津，大同，贵阳，古田，锦州。

48 字谜

◆哭，甲，典，郭。

49 猜成语

◆三番两次。

50 你能根据提示写出提炼后的成语吗

◆(1)举一反三；(2)明察秋毫；(3)缘木求鱼；(4)事半功倍；(5)分庭抗礼；(6)刻舟求剑；(7)有条不紊；(8)痛心疾首；(9)敝帚自珍；(10)狐假虎威；(11)鹬蚌相争，渔翁得利；(12)画蛇添足；(13)自相矛盾；(14)完璧归赵；(15)破釜沉舟；(16) 卧薪尝胆；(17)草木皆兵；(18) 口蜜腹剑；(19)笑里藏刀；(20)一箭双雕；(21)奴颜婢膝；(22)胸有成竹。

51 搞笑谜语八

◆猩猩（星星）、大猩猩（大星星）、狒狒（废废）。

52 搞笑谜语九

◆答案： 孔子满月。

53 画室的鞋印

◆凶手是女助手。她见男助手每天都穿新买的鞋，就去买了一双和男助手一模一样的鞋，然后在男助手每天工作时，将两双相同的鞋子轮流摆在门口让他穿。

54 搞笑谜语十

◆回答：曹操。
原因：说曹操曹操到。

55 独眼的牲口

◆老谭分析认为，盗窃一千多千克稻种，必然要有运输工具。他经过现场勘察，意外地发现毛草道左侧的青草刚被牲口吃过。由此推断，拉稻种的一定是独眼牲口：只吃左边的青草，证明牲口的右眼是瞎的。就这样，老谭通过查找瞎了右眼的牲口，找到了盗窃犯。

56 谁杀了叔叔

◆律师用的是排除法。当律师走后楼梯时，脸上撞到了蜘蛛网，说明阿萨没有从后楼梯走过。同时，阿萨也没有走过主楼梯，因为一直坐在主楼梯旁的塞西尔说没有看见过他。另外，刚擦过的厨房地板上没有脚印，说明波比没有进过厨房。所以，只有塞西尔有时间杀人，况且他还说了有人从后门闯了进来这样的掩饰话。

57 搞笑谜语十一

◆谜底：1.熊猫　2.白熊　3.狗熊。

58 搞笑谜语十二

◆大猩猩一高兴就捶打自己的胸，结果手上还拿着标枪，自己把自己给扎死了。

59 一个令人费解的弹孔

◆勘察现场时，李景欣接过清单，看到上面列了上百件金银首饰，起了疑心：从报案到现在不过十几分钟，宋家即使真丢了这么多东西，也不会查得这么快，这里面一定有假，清单很可能是事先写好的。验伤时，他又发现死者脑部弹孔前大后小，说明子弹是从脑后射入的，这就更可疑了。宋生去追强盗，怎么会被人从后面击中呢？他推想凶手一定是内部人。于是，便让助手先抓住强盗，麻痹真正的杀人凶手，然后将其抓获。

原来，这个人是宋家的仆人。因为年轻英俊，被杨霞看上了。杨霞嫁给宋生时，主要是贪图宋家的财产。可是时间一久，她又后悔了，觉得嫁给这么个老头子太没意思了。于是，她便勾搭上了这个仆人，让他雇了强盗来宋家抢劫，并乘宋生追强盗时，让仆人从后面开枪将他杀害。

215

第六章 逻辑谜题

1 骇人听闻的风俗

◆哲人用自己的逻辑思维，构造了一个特殊的"悖论"，从而把岛上的法官引入谬误和惑乱之中不能自拔。

2 四只兔子的名次

◆如果C说的是真话，那么D说的也是真话，从而得出A说的也是真话。由此推理上次的第一名应该是A或D。但是，无论A、D谁是上次的第一名，则C与D的话至少有一个会变成假话，这与前面的结论矛盾。所以，C说的只能是假话，它的名次下降，而D的名次也没有上升。
因为C不是上次的第一名，这次又名次下降，所以这次的名次肯定是在第三名或第四名。而B说："C这次是第二名。"由此可得出B说的也是假话，它的名次也下降了。如果D说的是假话，而同时其他三只兔子的名次也全都下降了，也是不合理的。所以，D说的是真话，它的名次既没上升，也没下降。
上次赛跑中，C既不是第一名，也不是第二名，而是第三名，这次是第四名；同样名次下降的B这次是第三名；这次赛跑中，A从上次的第四名上升了；在两次赛跑中，D的名次都没有变化，都是第一名。所以，这次A的名次是第二名。
最后的结论是：A兔上次是第四名，这次是第二名；B兔上次是第二名，这次是第三名；C兔上次是第三名，这次是第四名；D兔上次是第一名，这次也是第一名。

3 篝火边的舞蹈

◆根据题意，与米莉相邻的人既可以是两个女孩，也可以是两个男孩。如果与她相邻的人是两个女孩的话，那么米莉也必定是她们的邻居。既然这两个女孩的邻居之一是米莉，是个女孩，那她们另一个邻居也必然是个女孩。这样的话，整个圆圈就都是女孩了。所以，与米莉相邻的两个人一定是男孩，这两个男孩又都与米莉和另一个女孩相邻。所以，圆圈就是在这个交替的模式下继续的，所以女孩的人数与男孩的人数应该是相同的，也是12个。

4 共有几名男生

◆根据题意，第一个进来的女同学给每个男生送了一件小礼物；第二个进来的女同学，除了1名男生外，也给其余的每个男生送了一件小礼物。由此可以知道，进入会场的女同学的数目，总是比没有得到礼物的男同学的数目多1。
设共有Y个女生，当最后一个（第Y个）女生进入会场时，她给9个男生送了小礼物，不给Y-1个男生送小礼物，可见男生数为Y+8，说明这个班的男生比女生多8人。又知道全班共有男女生50人，这样就可以求出这个班的男生有(50+9-1)÷2=29人。

5 钻石是什么颜色

◆假设A说的前半部分"第二个魔球里装的是蓝色钻石"是对的，那么E所说"第二个魔球里装的是黑色钻石"就是错的，而"第五个里装的是蓝色"就是对的，也就说第二个、第五个魔球里装的钻石都是蓝色的。这与"每人猜对的颜色都不同"

不符，所以前半部分是错的，而后半部分"第三个里面装的是黑色钻石"是正确的。

由此推及，D所说的"第三个魔球里装的是绿色钻石"是错的，而"第四个里装的是黄色"是对的；推而论及，B所说的"第四个里面装的是红色钻石"是错的，而"第二个魔球里装的是绿色钻石"是对的。所以，E所说"第二个魔球里装的是黑色钻石"是错的，而"第五个里装的是蓝色钻石"是对的；因此，C所说的"第五个里面装的是黄色钻石"是错的，而"第一个魔球里装的是红色钻石"是对的。

最后的答案是：从第一个到第五个魔球里装的钻石颜色分别是：红色、绿色、黑色、黄色、蓝色。

6 三种颜色的小兔

◆题中没有告诉我们灰色的小兔有几只，也没说准白色的小兔的只数到底是灰色小兔的只数的几倍。这就给我们解题增加了困难。

假设小敏家有1只灰色的小兔，那白色的小兔比7只多，又比8只少，这是不可能的；假设小敏家有2只灰色的小兔，那白色的小兔就是比14只多，又比16只少，显然是15只；假设小敏家有3只或3只以上的灰色小兔，那么三种颜色的小兔的总只数都会超过21只，这都是不可能的。

因此，小敏家有灰色的小兔2只，白色的小兔15只，黑色的小兔21-2-15=4只。

7 田径赛的名次

◆C说的是假话。B是第一名、A是第二名、C是第三名。

8 身后的红旗

◆乙和丁身后是红旗。可以按照"身后放黄色彩旗的人说了假话，而身后放红色彩旗的人说了真话"的提示，自行推理一下。

9 一家人

◆如果拿长笛的和跑步的是兄弟的话，根据跑步人的发言，拿长笛的就是可可。拿书的所说不是关于兄弟的话就变成了真话，这就相互矛盾了。所以拿长笛的和跑步的不可能是兄弟。

如果拿长笛的和溜冰的是兄弟的话，根据拿书人的话（假话），可知拿长笛的人就是丁丁。拿长笛的所说关于兄弟的话却成了假话，这就相互矛盾了。因此拿长笛的和溜冰的不可能兄弟。

10 案卷上的事实

◆如果B是清白的，根据事实1，A和C是有罪的；如果B是有罪的，则他必须有个帮凶，因为他不会驾车，再次证实A和C有罪。因而。第一种可能是A和C有罪；第二种可能是C清白，A有罪；第三种可能是C有罪。根据事实2，A同样有罪。结论：A犯有盗窃罪。

11 搞笑谜语十三

◆回答：茉莉花。原因：好一朵美丽（没力）的茉莉花。

12 搞笑谜语十四

◆回答：1懒惰；2勤劳。原因：一(1)不做二(2)不休。

13 猜成语

◆无法（发）无天。

14 困境下求生

◆①先打开T与C之间的门，让老虎跑到C室，再把门关闭；

②打开L和W之间的门，让豹子走到W室去，把他关在W室里；

③再打开L与B的门，水牛怕老虎，必然自动走到L室；

④打开C与B的门，让老虎嗅着野水牛的气味而跑到B室里，再把门关好；

⑤打开T与G的门及T与C的门，让山羊到C室；

⑥敞开太平门，看守人可利用T和G两个空房逃出去。

15 三只八哥

◆罗伯特来自A国；丽萨来自B国；艾米来自C国。

16 找花店

◆花店就是从右边数的第二家。

根据前三个条件，旅店不在茶店、书店和酒店的旁边；所以旅店应该是两头的两家店里的一家。而它的旁边就是茶店、书店和酒店以外的花店了。花店的旁边不是茶店或酒店，那就是书店了。

根据第二个条件，酒店不在书店的旁边，所以下一家应该是茶店。那么，剩下的酒店就是在两头的两家店中的一家。但是，茶店的墙是上了颜色的，所以茶店应该是左数过来的第二家。

以此类推，就可以推出答案的顺序了。

17 小猫搬鱼

◆把盘子分别编号为甲、乙、丙、丁。
①先取出甲、乙盘中的各一条鱼放在丙盘里。②再把甲、丙盘中的各一条鱼放到乙盘中。③再把甲、丙盘中的各一条鱼放到丁盘中。④把乙、丁盘中的各一条鱼放到甲盘中。最后，把乙、丁盘中各剩下的一条鱼都放到甲盘中。

18 都有什么玩具

◆一只狗、一只熊猫、一个洋娃娃。

19 休闲的小镇

◆星期五。

20 意义最相符的话

◆正确答案应该是③：一个外国人只会说外文是不够的。

你回答对了吗？不要把问题想得太复杂了，想得太复杂是不太容易找出答案的哦。

21 果酒的买主

◆学文秘的甲买了果酒。

22 宾馆凶案

◆假设死者是自杀的。

甲说"死者不是乙杀的"就是假话，则是乙杀的。乙说"他不是自杀"是假话，则"甲杀的"是真的。丙说"是乙杀的"如果是真话的话，那么"不是我杀的"就是假话，丙承认自己杀了人。从以上分析结论是矛盾的，是不合逻辑的。
假设死者不是自杀。
甲说"死者不是乙杀的"是真的。乙说"是甲杀的"，是假，即不是甲杀的。丙说"不是我杀的"是真。既然凶手不是甲、乙、丙"所提及的人"，只剩下医生。因此，凶手就是医生。

23 猜职业

◆李江是鱼贩，王海是瓦匠，蒋方是木匠。因为从第一个信息可以得知王海不是鱼贩；从第二个信息可以看出王海不可能去敲李江的墙壁，所以他也不是木匠。因此，王海是瓦匠。李江既不是木匠，也不是瓦匠，那么他是鱼贩。剩下的蒋方便是木匠了。

24 上山与下山

◆有。
如果一开始就考虑这个人在上下山途中的速度不同，那么就会认定"不可能"有一个地方是他前后两天同一时间经过的。如果我们采取用形象描述来帮助分析，就会变得很容易。
假定有两个人在同一天的一大早分别从山顶和山脚同时出发，相向而行，那么他俩在途中一定会在某个地方相遇。而这个地方就会是本题的答案。

25 兄弟俩买书

◆书的价格是5元，哥哥没钱，弟弟有4.9元。

26 推断姐妹

◆假设当时是下午，可下午姐姐是说假话的，那么姐姐（虽然还不清楚哪一个是）理

应说出："我不是姐姐。"但没有得到这个回答，因此，显然是上午。只要把上午的时间定下来，那么说真话的就是姐姐，由此可知胖小姐就是姐姐。

27 释放谁

◆仅能释放戊一人，其余的人全说了谎。

28 左脚同步

◆父亲和儿子不可能同时迈出左脚：
父亲　右　左　右　左
儿子　右左右　左右左

29 虎毒不食子

◆设3只大老虎为A、B、C，相应的小老虎为a、b、c，其中c会划船。
(1)ac过河，c回来(a小老虎已过河)。
(2)bc过河，c回来(ab小老虎已过河)。
(3)BA过河，Bb回来(Aa母子已过河)。
(4)Cc过河，Aa回来(Cc母子已过河)。
(5)AB过河，c回来(ABC三个大老虎已过河)。
(6)ca过河，c回来(ABCa已过河)。
(7)cb过河，大功告成！

30 三位男士

◆C没有杰出的贡献。

31 不可改变的事实

◆D。

32 谁来给他刮脸

◆这个题目有两种可能，如果这个理发师是男的话，就是一个悖论。因为，如果是他给自己刮脸，那么他就属于给自己刮脸的那类人。但是他只给那些不给自己刮脸

219

的男人刮脸，所以他不能自己刮脸；如果他不给自己刮脸，那么，他属于由自己刮脸的那类人，那么，根据他的话，他不能给自己刮脸。所以是悖论。
如果他是个女理发师，问题就迎刃而解了。

33 草原牧民

◆C。

34 两个巧匠和他们的儿子

◆(1)此箱是巧手张所制。
如果此箱是巧手张之子所制，则"此箱非巧手张之子所制"就是句假话，不可能被他刻于箱面。
如果此箱是巧手李或其子所制，则"此箱非巧手张之子所制"就是句真话，同样不可能被他们刻于箱面。
(2)刻在箱子上的句子是："此箱乃巧手李主子所制"。如果此箱是巧手张或其子所制，则"此箱乃巧手李之子所制"就是句假话，不可能被他们刻于箱面；如果此箱是巧手李主子所制，则"此箱乃巧手李之子所制"就是句真话，同样不可能被他刻于箱面。
如果此箱是巧手李所制，则"此箱是巧手李之子所制"是句假话，可以被他刻于箱面。

35 连续犯

◆B。

36 驸马爷劝国王

◆你是不能说服国王的。因为外来人既说真话又说假话，你设计的任何话，外来人都可能说。所以，国王是很难被劝服的。

37 参加舞会

◆4对订婚的，2对结婚的。单独男士2个独身2个结婚。单独女人3人。女士中人数最多的是订婚的。所以B属于订婚的。

38 谁的房间居中

◆根据题中的条件，每个人的嗜好组合必是下列的组合之一。
(1)咖啡、狗、雪茄
(2)咖啡、猫、烟斗
(3)茶、狗、烟斗
(4)茶、猫、雪茄
(5)咖啡、狗、烟斗
(6)咖啡、猫、雪茄
(7)茶、狗、雪茄
(8)茶、猫、烟斗
根据"没有一个抽烟斗者喝茶"可以排除上面的(3)(8)；
根据"至少有一个养猫者抽烟斗"，(2)是某个人的嗜好组合；
根据"任何两人的相同嗜好不超过一种"，(5)(6)可以排除；(4)(7)不可能分别是某两人的嗜好组合。因此，1必定是某人的嗜好组合。
根据这一条件，还可以排除(7)，于是余下的4必定是某人的嗜好组合。
再根据"甲住在抽雪茄者的隔壁；乙住在养狗者的隔壁；丙住在喝茶者的隔壁"这三个条件，可以推出住房居中者符合下列条件：抽烟斗而又养狗。抽烟斗而又喝茶。养狗而又喝茶。
既然这三个人的嗜好组合分别是(1)(2)(4)，那么住房居中者的组合必是(1)或(4)，如下所示：

(2)（1）（4）；(2)（4）（1）

再根据"至少有一个喝咖啡者住在一个养狗者的隔壁"，　(4)不可能是住房居中者的组合，因此，根据"丙住在喝茶者的隔壁"，所以判定丙的住房居中。

这道题与爱因斯坦出过的一道题目非常相似，据说世界上有98%的人答不出来。但是爱因斯坦出这种题目并不是为了得出答案，而是寻求一种思维过程和不同的思维方法。他说过：他不会只找到一根绣花针就不找了，他要找到再也找不到绣花针为止。

39 报销单据

◆注意特称量词"至少"的含义。选项C只设定了两个下限（至少有4人，报销了至少2500元），而没有设定任何上限，于是它不可能被任何新的报销情况所否定。所以正确选项是C。

其他选项都至少设定了一个上限，因此可以被新的报销情况所推翻或否定。

即选项A"仅有14位教职员工"，选项B"只有3位教职员工""不多于2600元"，选项C"不比经济学院多"等，都容易被新的报销单据所推翻。

40 判断专业

◆A学经济，出生在纽约。

41 谁说对了

◆老四说对了。如果老大对的，那么老二和老四也对，所以错误。

如果老二对的，那么老四也一定对，所以错误。

如果老三对的，比如36岁，那老四也对，所以不能说绝对。

老四是对的，比如33就满足所有条件。

42 高塔公司

◆A。

43 说谎的日子

◆C。

经验证，如果这一天是星期一，前天（星期六）则是王东说实话的日子，但在星期一他又说谎，因此，在星期一，王东会说"前天我说谎话"而星期六是李平说谎的日子，但在星期一是他说实话的日子，所以，在星期一李平会说"前天我说谎话"。所以，正确选项应该是C。

44 分水

◆先将两个8升的容器分别编号为1、2，将一个3升的容器编号为3。然后开始分水。

(1)从1号里面倒出水来将3号灌满。计甲的猪将3号容器里的3升水喝光。接着再把1号的水倒入3号，让乙的猪将1号剩下的2升水喝光。这时，1号容器空了，2号和3号都是满的。在这一步中，丙、丁的猪还没有喝过水。

(2)把3号的水倒入空的1号，接着把2号的水倒3升给3号，3号倒入1号，再把2号剩下的倒3升倒入3号，这时，3号里有3升，而1号只能再倒入2升，当1号倒满时，3号里剩下1升，这样一来，1号是8升，2号是2升，3号里剩下1升。将3号里的这3升给丙的猪喝光。

(3)把1号倒入空的3号，再把2号倒入1号，这样一来，1号里是7升，3号里是3升。然后把3号倒入2号，把1号倒入3号，3号再倒入2号，1号再倒入3号，这时1号有1升，2号有6升，3号有3升，将1号里的

221

1升让丁的猪喝光。

(4)用3号将2号倒满，3号还剩下1升，让甲的猪将3号这1升喝光，这样，甲的猪到此时总共喝了4升。这时，1号和3号是空的，2号是满的。将2号倒入3号，2号还剩下5升，3号是满的。让丙的猪喝掉3号里这3升，到此时丙的猪一共喝了4升。

(5)将2号倒入3号，2号还剩下2升，3号满的。这时，让乙的猪将2号喝光，到此时，乙的猪喝了4升。然后，再让丁的猪把3号喝掉，到此时，丁的猪喝了4升。

45 动物排名

◆假设：(1)、(2)是真实的。

那么：(3)、(4)、(5)、(6)、(7)是假的。

因为：猴第二名或第三名，狗比猴高四个名次，龙比虎高，虎比熊低两个名次。

虎是第一名，羊比猴低三个名次，龙比牛高6个名次。

(1)和(2)冲突，(3)和(5)冲突，(4)和(5)冲突，(5)和(7)冲突。

得出：(5)是真实的，(1)和(2)至多一个是真实的。

假设：(1)、(5)是真实的。

那么：(2)、(3)、(4)、(6)、(7)是假的。

因为：猴第二名或第三名，狗不比猴高四个名次，龙比虎高，虎比熊低两个名次。

虎不是第一名，羊比猴低三个名次，龙比牛高6个名次。

(1)和(2)冲突。

得出：排除(1)是真实的可能性。

假设：(2)和(5)是真实的。

那么：(1)、(3)、(4)、(6)、(7)是假的。

因为：猴没有得第二名或第三名，狗没有比猴高四个名次，龙比虎高，虎比熊低两个名次，虎不是第一名，羊比猴低三个名次，龙比牛高6个名次。

(2)和(1)、(6)冲突。

得出：(2)也不可能是真实的。

假设：(3)和(5)是真实的。

那么：(1)、(2)、(4)、(6)、(7)是假的。

因为：猴没有得第二名或第三名，狗比猴高四个名次，龙比虎高，虎比熊低两个名次，虎不是第一名，羊比猴低三个名次，龙比牛高6个名次。

(2)和(6)冲突。

得出：(3)也不是真实的，(6)才是真实的。

假设：(5)和(6)是真实的。

那么：(1)、(2)、(3)、(4)、(7)是假的。

因为：猴没有得第二名或第三名，狗比猴高四个名次，龙比虎高，虎比熊低两个名次，虎不是第一名，羊没有比猴低三个名次，龙比牛高6个名次。

得出：龙、狗、熊、羊、虎、猴、牛。

与所给命题没有冲突。

从而得出：七物的名次分别为龙、狗、熊、羊、虎、猴、牛。

46 狐狸玩牌

◆根据(1)、(2)、(3)，可以推出小狐狸手中的牌的花色分布有下面的三种情况：①1 2 3 7；②1 2 4 6；③1 3 4 5。

根据条件(4)，红桃和方块有5张，所以排除了③，要么有其中的花色相加都不能成为5。根据条件(5)，红桃和黑桃总共6张，所以排除了①，因为其中的花色相加都不能成为6。因此，确定了②为花色的

分布情况。根据条件(5)，其中要么有2张红桃和4张黑桃，要么有4张红桃和2张黑桃。根据条件(4)，其中要么有1张红桃和4张方块，要么有4张红桃和1张方块。

综合以上的分析，小狐狸手里一定有4张红桃、1张方块、2张黑桃，剩下的就是6张梅花。

47 机器人

◆左边的机器人是犹豫不决的机器人，中间的机器人是骗子机器人，右边的机器人是诚实机器人。

48 学者的条件

◆D。

很好的学术天赋和后天不懈地努力是一个好学者的必要而充分的条件，故选D。

49 正反三个论断

◆第一个题目中，正确的是(1)，第二个题目中正确的是(2)。

50 撒谎村来的打工妹

◆关键在于晓庆那句没人听清的回答。

如果晓庆是撒谎村来的，她会说："我不是撒谎村来的。"如果她不是撒谎村来的，她还是会这么说。

因此，许微照原样复还了晓庆的话。这说明许薇不是撒谎村来的。

而杨英咬定许薇是撒谎村来的，这说明杨英是撒谎村来的。由于只有1个人来自撒谎村，所以，晓庆也不是撒谎村来的。

51 各个击破

◆(1)张三小姐在10点50分给黄公司打了电话，所拨号码为3581。

李四女士在10点35分给红公司打了电话，所拨号码为7904。

王五女士在11点05分给紫公司打了电话，所拨号码为2450。

赵六先生在11点20分给绿公司打了电话，所拨号码为8769。

孙七先生在10点20分给蓝公司打了电话，所拨号码为6236。

(2)张三小姐是红公司职员，其电话号码是7904。

李四女士是蓝公司职员，其电话号码是6236。

王五女士是黄公司职员，其电话号码是3581。

赵六先生是紫公司职员，其电话号码是2450。

孙七先生是绿公司职员，其电话号码是8769。

52 判断身份

◆由于法官和律师的总数是16名，从(1)和(4)得知：律师至少9名，男法官最多6名。再根据(2)，男律师必定不到6名。又根据(3)，女律师少于男律师，所以男律师必定超过4名。故男律师正好是5名。由于男律师多于女律师，且律师总数不少于9名，所以有4名女律师，5名男律师。又因为男法官不能少于男律师，则男法官正好6名，这样还有一位就是女法官。因此16人中有6位是男法官，5位是男律师，1位女法官和4位女律师。如果说话的人是男法官，也就是说少一名男法官，则陈述(2)就错误。如果说话的人是男律师，也就是说少一名男律师，则陈述(3)就错误。如果说话的人是女法官，也就是说少一名女法官，则陈述(4)就错误。

如果说话的人是女律师，也就是说少一名女律师，则4种陈述仍然成立。所以说，说话的人是一位女律师。

53 煤矿事故

◆D。

54 什么关系

◆老年人和年轻人是父女关系。之所以很多人对此题久思而未得其解，那是他们陷入了逻辑思维障碍陷阱，错误地接受了题目的心理暗示，认为那个年轻人是男性，其实题目中没有任何条件规定年轻人必须是男性。

55 谁被释放了

◆把3个人标记成A、B、C。当A看到另外两个人都是黑帽子的时候，A会想到自己戴的是白帽子，而另一个犯人B就会看到1个白的和1个黑的帽子，而犯人B就会想如果自己戴的是白帽子，那么C就会看到两个戴白帽子的，那么他就会出去。但是C没有出去，也就是说他没有看到两个白帽子的，那么自己头上戴的一定是黑帽子，这样一来B就会被放出来，但是B没有出去。同理C也是这样，所以A可以断定自己戴的是黑帽子。

56 猜明星的年龄

◆选B。此题可用排除法。四人中只有一个人说对，若甲对，则乙、丙、丁都应不对，推知丁的说法也对，与假设矛盾，故A项排除；同理乙也不可能对；若丁对，则不能排除甲、乙，因此D项可排除；若丙对，则丁有可能不对，如果B项成立，则丙的说法一定成立，符合题意。因此可判断B为正确答案。

57 音乐会

◆A。

58 一美元纸币

◆答案是内德用纸币。

原因如下：

1.开始时：卢有3个10美分硬币，1个25美分硬币，账单为50美分；莫有1个50美分硬币，账单为25美分；内德有1个5美分硬币，1个25美分硬币，账单为10美分；店主有1个10美分硬币。

2.交换过程：第一次调换：卢拿3个10美

分硬币换内德的1个5美分和1个25美分硬币，此时卢手中有1个5美分硬币和2个25美分硬币，内德手中有3个10美分硬币；第二次调换：卢拿2个25美分硬币换莫的1个50美分硬币，此时卢有5美分、50美分硬币各一枚，莫有2个25美分硬币。

3. 支付过程：卢有5美分、50美分硬币各一个，可以支付其50美分的账单，不用找零。莫有2个25美分硬币，可以支付其25美分的账单，不用找零。内德有3个10美分硬币，可以支付其10美分的账单。店主有1个10美分硬币，以及25、50美分硬币各一枚。

4. 内德买糖果：付账后内德剩余2个20美分硬币，要买5美分的糖。而店主有1个10美分硬币，以及25、50美分硬币各一枚，无法找开10美分，但硬币和为95美分，能找开纸币1元。于是得出答案，内德用1美元的纸币付了糖果钱。

59 血缘关系

◆尼萨是在前面那家店打工的男孩的妈妈，不过，看起来尼萨和她儿子的感情不是太好。

60 吃西瓜比赛

◆吴刚参赛4次，刘某因故没有参加。可以知道吴刚与刘某是一对情侣；孙全和钱佳是一对情侣；赵亮和周文是一对情侣；李利和张落是一对情侣；王林和郑成是一对情侣。

61 单身公寓里的恋爱关系

◆喜欢杰克的人是丽莎。

62 圣诞聚会

◆他们到达约会地点的先后顺序是：D、E、C、A、B。

依据题目给出的条件，很快就可以分析出A、B、C、E都不是第一个，只有D是第一个到达的。

由"正在D之后"，可以知道两人的顺序是：D、E。

由"B紧跟在A后面"得知两个人的顺序是：A、B。

由"C不是最后一个到达约会地点"，可以得知这样的顺序：C、A、B。

所以，总的先后顺序是：D、E、C、A、B。

63 压岁钱

◆如果哥哥猜对的话，那么弟弟和妹妹都对，如果姐姐猜对的话，那么妹妹也对，如果妹妹猜对的话，那么哥哥也对。因此，只有弟弟猜对了，即洋洋的压岁钱少于100元。

64 关于核电站的争论

◆E。

65 花瓣游戏

◆后摘的可以获胜。首先，如果先摘取者摘了一片花瓣，那么，后摘取者在花瓣的另一边摘去两片花瓣；如果先摘取者摘了两片花瓣，那么，后摘取者在花瓣的另一边摘去一片花瓣。这时剩下了十片花瓣，而且，后摘取者在第一次摘取时保证在摘取后，剩下的10片花瓣分成两组，并且这两组被上轮摘取的三个花瓣的空缺隔开。在以后的摘取中，如果先摘者摘取一片，

225

后摘者也摘取一片；如果先摘者摘取两片，后摘者也摘取两片，并且摘取的花瓣是另一组中对应的位置，这样下去，后摘者一定可以摘到最后的花瓣。

66 航空公司

◆C。

67 青少年司机

◆D。

68 川菜和粤菜

◆A。

69 偏头痛

◆C。

70 今天星期几

◆今天是星期天，当然也就看不成星期六的动画片了。

71 喷气飞机

◆B。

72 石头

◆B。

73 兄弟姐妹

◆A、B、E、G是男性，C、D、F是女性。

74 各收藏了几幅名画

	最初	送给谁	数量	交换后
小花	7幅	小娟	4幅	5幅
小娟	5幅	小美	3幅	6幅
小叶	8幅	小花	2幅	7幅
小美	6幅	小叶	1幅	8幅

75 玛瑙戒指

◆因为奇奇和兜兜的话是相互矛盾的，所以2人之中必有1人在撒谎。

假设奇奇说的是真话，那么兜兜的话就是假的，从奇奇的话来看，天天是妖性的女子，就是说撒谎的兜兜戴着玛瑙戒指了，这样的话，天天的话就不是假的了。
所以，奇奇的话应该是假的(而且，天天不是妖性女子)，兜兜的话是真的。
因为天天的话是假的，所以天天应该戴着玛瑙戒指，撒谎的奇奇就是妖性女子了。

76 体育爱好

◆按说话先后，赵先生喜欢足球；王先生喜欢篮球；孙小姐喜欢网球；韩小姐喜欢保龄球。

77 选举

◆A。

78 复式别墅

◆老王、李平和美美是一家；老张、杜丽和丹丹是一家；老李、丁香、壮壮是一家人。

第七章 智慧博弈

1 一年生多少人

◆刘墉说:"我是按照人的生年属相计算的。比方说,今年是马年,无论生一千、一万、十万、百万,都是属一个马,所以说一年生一个。而一年当中,十二属相的人都有死的,所以说每年死十二个人。"

2 绝妙的判决

◆判词是:鉴于父母离婚的最大受害者是孩子,为了保护儿童的合法权益,本庭判决如下:"父母归两个孩子所有;原有住宅的居住权也归孩子所有,而不判给离婚的母亲或父亲。离异的父母定期轮流返回孩子身边居住,履行天职,直到孩子长大成人。"

3 数学家的幽默

◆数学家说道:"你把左手放到一锅100度的开水中,右手放到一锅零度的冰水里,想来也会没事吧!因为它们平均不过是50度而已!"

4 数字也幽默

◆6遇到9说:走就走呗,玩什么倒立?

5 愚蠢的贵妇

◆难怪蛤蟆开始叫了。

6 聪明的小猴

◆根据狮子的话来判断,一定是小猴离开狮子时,和狮子打了赌,说自己可以一见面就让黑熊脱去上衣,而狮子不相信,于是狮子和小猴为此赌20元。后来,当狮子听说小猴果然用"打赌"的手段诱使黑熊脱了上衣,这才知道,自己和黑熊都被小猴戏弄了。

7 高明的赌术

◆那人答道:"老兄,看到那边的三个人吗?我和他们打赌500美元,说我能在你的酒吧里撒尿,而你会笑眯眯、吹着口哨清理残局!"

8 聪明的鹦鹉

◆就在这时,他听到鹦鹉大叫:"不会说话?你以为刚才是谁在跟你喊价啊?"

9 巧取九龙杯

◆这时,那位魔术师对观众说道:"观众朋友们,那只杯子刚才被我一枪打进了坐在前排那位尊贵的客人的皮包里了。"说完,便轻步走下台来,对那位贵客道:"先生,能打开您的包吗?"

10 一言止逃

◆曹玮说："这些人是我派到西夏去的。"这个宾客便把消息传到了西夏人的耳朵里。西夏人听说后，以为逃亡来的宋军士兵是奸细，非常气愤，立即把他们杀了，还把人头抛回了宋朝边境。从此，再也没有宋军士兵逃亡了。

11 演讲

◆"和马克·吐温在一起可真糟糕，他一演讲我就只能永远站着。"

12 聪明的小乔治

◆小乔治在第二封信中说："亲爱的祖母：您的来信真叫我高兴，我太谢谢您了。我把您的信以25法郎的价钱卖给了一位手稿收藏商。您从这件事中可以清楚地看出，我是明白东西的真正价值的！您亲爱的孙子乔治。"

13 回文绝对

◆老师的下联是"龙隐洞中洞隐龙"。

14 兔子和小偷

◆兔子自豪地说："哼！它哪是我的对手！早就被我远远地抛在后头了！"

15 机智的将军

◆将军问："请问你（随便问哪一位卫士），如果我问他（指另外一位卫士），哪一道门是活门，他会告诉我是哪一道门？"不论答案指的是哪一道门，将军都从另一道门出去，门外肯定有美女相迎。

16 画家解牡丹

◆画家说："牡丹代表富贵，缺了边，意思是'富贵无边'啊！有这好事，还补什么边啊！"

17 难解之谜

◆您怎么放进去，我就怎么拿出来。您显然是凭嘴一说就把鸡装进了瓶子，那么我就用嘴再把鸡拿出来。

18 机智佛印

◆东坡吃草。

19 真实的谎言

◆夫人，只要像我一样说假话就行了。

20 智解弥勒佛

◆佛笑我不能成佛。

21 机智的维特

◆韦尔曼警官是维特的朋友之一。所以他知道，维特没有哥哥。当维特得知门外是警官时，便故意说她哥哥也问韦尔曼好，他就明白是怎么回事了。

22 谁更贪吃

◆连西瓜皮都吃了。

23 聪明的选择

◆老死。

24 逐渐减少的灶

◆孙膑命士兵减少军灶，佯装逃跑。按照常识，灶减少，人员就会减少。所以，庞涓误以为齐军被吓跑了，结果却中了齐军的埋伏。

25 弹不了的乐曲

◆莫扎特微笑着在钢琴前坐下，当弹到那个音符的时候，他弯下身来，用鼻子弹出了那个音符。

26 驯马高手

◆那个人说："我用你卖的这两匹马互相比赛，一胜一负，我该付你1000元，你该倒贴我1000元，两账刚好相抵。"

27 术士的秘方

◆勤俭、早散、勤捉。

28 延伸阅读

◆承蒙开导，要借"二倅"，本州人没有副职，只有一员主管，他也抬不了轿子，还请您明察为幸。

29 机智的神童

◆孔融说："我想您小的时候一定非常聪明伶俐吧！"

30 唐伯虎学画

◆沈周见徒弟唐寅自满，便在小屋的墙上画了两个惟妙惟肖的窗子，使唐寅自知画技相差尚远，故要求留下继续学习。

31 强悍的老板

◆他当场开除那名新员工。

32 莫扎特的话

◆可我那时候没有问过谁交响乐该怎么写。

33 农夫与秀才

◆秀才的下联为"切瓜分客，上七刀，下八刀"。

34 怕馒头的穷书生

◆现在只怕两碗热茶。

35 聪明的阿凡提

◆当国王向他要绳子时，阿凡提说："我什么样的沙绳都会搓，只是不知道国王您要的是哪种？您应该给我一根沙绳的样子，我保证搓一个一模一样的出来。"国王一听傻了眼，他哪有什么沙绳？没办法，只好放了阿凡提。

36 智捉盗马贼

◆华盛顿用双手分别蒙住马的眼睛，问盗马贼："你说这马是你的，那你说这匹马哪只眼睛是瞎的？"盗马贼愣住了，他可没有注意马的眼睛呀，他只好瞎猜："是左眼。"华盛顿马上放开左手，马的左眼亮闪闪的，一点也不瞎。盗马贼一看，马上改口说："我记错了，是右眼。"华盛顿又把右手放开，马的右眼同样也是亮闪闪的，根本也不瞎。盗马贼无话可说了，只得低头认罪。

37 阿凡提买酒

◆能从空酒瓶子里喝出酒来才算是真有本事。

38 "及第"还是"及地"

◆答案：仆人说的是"不会及地（第）"。及第：科举时代考试中选，特指考取进士。应试未中的叫落第、下第。

39 体贴又聪明的人

◆男子说："好吧好吧，我输了，明天我请你吃饭，我还以为你不敢这么做呢！"这句话表明这是两个人打的一个赌，所以小梅的摔倒变成了她调皮的表现。

40 我到哪里去了

◆后一句话是：我到哪里去了？

41 大仲马的帽子

◆你帽子下面那是什么东西？能算是脑袋吗？

42 有木材的皮箱

◆罗文锦在说了一通金表之后，说道："既然并非完全用金制的表可以叫金表，那么，并非完全用皮制的箱子，为什么不能叫皮箱呢！"罗文锦巧妙地用类比推理反驳了威尔士，达到了说服对方的目的。

43 不识字的狗

◆祝瀚道："贵管家不必生气，本府自有主张。我想，只要把贵府诉状放在它面前，它看后低头认罪，也就可以定案了。"

管家大叫道："你这昏官，走遍天下，可有一条认识字的狗？"

祝瀚神情严肃地说："既然狗不识字，那金牌上的'御赐'二字它岂能认得？既然它不认识，这欺君犯上的罪名又从何说起？狗本不通情理，咬死白鹤乃是禽兽之争，凭什么要处治无辜百姓？"几句话把那宁王府管家问得哑口无言。

44 雨害怕抽税

◆雨水害怕抽税，不肯下在城里。

45 "韭黄"如何"卖"

◆"请问什么时候能卖青菜？"
杨亿称赞皇帝"德迈九皇"实在阿谀奉承到了极点。他的学生郑戬不便明说，只好用其谐音"韭黄"代之，问"什么时候能卖青菜？"委婉地劝说老师。

46 怎样才能把丢掉的"脸"找回来

◆赫鲁晓夫平静地说："好吧，我告诉你，我当时就坐在你现在的那个地方。"

47 为何不宜动土

◆家人说："你且忍一忍，待我去问一问阴阳先生，今天可不可以动土！"

48 你会对句吗

◆姓陈的官员对联的后半句是：此畜生怎得出蹄(题)！

49 纪晓岚智斗和珅

◆启禀万岁，此段河水暗绿，波大浪多，惊涛拍岸，形成诸多浪窝，自然是河深的地方。"河深"与"和珅"二字音同。

50 共计100分，究竟是多少

◆父亲说："嗯，你的语文和数学是差了点，不过共计这门考得不错。"

51 韩信的谋士

◆当年的形势，好比秦王丢了一只鹿，天下的英雄好汉一起来追逐捕捉，天分高跑得快的便先得到它。俗话说得好，盗跖的狗能在圣人尧的面前吼叫，这并不是说尧是不仁不义之人，而是因为尧不是它的主子。当时韩信是我的主子，为他出谋划策是很自然的啊？天底下没有机会为皇上您效力的人多的是，难道您能全给烹了吗？

52 诱骗有方

◆哈哈，我已经把你诈骗到门外去啦！

53 你会反讥吗

◆乙说："因为我在想，可惜你没有跟你爸爸同时被送上绞架！"

54 所出为何相同

◆诸葛恪答道："反正这两样东西都是从一个地方出来的。"

55 靴子多少钱

◆冯道这才慢吞吞地抬起右脚说："这一只也九百。"

56 你能分辨"狼"和"狗"吗

◆纪晓岚说："狼与狗不同的地方有两处，一是看它们的尾巴，下垂是狼，上竖(尚书)是狗；二是看它们吃的食物，狼是非肉不吃的，而狗则遇肉吃肉，遇屎(御史)吃屎。"

57 押来蝗虫

◆蝗虫本是天灾，并非县令不才。既从敝县飞去，务请贵县押来。

58 18元8角8分

◆"有18元8角8分。"在场的人全都愕然。中国人民银行的货币面额为10元、5元、2元、1元、5角、2角、1角、5分、2分、1分，共十种主辅人民币，合计为18元8角8分。中国人民银行有全国人民作后盾，信用卓著，实力雄厚，人民币是世界上最有信誉的一种货币。

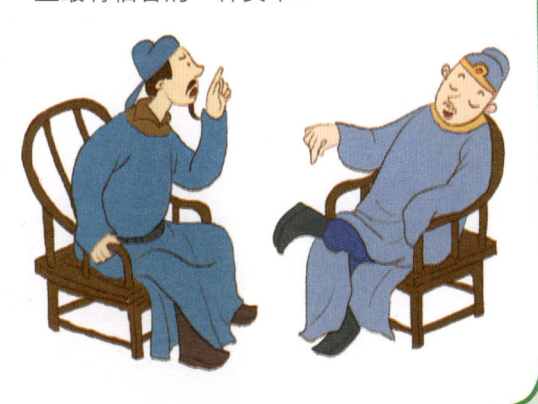

59 竹短书长
◆门对千竿竹短无，家藏万卷书长有。

60 阿凡提至理名言
◆阿凡提说："要是有人对你说，箱子里的细瓷器没有摔碎，你可别相信呀！"

61 来生变父
◆我欠的债太多，不是变牛变马所能还清的，所以我情愿变你的父亲，做大官，发大财，留万贯家财给你享用，这样不就可以还你债了吗？

62 "马路"就是马克思走的路
◆周总理不假思索地答道："我们走的是马克思主义道路，简称马路。"

63 用哪条腿签字的
◆作家说："啊！我真希望他的脚早点好，因为我想看他是用哪条腿签字的！"

64 谁的字最好
◆王僧虔回答："我的字臣中最好，您的字君中最好。"

65 奥斯卡的幽默
◆我今天之所以获奖，因为莫扎特本人没有参加竞争。

66 用委婉的语气使对方知趣
◆"不"，尼克松说，"应该提升！要不是他们在起飞前发现故障，飞机一旦升空，那该多么可怕啊！"尼克松的话里有辛辣的讽刺、涩涩的挖苦、无声的指责，而这些却是以貌似夸奖的话传达了出来的，听了这话，除了苦笑，还真什么也说不出来：人家可没有任何难听的话，何必落个"自作多情""神经过敏"的把柄呢。不过，多练习"解话""接话"的功夫可提高你表达言外之意的本领。

67 修女很富
◆好，您就把我安排在一等病房吧，以后把账单寄给我姐夫就行了。

68 延伸阅读
◆回去告诉你的妈妈，你今天和漂亮的苏联小姑娘安娜聊了很久。

第八章 快速判断

1 小白兔买裙子

◆根据她们的对话，买白裙子的小兔不是黑兔就是灰兔，而从她刚说完话黑兔又接着说的情况看，买白裙子的小兔只能是灰兔。那么，黑兔买的一定是灰裙子，白兔买的一定是黑裙子。

2 看见每个人的脸

◆不能。因为每个人看不到自己的脸。

3 慈善家的谎言

◆把50枚银元施舍给了10个人，而且每人得到的银元数都不相同。如果其中有人得到了1枚银元，根据伪慈善家的话，其他9人得到银元数目最少分别为2、3、4、5、6、7、8、9、10，把这10个数字加起来是55，已经超过了50。

所以，他是在撒谎。

4 聪明的小象

◆小象A想：假如我背上放的是白色的布，小象B就会立即回答自己背上是黑色布（因为白色只有一块），但它没有表示，所以我背上不是白色的，是黑色的。

5 收音机的报道

◆播音员是井上的孙子。

6 读书计划

◆20页。

7 测潮水

◆不能。皮皮忘了水涨船高的道理。因为潮水上涨了，船也随之升起，船与绳子连在一起，绳子当然也随着上浮。水涨多少，它们上浮多少，依然是最下面的一个手帕结接触到水面，所以他测不出来。所以，凡事要三思而后行，不然只会徒劳一番。

8 明显的谎言

◆因为所有的狗都是色盲，所以，牧羊犬麦克不可能知道信号旗或秋衣是红色的。

9 寿比南山松不老

◆上联：花甲是六十年，两个花甲再加上三七二十一岁，是一百四十一岁；下联：古稀是七十岁，两个古稀再加一岁，也正好是一百四十一岁。

10 谁搞错了

◆他们都没错，很可能是你搞错了。第一个人是第二个人的爸爸，第二个人是第一个人的女儿。

11 哪个能够更快冷却

◆温度高的一杯冷得快。不信，你可以亲自试验一下，这就是姆潘巴现象，冷却的快慢不是由液体的平均温度决定的，而是由液体上表面与底部的温度差决定的。热牛奶急剧冷却时，这种温度差较大，而且在整个冻结前的降温过程中，热牛奶的温度差一直大于冷牛奶的温度差。上面的温度愈高，从上面散发的热量就愈多，因而降温就愈快。

12 快速反应

◆也许你会想,你能看到无数个自己,其实你什么也看不见。因为没有光线能射进房间里面,到处一团漆黑,即使你有火眼金睛也不行。

13 哪桶水能喝

◆这个村民说的是真话。因为陌生人先说:"今天天气不错啊!"这个村民回答:"是的。"由此可判断出他是一位说真话的村民。

14 罕见的动物

◆小老虎。

15 能实现吗

◆这是不可能实现的。因为当丁走完一条边的时候,甲并不在他原来的位置上而是在乙原来的位置上,所以丁和甲并不能成功地交接;他们也就没办法循环下去了。

16 江水上涨

◆水涨船高,小朋友不会被淹。本题有迷惑性。我们的第一反应一般是用数据计算,却忽略了实际情况,解决问题时,要善于识别、利用问题中所提供的情况、条件。

17 找出次品

◆在天平两端各放两个小球,有次品的那端肯定重。然后在天平两端各拿走一个小球,如果这时天平是平衡的,那么刚才重的那端拿走的小球是次品;如果天平还是不平衡,那么现在天平上重的那端的小球就是次品。

18 修理后的列车

◆这趟列车肯定会和"和谐号"在相同的时间通过相同的地点。因为这两趟列车是相对的方向开的,在6点35分至9点10分这个时间段内在同一条干线上行驶,必然会在同一时间、同一地点相会。

19 触电

◆因为强子的妹妹手里还拉着风筝。

20 商店打烊

◆1.不知道。商人不等于店主。2.不知道。索要钱款不一定是抢劫。3.不对。4.不知道。店主不一定是男的。5.不知道。6.对。7.不知道。8.不知道。9.不对。10.对。11.不知道。

21 最大的影子

◆夜晚地球的影子,是世界上最大的影子。

22 左边的左边

◆不一定。如果她们围成一圈的话,沙沙就会在林林的右边。

23 酒精的问题

◆麦迪到药店配的是纯酒精,而纯酒精是不能杀菌的。只有含有一定水分的酒精才能起到杀菌消毒的作用。医用酒精的浓度为75%。

24 漆黑的公路

◆漆黑只是路的颜色,天还是白天。

25 安静的士兵

◆如果拿破仑说中文,士兵肯定听不懂啊,他们又怎么能按命令行事?

26 转述广告
◆他可以用中文转述。

27 蜻蜓点水
◆C。蜻蜓点水是在产卵，它的卵必须在水中才能孵化。

28 相对反义词
◆C。

29 猜牌
◆甲的是1、9；乙的是4、5；丙的是3、8；丁的是6、2。

30 生命之火
◆切生日蛋糕之前。

31 用力划船
◆因为他们是逆水行船，由于水的阻力太大，正好和他们划船的力量相抵消，所以他们的船就停住不动了。

32 奇异水果
◆西瓜。

33 一半路途
◆因为缆车的两个车厢悬在一根缆绳上，由山顶一台电机驱动一根长长的牵引绳索拉上拉下。这时，下山的车厢就成了上山车厢的平衡力量。所以，上下两个车厢要同时发车，因而，它们相遇时就恰恰是一半的路程。

34 寄钥匙
◆因为老李寄回家的是信箱钥匙，钥匙寄回去又投到信箱里。他妻子还是打不开信箱。

35 为何紧闭车窗
◆当气温高于人体体温时，关紧门窗反而会好一些。这好比人在热水池中，越用身体拨动水越感觉到热的道理一样，这就是生活处处皆学问。

36 中奖概率
◆两者的概率是相等的。

37 语言逻辑
◆选D。首先假设理发师是不给自己理发的人，而陈述表明不给自己理发的人都来找理发师理发，结果是理发师给自己理发，与假设不符，所以假设不成立；再假设理发师给自己理发，又与陈述"只给所有不给自己理发的人理发"矛盾，假设亦不成立。所以，不存在这样的人。

38 何出此言
◆青年人声称他昨天刚刚刮去了长了几个月的络腮胡子。但他面孔黝黑，下巴呈古铜色。如果他真的在阳光下待了数月而未刮胡子，那长胡子的地方就应显得白净些。

235

39 阿凡提的问题

◆阿凡提问:"您居住在此地吗?"就可知道此地是正常国还是反常国。因为那人是住在这里的,如果他摇头,那就说明这里是反常国,如果他点头,就说明这里是正常国。

40 交通事故

◆这是错误的。因为大多数汽车都是行使在中速上的,行使在高速上的汽车很少,所以事故相对来说也少一些。事故发生由概率决定而不能由统计决定。

41 闻名的建筑

◆1.美国,2.中国,3.印度,4.柬埔寨,5.中国,6.意大利,7.缅甸,8.俄罗斯,9.法国,10.澳大利亚,11.法国,12.意大利,13.希腊,14.埃及,15.英国,16.希腊,17.法国。

42 哪种方法最好

◆(3)。

43 不会再慢的时钟

◆朋友看到时钟的时候,时钟刚好比实际的时间慢了6个小时。那个时钟是传统式的,所以6个小时已经达到了实际时间和显示时间的最大差,不会比这更大了。虽然实际上时钟还会继续慢下去,但是,显示的时间会越来越接近实际时间,这个时候就不能再说"走得慢"了,而是"走得快"了。

44 信鸽

◆B.信鸽对地球的磁场很敏感,它们可以利用地球磁场的变化找到家。如果在鸽子头上绑一块磁铁,鸽子就会迷失方向。

45 怪事

◆狮子笼是空的。

46 牙齿的颜色

◆婴儿还没有长牙齿。

47 不劳动者不得食

◆C。

48 神通广大

◆理发师。

49 目的

◆B。

50 讨水

◆因为湿毛巾中水分蒸发成气体,水变成气体要吸收周围热量,这样就把罐内水的温度降低了。

51 倒霉的男人

◆他每天凌晨回家。

52 正面与反面

◆原因是扔硬币的时候，出现正面朝上和背面朝上的概率是一样的，各占50%。当人们扔出正面朝上时，获得了再次扔硬币的机会，而这次扔硬币出现正面朝上的概率仍然是50%，所以不管怎样，箱子里的硬币正面朝上和背面朝上的数量总是差不多的。

53 不生跳蚤的狗

◆因为狗只会生小狗。

54 这是什么病

◆斗鸡眼。

55 神奇的地方

◆南极和北极。

56 广告

◆（3）。

57 是否放风筝

◆将题干中的三个命题换成以放飞风筝为假设的命题，分别为：若放飞风筝，就需要风大（逆命题是假命题）；若放飞风筝则气温不高（逆否命题是真命题）；若放飞风筝，则天气晴朗（逆否命题是真命题）。由此可知，答案选B。

58 爬楼梯

◆当然不对啦！皮皮上楼要走7层楼梯，琪琪要走3层楼梯，皮皮要多爬一倍多的楼梯。

59 姐妹兄弟

◆他们家有3个女孩，4个男孩。

60 孔变大还是变小

◆说得不对。加热后孔将变大。这是因为，孔外面的金属可以看成是由一个条形的材料弯成的圈。加热的时候，金属条伸长，所以原来的孔变大了。轮子加热后套入轴，就是利用这个道理。瓶盖太紧拧不开的时候，把它放在热水里加热就能拧开。

61 说谎的孩子

◆大儿子说了谎。因为一个星期前西瓜肯定没有那么大。

62 严重的错误

◆因为小梅看不到指示棒所指的位置。

63 一分钟答题

◆（1）东。（2）1961。（3）-11。（4）加醋和水让鸡蛋浮起来。（5）没有比平常坐火车省时间，因为在后来一半路程的时候，因为速度比火车慢一半，所以后面路程所用的时间就是以前总路程的时间。这次出差比以前多出来的时间就是坐飞机的那段时间。（6）22次。（7）环形。（8）不相信，因为在太空中没有重力，自来水笔没办法写出来东西。（9）6次，相当于一个船夫和11个顾客。

64 顺序推理

◆C。

65 提示猜想题

◆撒哈拉沙漠。
一共5个字，它的面积是900万平方千米。著名作家的作品，写的大部分与撒哈拉有关。撒哈拉沙漠的地表主要是干草原、沙丘、矿质荒漠和荒山等。

66 有一种书

◆遗书。

67 鬼迷路

◆实际上，这些人走了一个圆。人走路时，两脚之间有一定的距离，大约是0.1米，每一步的步长大约是0.7米，由于每个人两脚的力量不可能完全一致，因此迈出的步长也就不一样，若在白天要沿直线行走，我们会下意识地调整步长，保证两脚所走过的路程一样长。当在夜间行走辨不清方向时，就无意识调整步长，走出若干步后两脚所走路程的长就有一定差距，自然就不是沿直线行走，而是在转圈，这就是"鬼迷路"现象。

68 多长时间吃完

◆一个小时。

69 聪明的局长

◆宋局长用日语说："你可以走了。"由于李胜利连日十分紧张，急于离开公安局，听到宋局长的话转身就走。原来他懂日语，狐狸的尾巴终于露出来了。

70 老虎的难题

◆老虎……不吃草。

71 小顽童的把戏

◆蜡烛燃烧尽后，质量减少，杠杆将向左边倾斜，所以足球滚向左边。

72 搞笑谜语十五

◆答案：迈另一只脚。

73 前胸与后背

◆凭二人负伤的部位。好人追赶坏人，必然从后背抓，坏人回身反抗，一定会当胸打在好人前面，坏人再跑，好人还是从坏人背后打坏人；坏人返身反抗，必然打到好人前面，所以胸前伤重的是好人，背后伤重的是坏人。

74 起火的玻璃房

◆玻璃凹槽在盛满了水的时候，就变成了一面凹透镜。太阳光通过这一排凸透镜聚焦到干草上，便引起了大火。

75 首相的化装舞会

◆既然是装着假腿的州长，为什么还能大步跑着离开主会场，说明它的假腿有诈。参加舞会时，州长把真腿藏在他的裤子里，只露出一支假腿。命案发生后，他竟然能大步跑，说明他的假腿已经不在他的身上。首相注意到了这个违反逻辑的变化，就认定了是州长用假腿打死了公爵。然后把假腿扔进了旁边的缝隙里。

76 姓名标志牌

◆在四个中出现两个错误的方式有六种，但是出现一个错误的情况是不可能的。

77 出国旅行

◆小李是个婴儿。

78 盖字识盗

◆张族推断，吕元自作聪明，一定会认为先拿出来的信是考验他的假信，肯定不敢承认。于是，张族先拿出吕元亲自写的状词盖住两头，让他辨认。

果然不出所料，吕元回答说上面的字不是他写的。为了进一步证实吕元就是盗买粮食的人，张族又把那封假信拿出来，盖住两头的字再让吕元辨认。吕元看了看字，心想，刚才没有承认那张纸上的字是我写的。现在再不承认这张纸上的字是我写的，可就露馅了！于是，他承认了这字是他写的。这件盗买粮食案就这样被张族用盖字巧诈的方法巧妙地查清了。

79 错在哪里

◆天翻地（覆）。

80 审问石头

◆包公对人们解释说："你们瞧男孩的手上满是油，他数过的钱上也一定沾满了油。这个人扔到盆里1枚铜钱，水面上立即漂起一层油花。所以，他的铜钱就是趁着小男孩儿睡觉的时候偷来的！我审石头，只不过是要吸引大家围拢过来。"

81 雨后的彩虹

◆是第二个，因为彩虹的位置总是和太阳相反的，看彩虹的时候，是不可能看到太阳的。

82 作案时间

◆"赤日五号"是艘车辆渡轮。高木用安眠药让受害人熟睡后，把她藏在后备厢中，再连人带车带到船上。于是，深夜零点左右，他悄悄溜进装着汽车的船舱将受害人勒死。当"赤日五号"驶鹿儿岛时，他开车上岸，拉着尸体运到东京，抛弃在山林中。

83 能说话的尸体

◆周纡从众人的议论里，知道尸体是刚放在这里的，他假装审问，开始细细地观察尸体，果然，他从尸体的头发和耳孔里，看到很多稻草屑，便很准确地判断出凶手是把尸体藏在稻草里，混进城门的。

周纡善于倾听和善于观察，是他能够破案的关键。

84 移花接木

◆警察看到蜡烛后产生了怀疑，再加上停电，蜡烛一直没有熄灭。假如晶晶是在自己屋里被杀的，过了二十三四个小时，蜡烛早就燃尽了，一定是有人夜里把尸体弄来，走时忘了灭蜡烛。